本书获黑龙江省哲学社会科学研究规划项目
“玛莎·努斯鲍姆‘好生活’思想研究”（19ZXE252）资助

本书获黑龙江省高校基本科研业务费黑龙江大学专项资金项目（人文社科创新项目）
“玛莎·努斯鲍姆‘好生活’政治哲学思想研究”（RWSKCX201914）资助

本书获2019年黑龙江省博士后面上项目
“玛莎·努斯鲍姆‘好生活’政治哲学思想研究”（LBH-Z19200）资助

实 践 哲 学 论 丛 | 主 编 丁立群 | 副主编 罗跃军 高来源

A STUDY OF NUSSBAUM'S
ETHICAL THOUGHT OF "GOOD LIFE"

努斯鲍姆“好生活”伦理思想研究

郑琪 著

何谓实践哲学（代序）

实践哲学是哲学范畴中歧义最多的哲学形态，这主要是因为实践哲学的主题词“实践”就是一个十分复杂的概念：实践既是一个常识性语词，又是一个哲学概念，而且这一概念在各种文化学科中被广泛使用。这就使其被赋予了多种多样的涵义。诸种情况亦影响到实践哲学。

一般来说，在西方哲学中，实践哲学多用来指称伦理学和政治学。然而，伦理学和政治学由古希腊发展至今，发生了很大变化。现代伦理学有诸多分类，诸如德性伦理学、规范伦理学、描述（科学）伦理学和分析伦理学，其中哪些属于实践哲学？政治学按亚里士多德的划分属于实践哲学。但是，政治学在马基雅维利之后，已经逐渐脱离实践哲学范畴，进入科学和技术领域，成为政治科学甚至管理技术。尽管现代哲学家力图恢复它的实践哲学维度，但政治学在何种意义上才能恢复为实践哲学？恢复为实践哲学的政治学将如何处理政治科学（技术）遗产？另外，狭义的伦理学和政治哲学能否代表实践哲学的全部内容？“实践”概念在西方的人类学领域也被广泛使用，这一领域“实践”概念的主要涵义带有实用主义色彩，即实际应用、效用和实验等，实践哲学如何对待这种实践？

实践哲学在国内情况也比较复杂。迄今，学界提出了实践唯物主义、实践本体论以及认识论的实践论等诸多理论。其中，每一种实践理论所使用的“实践”概念都具有不同涵义，甚至同一理论中“实践”的涵义也因语境变化而有所不同。但是总体上，在国内，无论是在常识领域还是在学术领域，影响比较大的是在"实验"意义上理解实践，把实践哲学看作研究如何把理论应用于实际的学问。

如此林林总总，难于尽述。试图厘清实践哲学的演化线索，就要追根溯源。

实践哲学虽然具有复杂多样的具体形态，但是从总体上可以分为"科学—技术实践论"和"伦理—政治实践论"两种基本形态，其余的实践哲学形态都只是这两种基本形态的延伸。德国古典哲学家康德在其著名的"三批判"之一——《判断力批判》的导论中曾谈到实践哲学的分类。他指出，一般来说，人们把依据自然概念的实践和依据道德概念的实践混淆起来不加区分，致使人们在谈论实践哲学时不知所云。这种区分实质上取决于一个根本问题，即人的行为是受意志支配的，而给予意志的因果作用以规则的究竟是一个自然的概念还是一个自由的概念？康德认为这是至关重要的问题，它起到了分水岭的作用："如果规定因果关系的概念是一个自然的概念，那么这些原理就是技术地实践的；如果它是一个自由的概念，那么这些原理就是道德地实践的。"① 这里，康德实际上确定了划分不同实践哲学的标准，即规定意志背后的支配原则：如果支配意志的是自然的必然性，由此产生的行动就是技术的实践；如果支配意志的是自由原则，由此产生的行动就是道德的实践。康德虽然确定了划分两类实践哲学的标准，但是他却认为技术实践论属于理论哲学，道德实践论才真正属于实践哲学。

康德的这种划分在哲学史上是有根据的，所谓"道德实践论"应属于亚里士多德开创的"伦理—政治"的实践哲学传统；而"技术实践论"则属于由 F. 培根和 G. 伽利略倡导的"科学—技术实践论"传统。

亚里士多德是实践哲学的创始人，所有的实践哲学形态几乎都可以追溯到亚里士多德。

---

①〔德〕康德:《判断力批判》（上卷），宗白华、韦卓民译，商务印书馆，2000，第 8~9 页。

亚里士多德在一定程度上，克服了以往哲学的“伦理—认识平行论”[①]，突破了苏格拉底“美德即知识”命题把美德混淆于理论知识的理解，第一次区分了理论、制作和实践，使实践哲学从形而上学中独立出来，并构建了第一个较为系统的实践哲学理论。

在他看来，实践哲学的最核心内容和终极旨趣就在于如何促进人的“自由”和“完善”，即促进人的德性（潜能）的实现，促进人的生长和完善。亚里士多德有两部重要的实践哲学著作，即《尼各马可伦理学》和《政治学》，人的完善是这两部著作的共同主题。人的完善即通过实践而实现人的德性。《尼各马可伦理学》和《政治学》大略从个人和城邦两个方面，论述了人的德性的实现和完善问题。《尼各马可伦理学》侧重于个人德性品质与幸福的关系，论述个人“德性”的实现和人的完善，即通过运用理性的实践而使德性成为一种现实中的实现活动，使人获得自己的本质力量即整全的德性（善）；《政治学》则侧重于从政治制度上为“德性”的实现和人的完善提供条件。在《政治学》中，亚里士多德从“人天生是一种政治动物”这一根本命题出发，提出人类种群的纯自然的联系（社会性）并不是人的特征，人要在城邦共同体中实现自己。亚里士多德通过对政体和政治制度的研究，提出理想的城邦和制度应当涵育人的德性，为人的完善提供充分的条件。于是，政治学的目的与伦理学的目的是一致的，都是属人的至善。

由此，他把哲学分为三类，即理论哲学、制作哲学和实践哲学。在这种哲学分类及其区别中，进一步界定实践哲学。这种区分也使我们对实践哲学的理解具体化。

首先，实践哲学与理论哲学截然不同。理论哲学是关于永恒和必然领域的知识，实践哲学则是变化无常的人事领域的特殊知识。理论哲学的核

① 现代逻辑经验主义认为传统哲学的一个显著特征就是“伦理—认识平行论”，即在认识论上把伦理问题当作知识问题，以苏格拉底“美德即知识”为代表。我认为，这一认识论问题根源于本体论。传统哲学从本体论上未能区分道德实体即人为的“善”与世界的本体形而上学的“善”，这在前亚里士多德哲学中体现得更明显。亚里士多德则提出了与形而上学的善相对的“属人的善”，在一定程度上克服了“伦理—认识平行论”。

心问题是“永恒”和“必然”问题即“神”的问题，其思考属于理论智慧（Sophia）；实践哲学的核心问题是关于个人的完善和善制问题，即关于属人的善的问题，其思考属于实践智慧（Phronesis）。理论哲学追求的是普遍的“真理”；实践哲学追求的是特殊的“意见”①。理论哲学的知识形态是形而上学、数学和物理学，实践哲学的知识形态则是伦理学、政治学和家政学。

其次，实践哲学与制作哲学也截然不同。实践哲学处于“人事”领域，探究的是人的德性的实现活动和政治行为即实践；制作哲学处于“物事”领域，探究如何依据自然的原理生产一种物品。实践哲学研究人的道德和政治活动，重在于“行动”，着眼于特殊性（特殊境况）；制作哲学重在于按理性和原理操作的品质，重在于“知识”，着眼于必然性和普遍性。实践哲学所谓实践智慧（Phronesis）在于凭借丰富的生活经验把握和筹划对自身完整的善；制作哲学的理智作为一种技艺（Technique），目的是生成某种物体，属于局部的善。实践哲学所谓实践是目的内在于自身的活动，制作哲学的制作则是目的外在于自身的活动。实践是无条件的、自由的活动；制作是有条件的、非自由的活动。

可见，追溯实践哲学产生的源头可以看到，亚里士多德实践哲学是关于人际交往的伦理学和政治学理论，它与研究神和宇宙本体的理论哲学以及研究技艺活动、生产活动的制作哲学的理论分野和内容实质根本不同。

亚里士多德实践哲学在发展演变过程中，产生了一种派生形态，即康德所说的“科学—技术实践论”。由于亚里士多德实践哲学区分了理论、制作和实践，并把制作和实践一同作为变动领域的知识：制作作为实践的条件也与实践存在事实上的依存关系。这一情况使实践和制作有了千丝万缕的联系。延续到中世纪哲学，实践和制作开始混淆起来。在经院哲学家托马斯·阿奎那的思想中，“伦理之知”和“非伦理之知”的界限已经不甚清晰：实践包括了人类一切活动，当然也包括技术性的生产活动（制作）。到了近代，经过政治学家 N. 马基雅维利把伦理学与政治学分离，以技术代替实践的理论条件

① 实际上特殊的“意见”在亚里士多德的著作里亦被称为“真理”，即属于特殊性的真理，它与现代所谓人文的真理同类。

已经具备。在此基础上，F. 培根把实践哲学的重心逐渐转移到根源于制作的科学技术上面，创立了另一种实践哲学传统：科学—技术实践论。

F. 培根不满意古希腊哲学家以及由此而发端的轻自然哲学，重道德哲学、政治哲学的学术传统，他认为，这是用征服人心代替了征服自然；他也反对古希腊的非实用的所谓科学传统，认为这种传统忘记了知识存在的意义。他力图扭转这一传统。首先，培根把实践哲学由注重道德哲学转向注重自然哲学。在他看来，在古希腊罗马时期，以亚里士多德为代表的哲学家把大部分时间和主要精力用于道德哲学和政治哲学的研究，导致人心远离自然。F. 培根认为，必须彻底转变这种传统，大力提倡对自然的研究。为此，他也反对亚里士多德的演绎逻辑，他认为，这种逻辑并不鼓励探索自然，只是论证以往的教条，是一种论证的逻辑。他提出了归纳法并将其作为研究自然、发现新事物的“新工具”。归纳法这种新方法的提出和应用具有重要意义，它使古希腊理论与制作的分离重新统一起来，成为近代以来自然科学和技术科学一体化趋势的方法论基础。其次，培根把实践哲学由超功利性转向功利性。古希腊推崇的是与人的需要不相关的理论沉思。于是，摆脱功利上升到抽象领域似乎成为希腊文化的一个特征。所以在埃及用于丈量土地的几何学传到希腊后，也被抽象为不占面积的点、线、面构成的抽象几何学。培根批判亚里士多德以及古希腊对超功利的理论（Theory）的推崇，明确提出，“真理和功用在这里乃是一事。各种事功自身，作为真理的证物，其价值尤大于增进人生的安乐。”① 因此，他要求知识要为人们的福利服务。②

通过这种改造，在培根的哲学中，实践开始转变含义，变成了技术（制作），技术则变成了科学的应用。于是，理论与实践的关系变成了理论（科学）如何应用于技术（实践）的问题，H-G. 伽达默尔认为，这是近两个世纪以来，人们对实践哲学的最大误解：它把实践理性降低到技术控制的地位。③

---

①〔英〕F. 培根：《新工具》，许宝骙译，商务印书馆，1984，第 99 页。
②〔美〕J. 杜威：《哲学的改造》，许崇清译，商务印书馆，1989，第 17~20 页。
③〔美〕R.J. 伯恩斯坦：《超越客观主义与相对主义》，郭小平译，光明日报出版社，1992，第 49 页。

在这里，科学不再是古希腊与技术应用无关的“理论”（Theory），而变成了技术原理，技术则是把科学原理应用于具体事件。这就构成了一种海德格尔所说的与古希腊致力于显现世界规则的世界观不同的新世界观，这种新世界观把自然当作人类的“资源库”。

科学—技术实践论的典型特征是它把传统实践哲学的实践由主体间关系置换为主客体间关系，作为获得知识（必然性）的一个中介。这一特征借用康德的话来说，就是用自然的必然性来规范意志的因果关系。这种实践处于理论理性的活动区域，所以，康德认为，科学—技术实践论实质上不属于实践哲学，而属于地道的理论哲学。科学—技术实践论以科学技术取代人类自由的实践，使科学技术行为不仅不为实践所制约，反而统治甚至取代了实践。这就从理论上为西方现代性危机埋下了伏笔。

科学—技术实践论是把亚里士多德的理论哲学中的科学部分和制作哲学中的技术部分突出出来，并在现代性的语境下，加以整合的理论形态。它成为亚里士多德伦理—政治的实践哲学传统的一种派生形态。这两种传统构成了现代西方“praxis”（伦理政治实践）和“practice”（科学技术实践）之争。林林总总的实践观、实践论和实践哲学都是这两种实践哲学传统的延伸形态。

现代西方哲学发生了一场实践哲学的复兴运动。海德格尔、伽达默尔、阿伦特、麦金泰尔、哈贝马斯、努斯鲍姆等著名哲学家都是这场复兴运动的中坚。现代实践哲学的复兴既有实践哲学自身发展的逻辑，也有现代性发展的社会历史背景。在实践哲学复兴的前提下，我们需要从实践哲学演化中，更加深入地思考实践哲学的元理论的建立及其问题域。

1.在实践的知识内涵上：由伦理—政治的知识到人文科学的知识

亚里士多德认为所谓实践即政治和伦理行为，实践哲学即伦理学和政治学。这一思想在西方思想界影响深远，在整个西方哲学史上，几乎所有被划进这一范围的思想，都被称为实践哲学。但是，我们注意到，19 世纪末 20 世纪初的现代哲学家、新康德主义者 W. 文德尔班在《哲学史教程》中，对哲学进行分类时，拓展了实践哲学的范围。他同意亚里士多德把实践哲学限定在历史、伦理和政治领域，但是，他并不认为凡在这些领域的知识都是实践哲学的知识。他更进一步提出了在历史、伦理和政治领域划分理论哲学和实践哲学的原则，即对历史领域的研究可以从两个角度进行：其一是从探寻历史规律的角度来研究；其二是从探寻历史的目的和意义的角度来研究。前者属于理论的知识，后者则是实践的知识。这一原则总体上符合亚里士多德的思想，亚里士多德以这一原则区分自然领域和历史领域。但是，W. 文德尔班却进一步把它引入亚里士多德传统的"实践领域"，在这一领域进行进一步实质性区分，这就使实践哲学的界限更加清晰了。按照这种划分，从意义和目的方面来看待的伦理学、社会哲学、法哲学、历史哲学、美学、宗教哲学都属于实践的知识。① 这已经把亚里士多德的伦理学、政治学领域扩展为整个人文科学领域。这种扩展得到了当代德国哲学家 O. 赫费的响应，赫费在其著作《实践哲学》一书中，提出了与文德尔班完全相同的看法。② 这种看法的实质在于，它对实践的知识进行了拓展，把整个人文科学纳入实践的知识的范畴。

而在伽达默尔的思想中，精神科学（人文科学）合法性的承担者是实践哲学，同时他也有"实践科学"的提法。我认为，实际上，实践科学就是精神科学，而实践哲学就是关于精神科学的哲学。

这样，伽达默尔在分析精神科学的合法性基础时，就把实践哲学和实践科学区分出来。这种区分很有意义：它解决了为什么实践哲学不能实践、实践哲学该怎样实践的问题。

2.在实践的场域上：由"伦理—政治"领域转换为"社会"领域

亚里士多德把实践和实践哲学的场域限定在"伦理—政治"领域，这主要是由于在古希腊，劳动的主体是没有自由的奴隶，其不是实践的主体；而且，由劳动连接成的社会属于私人领域而非公共的实践领域。从此以后，伦理—政治领域几乎成为实践哲学的传统领域。现代政治哲学家 H. 阿伦特特别严格地把实践和实践哲学限定在政治领域，提出人之为人的本质特征是政治

① 〔德〕W. 文德尔班：《哲学史教程》（上），罗达仁译，商务印书馆，2007，第 31~33 页。

② 〔德〕O. 赫费：《实践哲学》，沈国琴等译，浙江大学出版社，2011，"前言"第 2 页。

性，人在成为政治的动物之前才是社会的动物，“正因为这一点，它本质上就不是人的特征”。人类的社会联合“是生物的生命需要加在我们身上的一种限制”。[①] 所以，她认为，政治经济学是一个语词的矛盾。

然而，现代社会已经不再是古希腊的作为私人领域的社会，它已经演化成为横跨私人领域和公共领域的一个独特的领域。早在19世纪，马克思就已经把实践哲学拓展到社会领域，从而构建了“劳动—社会”的实践哲学。现代西方很多哲学家已经意识到实践的社会性，意识到政治领域是不能和社会领域截然分开的。J.哈贝马斯的实践哲学虽然具有重要的政治学意义，但是，他已经不仅仅在政治意义上谈论实践哲学了，而是把它拓展到广大的社会领域。当代哲学家R.伯恩斯坦曾对H.阿伦特进行了尖锐的批判，指出，H.阿伦特已经把社会和政治二元化了，使政治学研究的关注点局限于精英层面而无法深入到广大的社会领域；R.伯恩斯坦认为，阿伦特把“政治”与“社会”对立起来以及以政治为立足点的实践哲学，会导致难以解决的理论难题。[②] 在现代时空中，政治和社会是分不开的，任何政治问题都离不开社会问题，都与社会紧密结合在一起。其实，H.阿伦特也承认，早在古罗马时期，在社会作为人民为了一个特定的目标而结成的联盟意义上，社会已经有了“虽有限却清楚的政治含义”。[③]

可见，现代实践哲学已经不局限于狭窄的政治领域。

3.在实践的层次上：由伦理—政治实践转向劳动实践以及包括科学技术在内的全面实践

首先，在纵深上，由伦理—政治实践转向劳动实践。劳动在古希腊不被当作真正意义的人的活动，劳动的承担者是奴隶而不是创造性的主体。近代以后，资产阶级逐渐兴起，劳动作为财富的源泉，逐渐被重视起来。在意识形态上和理论研究中，劳动地位逐渐提高，新教伦理和古典政治经济学都

---

① 〔美〕H.阿伦特:《人的境况》，王寅丽译，上海世纪出版集团，2005，第15页。

② 〔美〕R.J.伯恩斯坦:《超越客观主义与相对主义》，郭小平等译，光明日报出版社，1992，第268页。

③ 〔美〕H.阿伦特:《人的境况》，王寅丽译，上海世纪出版集团，2005，第15页。

高扬尘世的劳动。如加尔文教赋予尘世的职业劳动以宗教上的合理性和崇高意义，古典政治经济学把劳动看作财富的源泉。黑格尔已经在某种意义上认识到劳动对于人之为人的意义。特别是马克思提出的“人是劳动的动物”与“人是政治的动物”相对，把劳动看作物质生产活动和人自身的建构活动的统一，把劳动提高为人的本质活动，从而以劳动代替了实践的基础地位。现代哲学家如 J. 哈贝马斯、H. 阿伦特等批判了马克思劳动的实践哲学，认为，劳动是服从必然性的活动，从劳动中产生不了规范意义和批判精神。我认为，他们都没有认识到马克思“劳动”的物质生产和人自身建构的双重涵义，从而也没有看到劳动的实践意义。

其次，由单纯的伦理—政治实践转向包括科学技术在内的全面实践。虽然亚里士多德对理论、制作与实践做了严格的区分，但是，自中世纪起，实践和制作的关系就开始纠缠不清。到了近代，F. 培根开始用科学技术替代实践，开创了技术实践论传统。伽达默尔认为，近两个世纪以来，人们对实践的最大误解就是把实践理解成科学的应用。而科学的应用就是技术，这说明科学技术一度被纳入实践的内涵。这成为西方现代性的一个根本特征。而在现代人类学领域、科学技术领域仍然存在技术实践论传统。但是，在亚里士多德实践哲学传统中，我们仍然可以提出一个问题：科学技术与实践没有关系吗?

技术实践论与道德实践论的对立根源于亚里士多德理论、制作和实践的对立，这种对立把科学技术排斥在实践之外，不仅使实践哲学失去了普遍性，而且在实践上也导致了科学技术的自我放纵，导致人与自然的关系的异化。

所以，我们应当对理论、制作和实践的关系进行反思批判，挖掘三者的内在统一关系。我认为这种统一关系应当是以实践为基础的统一关系。换言之，科学技术应当以实践的善为目的和宗旨，就如同生活世界是科学世界的基础，科学世界是生活世界的派生一样。

所以，实践哲学是一种普遍的哲学，实践是一个总体性概念。

4.在实践的形式上，由伦理—政治实践到文化实践

当实践进入更为基础全面的社会领域，由伦理—政治实践转向劳动实践以及包括科学技术在内的全面实践后，一种文化实践已经在意味之中了。

一般来说，人类实践的形式会随着时代的发展而改变。当今时代，无论是从文化意义系统的认识论意义上，还是在当代全球化的现实文化冲突意义上，文化在生活中的意义都不同以往。具言之，文化本身由以往生活世界的随变因素，逐渐凸显整合生活世界的范式意义，以至于在当今时代任何一种事物，都要把它“镶嵌”在文化的“幕景”上才能理解其真正的内涵和意义。很多思想家如 S. 亨廷顿、O. 斯宾格勒、A. 汤因比以及一些文化人类学家都已经意识到这一点。如果说，实践哲学旨在探寻生活和历史的意义，促进人的完善，构建人的完整性，那么，这一宗旨在当今世界仅囿限于政治和伦理的实践形式是无法实现的，必须把传统的实践形式转换为文化实践。

文化是人的存在方式，人的本质即表现在自己的造物——文化之中。在现实中，人处于一种异化的分裂状态，处于主观性与客观性、精神与生命、主动与受动、自由与必然的分裂之中。这些也体现在文化之中，即文化的意义系统分裂和对立，以及地域文化分裂和对立。文化实践的宗旨就是克服这种分裂，使人的存在方式总体化。用马克思的话来说，即“它是人和自然之间、人和人之间矛盾的真正解决，是存在和本质、对象化和自我确证、自由和必然、个体和类之间的斗争的真正解决”。[①] 文化分裂的基础即生活世界的分裂，生活世界的分裂即人的存在的分裂。可见，文化实践的宗旨与实践哲学的宗旨是一致的，即生活世界的完整性和人的存在的完整性。

所以，我认为这样的命题是正确的：实践哲学是文化哲学的基础，文化哲学是实践哲学的当代形态。

丁立群

2020 年 4 月

① 马克思：《1844 年经济学哲学手稿》，《马克思恩格斯文集》第 1 卷，人民出版社，2009，第 185 页。

前　言

玛莎·努斯鲍姆是当代著名的德性伦理学家和哲学家，她在20世纪80年代左右就开始从事古希腊伦理思想方面的研究，她以亚里士多德伦理思想为基础，吸收并借鉴了从古希腊时期开始一直到近现代一些哲学家、思想家的哲学观点和伦理学观点，对当代哲学界、文学界和法律界等都产生了广泛影响。努斯鲍姆哲学思想的产生有着深刻的理论渊源和现实原因。近代以来，以康德为代表的义务论和功利主义在伦理学中占有重要席位，并对当代西方伦理学产生了深远影响。在此背景之下，人类的道德实践却面临着前所未有的困境和危机。以努斯鲍姆为代表的当代德性伦理学家，主张回归亚里士多德，复兴德性伦理学，从而摆脱近代的伦理困境。努斯鲍姆不仅继承了亚里士多德的德性伦理传统，还在此基础上进行了新的诠释和补充。

努斯鲍姆在其成名作《善的脆弱性：古希腊悲剧和哲学中的运气与伦理》中表明，德性是"好生活"的内在要求和构成要素，然而仅仅具有德性是不充分的，因为幸福或"好生活"是合德性的实现活动，即"好生活"需要通过卓越活动获得现实性。人的活动极易受到外在因素的干扰和影响，也就是说，在德性和"好生活"之间存在一条裂缝，运气可以通过这条裂缝作用于"好生活"。努斯鲍姆通过古希腊悲剧，富有新意地揭示了脆弱性与"好生活"的关系，把人的有限性的伦理意义进行了深层次的阐发，并引起了学术界的极大关注和热烈讨论。在此之后，努斯鲍姆还出版了一系列著作并发表了诸多论文，其中一些学术思想引发了国内外学者们的反思和热议，特别是对“诗性正义”“动物正义”“能力进路”等观点的批判，促使努斯鲍姆本人重新审视和阐发其政治哲学思想。毋庸置疑，努斯鲍姆的政治哲学思想在当代哲学界中引起了强烈反响，这不仅与努斯鲍姆的社会正义思想是建立在批判罗尔斯正义论基础之上有关，还与正义问题在政治哲学中的地位和现实旨趣有关。努斯鲍姆通过对罗尔斯正义思想中三个悬而未决问题——不健全和残障人士的正义问题、全球正义问题、动物正义问题的论述，试图运用一种与契约论完全不同的“能力理论”进路，对罗尔斯的社会正义思想进行补充和完善。这种理论探索是一种比较成功的尝试，不仅获得了越来越多学术界人士的认可，还得到了联合国开发计划署和很多国家的肯定，越来越多的国家开始以人类能力发展作为制定政策和衡量社会进步的依据。

在努斯鲍姆政治哲学研究如火如荼的趋势下，如何认识1986年出版的英文版《善的脆弱性：古希腊悲剧和哲学中的运气与伦理》中伦理思想与努斯鲍姆政治哲学思想的理论关联呢？特别是《善的脆弱性：古希腊悲剧和哲学中的运气与伦理》中译本直到2007年才由徐向东和陆萌翻译完成，这前后的时间跨度整整经历了21年，也正是由于《善的脆弱性：古希腊悲剧和哲学中的运气与伦理》中译本的问世，努斯鲍姆的哲学思想才逐渐进入中国大部分学者的视野。在这20多年间，虽然努斯鲍姆又相继出版了很多著作，尤以《培养人性》《告别功利》《正义前沿》等为代表，但是本书认为，努斯鲍姆的所有著作都以《善的脆弱性：古希腊悲剧和哲学中的运气与伦理》为基础，并以探讨与追寻“好生活”为其思想旨归。换言之，努斯鲍姆的哲学思想始终没有脱离《善的脆弱性：古希腊悲剧和哲学中的运气与伦理》中所要表达的伦理思想内容。

努斯鲍姆在《善的脆弱性：古希腊悲剧和哲学中的运气与伦理》一书中系统批判了柏拉图试图通过人类理性来避免运气的影响，在柏拉图看来，脆弱性或者运气都是至善的缺乏，因而他更推崇具有最高稳定性的数学和科学。他认为哲学应该发展成为一种拯救生活的技艺，他想通过理性——完美意义上的“精神自足”克服和超越境遇的限制。也就是说，柏拉图推崇理性的原因在于他其实不想让人类的生活受到特殊性和不确定性的牵制和奴役。与之相对的是，亚里士多德承认人类的“好生活”要依赖外在善，人并不是自足的存在，但是当这些外在善被剥夺或者行为主体自身遭遇不幸时，“好生活”也会受到运气的影响而具有脆弱性。努斯鲍姆同意亚里士多德有关“好生活”和脆弱性的观点，同时，她通过介绍古希腊三大悲剧诗人的作品，凸显“运气”——这一容易被人忽视和看轻的因素，阐述在具有好品格和生活得好之间确实存在一条裂缝，而运气完全可以进入这条裂缝中影响“好生活”的实现。当然，努斯鲍姆强调“好生活”具有脆弱性并不是想赞扬脆弱性，她试图通过阐释运气在“好生活”中的影响，揭示人的有限性。努斯鲍姆认为，“好生活”不能脱离德性，德性也一定要以“好生活”为目标，实践智慧在实现“好生活”的过程中具有重要作用。即使运气可能会通过剥夺实践活动的手段或资源，甚至会剥夺实践对象而影响实践活动，但是具有好品格和实践智慧的人依然能够与命运抗争，实践智慧可以帮助人降低运气的作用，减少人的脆弱性，实现人的“好生活”。

其实，无论努斯鲍姆提到运气还是脆弱性，她都是以“好生活”的实现为旨归的。她在《善的脆弱性：古希腊悲剧和哲学中的运气与伦理》一书中独具匠心地运用了大量篇幅分析三位伟大的古希腊悲剧诗人作品。她认为，悲剧可以揭示苦难和“恶”，悲剧情境不仅很好地诠释了运气、脆弱性与“好生活”的关系，悲剧还达到让人自我审视的目的。因此，她在后来出版的《诗性正义》和《告别功利》中都阐述了恢复诗的哲学目的的原因和必要性。在《善的脆弱性：古希腊悲剧和哲学中的运气与伦理》一书中，还能看到努斯鲍姆对功利主义经济学和教育学的不满、对文学想象能力的强调、对情感的重视和对“世界公民”的设想。努斯鲍姆通过论证文学在拓展经验边界和增加情感道德感召力作用的同时，试图批判经济学的功利主义，完善正义标准，以独特的视角形成一种“社会正义”的伦理思想。以上问题都可以在《善的脆弱性：古希腊悲剧和哲学中的运气与伦理》一书中找到，这些都是努斯鲍姆持续关注和探讨的问题。虽然她在《善的脆弱性：古希腊悲剧和哲学中的运气与伦理》一书中并没有论证上述问题，但是在她后来出版的《培养人性》《诗性正义》《告别功利》《正义前沿》《爱的知识》《政治情感》等著作中都有详细和具体的讨论，毋容置疑，这些问题都是围绕"好生活"实现的。换言之，努斯鲍姆的伦理思想一直是以如何实现"好生活"为目的的，其"好生活"伦理思想始终没有脱离《善的脆弱性：古希腊悲剧和哲学中的运气与伦理》一书最初要表达的思想，即虽然"好生活"不能无视运气的影响，运气的存在使"好生活"具有脆弱性，但是她通过强调悲剧、小说、诗歌和情感的重要性，试图借助文学想象和情感探索出一条"诗性正义"路径以解决社会正义问题。之后，努斯鲍姆受到阿马蒂亚·森的影响，她以人类发展为目标，在能力进路的基础之上为实现完整的理性、实现社会正义、改革教育现状和培养"世界公民"而不懈努力。总而言之，"好生活"虽然具有脆弱性，但是努斯鲍姆的"诗性正义"、通识教育、"世界公民"、基于能力进路的社会正义等思想的目的都是为了实现"好生活"，她一直都在探寻一条不让"好生活"那么脆弱的实践致思理路，其"好生活"伦理思想是基于《善的脆弱性：古希腊悲剧和哲学中的运气与伦理》引申和发展而来的。

努斯鲍姆"好生活"伦理思想集中探讨了德性、运气、外在善与个人"好生活"的关系以及它们对"好生活"实现的影响。"好生活"是合德性的实现活动，德性无法作为"好生活"的唯一要素确保"好生活"的实现，因此，"好生活"需要通过德性活动确定自身。然而，人是政治动物，人是社会存在物，人必然要在与其他人的联系中进行活动，于是在活动的展开过程中，运气和一些不可控的因素成为实现"好生活"的障碍。人在与他人的接触和联系中需要遵循社会准则和道德规范，如何实现社会正义就显得尤为重要。努斯鲍姆的伦理思想和政治哲学思想存在着内在的理论关联。努斯鲍姆确立了以伦理思想为根本出发点、以政治哲学思想为实现路径、以"好生活"为思想旨归的研究路向。伦理学作为努斯鲍姆"好生活"思想的起点，为政治哲学研究提供了哲学基础，也为政治哲学研究开辟了道路，她从个人"好生活"的追寻转向政治共同体"好生活"的探究具有理论和现实的必然性。

绪 论

玛莎·努斯鲍姆（Martha C. Nussbaum，也译为玛莎·纳斯鲍姆），美国著名哲学家、杰出公共知识分子。1947 年 5 月 6 日出生于美国纽约，1969 年获得纽约大学文学学士学位，1971 年获得哈佛大学古典学硕士学位，并于 1975 年获得哈佛大学哲学博士学位，曾先后任教于哈佛大学、布朗大学和牛津大学，现为芝加哥大学法学院、神学院和哲学院合聘教授，法学与伦理学“恩斯特·弗罗因德（Ernst Freund）杰出服务讲席”教授。20 世纪末 21 世纪初，努斯鲍姆曾担任美国哲学协会中部分会主席，美国哲学协会国际合作委员会主席、妇女地位委员会主席、公共哲学委员会主席，还是南亚研究委员会成员，也是人权项目董事会成员和人类发展与能力协会创始人。努斯鲍姆在美国法律哲学家影响力排名中位居第三。努斯鲍姆是 2003 年美国《新政治家》杂志列出的“我们时代十二位伟大思想家”中的一位，还被美国《外交政策》（双月刊）、英国《展望》杂志两次列入“世界百名杰出知识分子”（The World's Top 100 Intellectuals）榜单，在 2012 年获得西班牙阿斯图里亚斯王子奖，2016 年获得“京都奖·艺术与哲学奖”等。

努斯鲍姆是一位学术成果丰富、思想活跃、极富影响力的哲学家和思想家。据不完全统计，截止到目前，努斯鲍姆已经出版了 20 余部著作、500 多篇论文和评论，这些著作和文章分布在伦理学、政治哲学、法学、教育学等多学科领域。主要著作包括《善的脆弱性：古希腊悲剧和哲学中的运气与伦理》（1986 年版；2001 年修订版）、《爱的知识：哲学与文学论文集》（1990 年）、《欲望的治疗：希腊化时期的伦理理论与实践》（1994 年）、《诗性正义：文学想象与公共生活》（1995 年）、《培养人性：从古典学角度为通识教育改革辩护》（1997 年）、《性与社会正义》（1999 年）、《女性与人类发展》（2000 年）、《思想剧变：情感智慧》（2001 年）、《隐瞒人性：厌恶、羞耻和法律》（2004 年）、《正义的前沿：残疾、国籍和物种成员资格》（2006 年）、《良知自由：捍卫美德的宗教平等传统》（2008 年）、《告别功利：人文教育忧思录》（2010 年）和《创造能力：人类发展进路》（2011 年，译者田雷在 2016 年出版的中译本中将其译为《寻求有尊严的生活：正义的能力理论》）等。努斯鲍姆的学术观点在美国、英国、西班牙、法国、澳大利亚、印度等都具有广泛而深远的影响，有关运气和脆弱性、能力理论、正义思想和教育思想等引发了热烈的讨论。近年来，中国也有越来越多的学者开始翻译和研究努斯鲍姆的著作和论文，对其理论观点和学术争论进行了分析和探讨，中国正呈现出一股势不可挡的“努斯鲍姆研究热”。

一 研究目的与意义

（一）研究目的

自古以来，无论是东方还是西方，无论是古希腊时期还是近现代，人们一直不断追问幸福和幸福的实现问题，人们长期关注着有关幸福的问题，换言之，人们为什么是“好生活”和如何实现“好生活”而上下求索，不同时代、不同流派的哲学家们给出了不同的答案。在古希腊时期，亚里士多德对幸福进行了详细深入的研究，认为幸福是合德性的实现活动，亚里士多德的伦理学常被称作“幸福论伦理学”，亚里士多德有关德性和幸福的讨论对后世产生了深远影响。中世纪时期，托马斯·阿奎那继承并发扬了亚里士多德的伦理思想，把至善和上帝联系起来，认为“人的至善和最高幸福就在于承认上帝、信仰上帝、认识上帝、分有上帝"[①]。虽然从古希腊时期到中世纪，德性伦理学在伦理学中占主导地位，但是中世纪之后，在康德义务论和功利主义影响下的西方近代伦理学均以行为为中心，它们抛弃了对行为者德性的关注和考察，"都强调行为的动机在于与规则、原则的一致，或行为后果的善，而不是德性"[②]。至此，伦理学越来越偏离德性的根基，人类行为和行为者成为可以截然分开的存在。除此之外，人类获得了民族独立、摆脱了阶级压迫，实现了全新的自由和解放，可是，在没有宗教、等级和身份束缚的情况下，究竟谁才是道德权威呢？符合道德规范和原则的人类行为只能保证人类从事道德活动的底线，却根本无法让人类获得幸福或过上"好生活"，人类社会面临着前所未有的道德危机。

安斯库姆在《现代道德哲学》一文中批判了义务论和功利主义，强调德性伦理学的重要意义，掀开了当代德性伦理学复兴的新篇章。很多当代西方德性伦理学家都以亚里士多德伦理学为思想武器，从不同角度和不同侧面对康德义务论和功利主义进行了抨击和批判，努斯鲍姆就是其中的杰出代表。努斯鲍姆的学术思想在众多领域引起了反响，作为学术热点人物，国外对努斯鲍姆伦理思想和政治哲学思想的研究比较深入，而中国对努斯鲍姆学术思想的研究尚处于起步阶段。虽然国内有关努斯鲍姆的译著逐年增多，2007~2018 年，已有 8 本著作被翻译成中文，这 8 本著作是《善的脆弱性：古希腊悲剧和哲学中的运气与伦理》、《善的脆弱性：古希腊悲剧和哲学中的运气与伦理》（修订版）、《培养人性：从古典学角度为通识教育改革辩护》、《诗性正义：文学想象与公共生活》、《告别功利：人文教育忧思录》、《正义的前沿》、《寻求有尊严的生活：正义的能力理论》、《欲望的治疗：希腊化时期的伦理理论与实践》，特别是最近 3 年，努斯鲍姆的 3 部译著相继问世，但是这些只是她众多学术成果中的一少部分，而且国内至今没有一部努斯鲍姆思想研究专著。此外，国内大部分学者对于努斯鲍姆伦理思想研究更多的

① 张志伟：《西方哲学史》，中国人民大学出版社，2002，第 267 页。

② 龚群、陈真：《当代西方伦理思想研究》，北京大学出版社，2013，第 373 页。

还处于译介阶段，加之研究内容分布于不同的学科领域，虽然其成名作《善的脆弱性：古希腊悲剧和哲学中的运气与伦理》在伦理思想研究中具有不可撼动的地位，但是国内基于《善的脆弱性：古希腊悲剧和哲学中的运气与伦理》的深入研究并不多见。由于政治哲学自身的哲学特点和现实旨趣，努斯鲍姆基于“能力进路”的社会正义思想引发了国内外很多学术讨论。努斯鲍姆政治哲学影响力的凸显在一定程度上遮蔽了其伦理思想的地位和价值，尤其是对于努斯鲍姆“好生活”伦理思想的构成、整体脉络、内在逻辑、伦理思想和政治哲学思想的关系等问题缺少深入分析和研究，国内有关努斯鲍姆“好生活”伦理思想的研究还很不充分，希望本书能为学术理论研究提供参考资料。

（二）研究意义

党的十九大指出，中国特色社会主义进入了新时代，中国社会的主要矛盾也发生了变化，党和国家都以实现人民的美好生活作为奋斗目标。新时代需要新理论，新时代更需要国内外有关美好生活的优秀理论和学术成果。本书不仅有助于把握努斯鲍姆“好生活”思想的内容和内在逻辑，更重要的是为研究努斯鲍姆伦理思想提供了新的维度。全书依据《善的脆弱性：古希腊悲剧和哲学中的运气与伦理》一书的线索展开有关“好生活”与脆弱性关系的研究，脆弱性之于“好生活”意义的研究，以及德性在“好生活”中的地位与价值的研究等。本书还力图展示国内外学者关于社会正义、教育、世界主义等热点问题的学术讨论，阐释这些问题与“好生活”思想之间的内在关系，探究努斯鲍姆“好生活”思想的内在张力，凸显“好生活”思想的理论意蕴及其实践维度。努斯鲍姆的学术思想并不是杂乱无章的内容堆积，其中有一条“好生活”实践哲学思想的线索贯穿始终，实践哲学思想统领伦理学、政治哲学、法律、教育学等思想。努斯鲍姆一直致力于阐发人的有限性存在和如何超越有限性过上“好生活”的伦理思想。明晰构成“好生活”的要素，逐一探讨在世界范围内的德性、正义、教育等问题的前提、条件、方式、障碍与问题等，为在世界范围内实现公平和正义提供新思路。深入挖掘世界公民思想的合理内核，不仅为中国理解世界提供了可能，也为世界了解中国找寻可行的方式与途径。努斯鲍姆作为当代美国著名的公共知识分子，具有敏锐的洞察力、深厚的学术积淀和深刻的现实关怀，以现实问题为导向，对古典哲学经典著作和当代政治哲学的最新理论成果进行了反思、批判和修正，努斯鲍姆的"好生活"思想不仅为世界范围内实现公平和正义提供了新路径，还为我国道德建设、制度完善、美好生活的实现和中华民族的伟大复兴提供了参考。

二 国内外研究现状

（一）国外研究现状

据不完全统计，国外曾经提到过努斯鲍姆观点的论文就有6000余篇，无论是在各大知名杂志上还是在国外优秀硕、博士论文中，有关努斯鲍姆思想的研究与探讨随处可见。国外研究内容主要包括她的伦理思想、正义思想、世界公民思想、教育思想等，研究领域涵盖了哲学、法律、教育学、心理学和经济学等学科方向，其中"好生活"相关思想研究也不胜枚举。她的思想不仅引发了美国国内学者广泛与深入的讨论，还引起了法国、德国、西班牙等国家学者的关注与学界争论。当然，这不仅与努斯鲍姆研究成果数量多、学科覆盖面广有关，还与努斯鲍姆广泛的学术影响力直接相关。很多有关努斯鲍姆"好生活"思想的研究分布在不同的领域之中，详尽且毫无遗漏地对国外研究成果进行整理和归纳绝非易事。本书仅对其中比较典型和主要的研究成果进行简要的梳理和介绍。

国外一些学者对努斯鲍姆早期代表作《善的脆弱性：古希腊悲剧和哲学中的运气与伦理》（下文简称《善的脆弱性》）一书作了评论，其中包括：帕特里克·沙利文（Patrick O. Sullivan）、哈里·布雷德迈尔（Harry C. Bredemeier）、黑兹尔·巴恩斯（Hazel E. Barnes）、戴维·罗克尼克（David Roochnik）和保罗·伍德拉夫（Paul B. Woodruff）等人的评论。很多学者都注意到了努斯鲍姆对悲剧的重视和对悲剧意义的强调，有学者认为人们通过悲剧中的苦难可以促成一种复杂的伦理世界观，如帕特里克·沙利文。还有学者如黑兹尔·巴恩斯认为努斯鲍姆不仅强调古希腊文本对当代所具有的重要意义，她还通过对古希腊悲剧进行亚里士多德式的伦理解读与阐释，指出了悲剧与运气的关系、柏拉图拒斥悲剧的原因和柏拉图要彻底根除运气的原因。戴维·罗克尼克认为努斯鲍姆通过对古希腊悲剧如《阿伽门农》《安提戈涅》《赫卡柏》的解读，向我们展示了悲剧世界的哲学意义，书中探讨了一个核心问题，即好生活与偶然性的关系、理性与脆弱性的关系。部分国外研究者从《善的脆弱性》这部著作的题名入手展开分析和研究，哈里·布雷德迈尔给予努斯鲍姆《善的脆弱性：古希腊悲剧和哲学中的运气与伦理》题名很高评价，并对副题名的含义进行了详细阐释，作者认为副题名中的“运气”主要指厄运，如被爱人拒绝、被朋友出卖、贫困、丧亲之痛等，而“伦理”主要是指个人品格的道德集合如勇敢、诚实、高尚、节制、忠诚、正直等人们想与之依赖的人应该具有的品格，副题名的其余部分很好地说明了这部著作的内容，即希腊悲剧家和哲学家如何处理运气和伦理在影响人类美好生活方面各自所发挥的作用。保罗·伍德拉夫还对两个不同的脆弱“Fragility”和“Vulnerability”进行了深入的分析和解读，他认为“Vulnerability”属于需要保护的事物或东西，而“Fragility”所表达的脆弱是一种会使我们变得珍贵和美丽的脆弱，它是我们重视事物价值的一部分，因此“Fragility”更好、更准确。此外，保罗·伍德拉夫指出努斯鲍姆在《善的脆弱性》一书中探讨了善与危险的关系问题，即人类的善是否可以强大到足以承受任何危险，努斯鲍姆认为柏拉图和亚里士多德给出了不同的答案，他们给出不同答案的原因在于二者对人类有限性的看法截然不同，柏拉图视之为需要克服的祸因，而亚里士多德则把其视为一种挑战。作者对努斯鲍姆及《善的脆弱性》给予极高的评价，认为这部著作对伦理学核心问题进行了深入的阐释，亚里士多德从人类的局限性中看到了丰富的可能性，努斯鲍姆对悲剧作家的洞察力和亚里士多德的方法予以肯定，书中的伦理探讨对伦理学家有关人类局限性的看法产生了深远影响。

还有一些学者呈现了努斯鲍姆思想中有关文学作品与伦理的关系问题，如约翰·迪伊（John Deigh）在《努斯鲍姆对斯多葛情绪理论的辩护》中指出，努斯鲍姆赋予文学作品以重要的伦理价值，虽然文学作品与标准的伦理学著作不同，但是文学作品在激发道德想象力和实践思维方面具有伦理学著作没有的优势，能够发挥道德哲学抽象方法所不具备的作用。文学作品因其自身特点，在揭示人类生活的复杂性和具体的道德问题方面比伦理学著作更合适，二者具有同等重要的伦理意义。一些研究论文还在努斯鲍姆的跨学科研究和现实性维度方面具有共识，如杰弗里·哈珀姆（Geoffrey G. Harpham）的《玛莎·努斯鲍姆的渴望》和理查德·瑞乌（Richard Reeve）的《玛莎·努斯鲍姆》，文章认为，努斯鲍姆不仅对不同学科的学术研究做出了贡献，还在促进正义、治疗社会疾病和提升道德健康方面发挥了积极作用，其思想富有广泛而深刻的现实关怀。也有文章认为，努斯鲍姆对悲剧和哲学生活的阐释存在问题，如玛莎·C. 贝克（Martha C. Beck）的《悲剧和哲学生活——回应努斯鲍姆》，文章从十五个方面对悲剧的特点进行了分析和说明，认为对照悲剧的这些特点，柏拉图的四篇对话《普罗泰戈拉》《理想国》《会饮篇》《斐德罗篇》并非反悲剧的，文章批判了努斯鲍姆对柏拉图反悲剧的解读，认为努斯鲍姆误解了柏拉图，试图为柏拉图正名。

国外努斯鲍姆政治哲学思想研究主要体现在能力理论及其相关问题上，学界对能力理论、核心能力和社会正义的广泛关注和热烈探讨，促使努斯鲍姆政治哲学研究更加深入和透彻。凯瑟琳·霍尔斯特（Cathrine Holst）在《玛莎·努斯鲍姆以结果为导向的正义理论》一文中指出，能力理论在哲学交流、政策制定与应用讨论等方面都受到了广泛关注。文章从五个方面展开论证：第一部分主要介绍了努斯鲍姆正义的观点及其与罗尔斯的差异；第二部分和第三部分对努斯鲍姆的能力理论提出了质疑，反对用能力取代“基本品”（primary goods），反对用道德正义的正当性取代程序正义的正当性；第四部分分析了与罗尔斯正义观相比，努斯鲍姆正义观存在的问题；第五部分，讨论了前四部分的关键点与欧洲合法性研究的关联性。很多学者都认为，努斯鲍姆的能力理论在促进社会正义和人类发展方面具有积极意义，如德斯·加斯珀（Des Gasper）在《阿马蒂亚·森的能力路径和努斯鲍姆的能力理论》中通过比较阿马蒂亚·森和努斯鲍姆能力理论的异同，认为努斯鲍姆在关注个体、个体生活质量和文化方面比森的抽象能力理论更有优势，努斯鲍姆的能力理论包含对社会问题的批判性思考，对促进人类发展具有积极意义，而森的能力理论对促进主流西方福利经济学的研究与发展更有优势。有关能力理论的比较研究还有很多，鲁特格尔·克拉森（Rutger Classen）和马库斯·杜维尔（Marcus Duwell）的《能力理论的基础：比较努斯鲍姆和格沃斯》便是其中之一，文中比较了努斯鲍姆和格沃斯的理论，对二者的能力理论和道德理论进行了分析。文章对努斯鲍姆的“有尊严的生活”这一概念进行了质疑，认为格沃斯的理论具有努斯鲍姆能力理论所不具备的特点，即以基本道德为起点，用先验论证的方式进行辩护的特点，其理论能够弥补努斯鲍姆能力理论的不足。努斯鲍姆的十种“核心能力”也是国外学术界关注的焦点之一，部分学者对“核心能力”在评估社会进步标准方面所发挥的作用给予了肯定，如罗伯特·E. 古丁（Robert E. Goodin）和戴维·帕克（David Parker）在《玛莎·努斯鲍姆政治哲学专题讨论会》一文中的论述，文章还对努斯鲍姆的政治哲学进行了客观和公正的评价，认为其政治哲学具有独特性和重要意义。也有文章指出，努斯鲍姆的社会正义理论是一种捍卫了人类尊严和核心能力的正义理论，其中包含了最低限度的能力标准，如英格丽德·罗比（Ingrid Robey）的《幸福、自由和社会正义》。而理查德森（Henry S. Richardson）在《努斯鲍姆：爱和尊重》中认为，努斯鲍姆实现正义的途径是在爱和同情的基础上为全球制定公平的协议，利用平等对话处理国家间的问题。查如式拉（Charusheela）在《社会分析和能力方法》中阐发了努斯鲍姆的观点，即不能放弃伦理普遍主义，放弃普遍主义的结果就是倒向伦理相对主义，建议凭借跨文化交流作为非种族优越的基础，这种普遍主义是修正的普遍主义，从而进行普遍判断与干预。在政治责任和美德伦理学关系方面，贝里·托伦

（Berry Tholen）在《政治责任作为一种美德：努斯鲍姆、麦金太尔和里科尔关于政治的脆弱性》中的观点颇具见地，作者认为美德伦理学和政治责任的关联性就在于美德伦理学可以提供一种清晰的理解。作者在努斯鲍姆、麦金太尔（也译作麦金泰尔）和里科尔等哲学家著作的基础上，阐释了政治的德性伦理意蕴，提出了典型威胁的政治脆弱性，并认为政治责任可以处理这些威胁。

国外研究不仅有对努斯鲍姆思想的再现和肯定，还有对努斯鲍姆政治哲学思想的质疑和挑战，质疑主要体现为以下 4 点。（1）如何让不同文化背景下的人为人类的社会正义问题提供新见解，并能在人类发展问题上达成共识？坦 - 达姆 · 张（Thanh-Dam Truong）在《一种人性，多种意识——在努斯鲍姆的新〈正义的前沿〉中未解决的问题》中存在这样的疑惑。（2）虽然能力方法在《联合国残疾人权利公约》（CRPD）方面具有显而易见的有效性，但是 CRPD 却试图通过赋予残疾人若干公民权利、政治权利以及经济、社会和文化权利来增强他们的能力，因此，能力理论在实施上面临着极大的挑战，卡罗琳 · 哈纳克（Caroline Harnacke）在《残疾与能力：探讨玛莎 · 努斯鲍姆为〈联合国残疾人权利公约〉所采用的能力评估方法的实用性》一文中从三个方面进行分析和论证：一是努斯鲍姆的能力方法能否为 CRPD 中指向的权利提供支持；二是能力方法在确定权力优先性方面是否有效，能够发挥的效用程度又有多大；三是能力方法基础不牢，对 CRPD 中权利的有力支持令人怀疑。（3）对残疾人担负的义务与正义问题是否相关。（4）动物正义，动物在追求不同自然利益时，如何确定人类对不同动物所担负的义务？A. 瑞安（A. Ryan）在《世界主义》一文中集中阐述了上述（3）和（4）中所涉及的质疑。

综上所述，国外对努斯鲍姆“好生活”思想的研究起步较早、研究内容全面、研究较深入。研究内容主要包括伦理思想、正义思想、世界公民思想、教育思想等，研究领域涵盖了伦理学、政治哲学、文学、法律、教育学和经济学等学科方向。国外努斯鲍姆“好生活”思想研究凸显了悲剧和运气的重要性，主要包括偶然性和脆弱性与好生活的关系、能力理论、能力与社会正义等向度的研究。具体来说，在《善的脆弱性》一书中，努斯鲍姆强调了悲剧的重要性，阐释了柏拉图拒斥运气和推崇理性的原因，揭示了好品格对于“好生活”来说并不充分等问题。有关能力理论的研究不仅包含比较研究的方法，还具有政治哲学研究的广度和深度，如研究吸收了罗尔斯和阿马蒂亚·森等人正义理论的最新研究成果。可是，虽然部分国外学者意识到努斯鲍姆在跨学科和多领域研究中所做的贡献，但是努斯鲍姆“好生活”思想研究依然存在各自为政的局面，伦理思想、政治哲学思想、文学思想、法律思想、教育思想等研究依然分布于不同的学科领域之中，至今缺乏一种能够打通努斯鲍姆学术思想学科壁垒的中介和桥梁。在所有这些学科中，哲学无疑具有其他学科无法比拟的优势，哲学是所有学科的原理、方法和指导，因此，哲学能够承担起打通学科壁垒的桥梁作用，努斯鲍姆“好生活”伦理思想和政治哲学思想必然成为“好生活”思想研究的前沿阵地，二者能够为“好生活”思想研究提供形而上学的基础，伦理学和政治哲学能够从人的生存意义上把握人和人类生活，因此，这种哲学研究或者说具有实践维度的哲学研究包含着深刻的现实观照。

努斯鲍姆“好生活”伦理思想研究和政治哲学思想研究又有怎样的发展趋势和内在关系呢？努斯鲍姆“好生活”伦理思想的研究集中体现在对《善的脆弱性》一书的解读和阐释上，国外对《善的脆弱性》的讨论大多数是书评类的，对此书内容的呈现居多，即主要把努斯鲍姆在书中的一些观点和作者自己的部分评论展现了出来，缺乏更多更深入的讨论和研究，特别是对于努斯鲍姆“好生活”伦理思想产生的原因、路向、整体脉络与线索的把握依然不够明晰。加之努斯鲍姆在《善的脆弱性》出版15年之后（2001年）出版了新版本，可是她只增加了修订版序言，在正文当中并未对学界争论进行回应，这令部分学者略感失望。随后，努斯鲍姆新著作连续出版发行，如《爱的知识》《欲望的治疗》《诗性正义》《培养人性》《性与社会公正》《妇女与人类发展》《正义的前沿》等，国外学界的讨论更多集中在对努斯鲍姆晚近作品的研究和分析中，其中对其政治哲学思想中的能力进路和社会正义问题讨论居多。换言之，努斯鲍姆“好生活”政治哲学思想研究的蓬勃发展从一定程度上掩盖了努斯鲍姆“好生活”伦理思想的地位和价值，遮蔽了“好生活”伦理思想研究的必要性和重要性，国外对基于《善的脆弱性》展开的“好生活”伦理思想研究出现了断裂，对努斯鲍姆“好生活”伦理思想和政治哲学思想之间的关联也不甚明朗，这也为本书留出了研究空间。

（二）国内研究现状

玛莎•努斯鲍姆不仅在国外有着深远和持久的影响力，其学术成果在国内也正在掀起多学科、多领域的研究热潮。与国外研究相比，国内有关努斯鲍姆（或纳斯鲍姆）[①]“好生活”思想的研究起步较晚。最近十年间，尤其是徐向东和陆萌翻译的中译本《善的脆弱性》出版以来，努斯鲍姆的学术思想才逐渐进入国内学者的研究视野。可以说，中译本《善的脆弱性》的问世为国内努斯鲍姆研究奠定了坚实的基础，使国内更多学者开始关注努斯鲍姆及其理论观点，掀开了努斯鲍姆研究的新篇章。随着肖聿翻译的《告别功利：人文教育忧思录》、丁晓东翻译的《诗性正义：文学想象与公共生活》和李艳翻译的《培养人性：从古典学角度为通识教育改革辩护》出版发行，国内已经有一些学者开始研究努斯鲍姆的伦理思想、“世界公民”教育思想、诗性正义、可行能力思想等。在 2007 年至 2013 年期间，国内研究努斯鲍姆的学术论文已经达到 10 余篇，与 2007 年之前仅有 1 篇研究论文相比，国内努斯鲍姆研究呈现发展态势。特别是近三年，又有 3 本努斯鲍姆中译版著作相继问世，包括：陈文娟等翻译的《正义的前沿》、田雷翻译的《寻求有尊严的生活：正义的能力理论》和徐向东、陈玮翻译的《欲望的治疗：希腊化时期的伦理理论与实践》，国内有关努斯鲍姆政治哲学、伦理学、文学、教育学、法学等学科领域的研究论文不断涌现。至 2018 年初，国内对努斯鲍姆思想所进行的

① 由于国内对 Martha Nussbaum 的名字有两种不同的翻译方法，即努斯鲍姆和纳斯鲍姆，本书中除了在标明参考文献出处的地方按照其作者翻译方法列出外，其余正文中论及被研究者 Nussbaum 处均统一采用“努斯鲍姆”这种翻译方法。

专题性研究文章已经增至50余篇，论及努斯鲍姆的非专题性研究文章也接近50篇，国内努斯鲍姆研究蓬勃发展，一股势不可挡的“努斯鲍姆研究热”已经清晰可见。

尽管到目前为止，国内尚未有一本努斯鲍姆研究的专著出版，然而龚群和陈真在《当代西方伦理思想研究》一书详细介绍了当代德性伦理学产生的背景、德性伦理学在当代复兴的原因、当代德性伦理学家群体构成及其主要观点，凸显了麦金太尔和努斯鲍姆等人在当代德性伦理学家中的重要性，称麦金太尔和努斯鲍姆等人为当代西方最著名的哲学家、伦理学家。书中深刻阐释了努斯鲍姆对功利主义的清算，突出强调努斯鲍姆以亚里士多德伦理思想为武器，批判功利主义把快乐作为行为好坏的评价标准。该书为中国学者了解当代西方伦理思想的发展趋势提供了重要资料，给出了当代德性伦理学在西方伦理学发展史中的历史定位，“德性伦理学的复兴已经成为一股强劲的潮流，因而在当代西方伦理学中，德性伦理学有着相当重要的地位”①。

国内较早提及努斯鲍姆德性伦理思想的文章是杨豹的《当代西方德性伦理思想探讨》、《伦理理论与反理论之争：玛莎·努斯鲍姆伦理理论化思想述评》和《当代西方德性伦理的思想特色》等，文章中介绍了努斯鲍姆的德性伦理思想，尤其在最后一篇文章中，作者不仅阐述了努斯鲍姆的学术思想，即人均国民生产总值无法表明分配是否平等，对功利主义的正义观进行了批判，还凸显了努斯鲍姆的学术地位和学术影响力，努斯鲍姆不仅被誉为“美国心灵”的哲学大师，还被丹尼尔·斯达特曼（Daniel Statman）认为是当代众多德性伦理学家中“贡献最大”的一位。作者认为，努斯鲍姆的伦理思想通过文学叙述的方式表达出来，因此极富吸引力，并被广泛传播。杨豹早期的研究成果学术反响很大，极大地推动了国内努斯鲍姆伦理思想的研究，加之努斯鲍姆中译版著作的不断涌现，近年来，发表在国内各大期刊的努斯鲍

① 龚群、陈真:《当代西方伦理思想研究》，北京大学出版社，2013，序第3页。

姆研究文章明显增多。国内对努斯鲍姆“好生活”思想的哲学研究主要包括伦理思想研究和政治哲学思想研究，研究的广度和深度也得到了进一步拓展和深化。国内围绕努斯鲍姆“好生活”思想的研究主要体现在“好生活”与脆弱性关系、实践智慧与“好生活”、能力理论、能力理论与社会正义、世界主义、世界公民思想、教育研究、诗性正义等方面。

在努斯鲍姆成名作——《善的脆弱性》（中译本）出版以来，国内出现了一些基于该著作的研究文章，这些文章主要是对努斯鲍姆“好生活”伦理思想内容的呈现和解读，如李文倩的《纳斯鲍姆论脆弱性与好生活》阐释了努斯鲍姆的核心观点，即运气是与人类生活息息相关的，人的脆弱性源于人的有限性。除此之外，作者还进一步明晰了叙事的优势，凸显了叙事文本对于深刻理解价值问题的意义。赵海峰的《纳斯鲍姆论亚里士多德的实践智慧与好生活》和曹聪的《脆弱的究竟是什么？》都注意到了努斯鲍姆强调偶然事件对人的好生活的影响，做一个好人并不等于过幸福的人类生活，偶然事件经常会影响人的生活，坏运气完全可以毁掉好人的生活甚至生命。两位作者所不同的是，赵海峰认为，努斯鲍姆抓住了亚里士多德思想中的一个核心问题，即人的局限性对伦理学的意义，以及在局限性影响下实践智慧对于好生活的意义；曹聪认为，努斯鲍姆把情感提到了最高地位，而且“纳斯鲍姆显然更青睐悲剧诗人对偶然与美好生活的见解”①。刘永春、席玥桐的《对纳斯鲍姆“脆弱之善”的批评》赞同努斯鲍姆强调的美德需要面对现实生活，实践智慧需要在复杂多变中得到历练，但文章对努斯鲍姆的运气、好生活的语境化、善的不可通约性和关系性的善提出了批评。国内大部分学者都注意到努斯鲍姆所探讨的一个重要问题，也就是好品格对于“好生活”来说并不充分，好品格和“好生活”之间存在断裂，“好生活”是德性的实现活动，而不是德性本身。在此基础上，叶晓璐在《交流与行动：读纳斯鲍姆〈善的脆弱性〉》中把这种德性的实现活动称为“行动”，文章凸显了努斯鲍姆思想中有关“好

① 曹聪:《脆弱的究竟是什么？》,《中国图书评论》2008 年第 12 期，第 77 页。

生活”的两个核心范畴，即“行动”和“交流”，强调交流具有纽带作用，是实现关系性的善的关键性因素。之后，叶晓璐对脆弱性和“好生活”进行了深入阐释，特别是《好生活与脆弱性：阿伦特和纳斯鲍姆相关思想论述》一文比较分析了阿伦特和努斯鲍姆有关脆弱性和“好生活”研究的不同理路，作者认为阿伦特理论中脆弱的原因是行动的三重困难，而努斯鲍姆理论中的脆弱性源于运气的影响。在“好生活”问题上，作者也提出了极富启发性的观点，认为阿伦特和努斯鲍姆的思想可以相互补充。努斯鲍姆“好生活”思想丰富和补充了阿伦特思想中行动具有三重困难的原因，即人是有限的存在，人的不自足性必然受“运气”的影响；阿伦特思想补充了柏拉图理性主义产生的根源，即用制作代替行动的尝试。可见，国内对努斯鲍姆“好生活”与脆弱性关系的研究得到了深化与拓展，研究内容也呈现出由译介努斯鲍姆的核心伦理思想发展为对思想根源深层揭示的趋势。

国内有关努斯鲍姆“诗性正义”的研究主要集中在文学领域和哲学领域，“诗性正义”思想是学界颇具争议的思想之一，其中具有代表性的观点有三种：(1)“诗性正义”抓住了情感与理性相比的优势，文学想象和情感在促进社会正义发展方面具有积极意义，如刘俐俐的《故事问题视域中的“法律与文学”研究》认为努斯鲍姆解决了两个理论问题，一是文学作品激发的情感是蕴含理性的情感，因而它可以和理性正义伦理兼容，二是小说读者因其与关注对象持有距离，从而具有了客观、公正的性质，这样“明智的旁观者”可以设身处地地为关注对象进行社会公正方面的思考；(2)情感的可靠性和“诗性正义”在司法判决中能够发挥作用的范围和限度富有争议，如李勇、于惠的《诗性正义何以可能？——努斯鲍姆〈诗性正义〉引发的思考》；(3)“诗性裁判”与“司法裁判”是完全不同的裁判，政治和道德上的“诗性裁判”要高于法律条文上的“司法裁判”，如刘锋杰的《诗人何以“立法”与“裁判”——以西方浪漫主义四杰为对象的文学正义阐释》，作者从文学角度对“诗性正义”进行了阐发，认为诗人的立法与裁判与法学家、法官不同，诗人的立法与裁判具有至高性，是原理性、原则上的，而不是具体的、操作层面的法律行为。

国内有关努斯鲍姆世界主义、世界公民和教育思想的研究也逐年增多，国内最早研究世界主义的文章是余创豪的《在全球化的脉络下探讨 Nussbaum 的世界主义和世界公民意识》，文章突出了努斯鲍姆世界主义的实质，即精神文化的改革，而非世界政府的组织形式。在世界公民和教育问题上，大部分学者呈现了努斯鲍姆在《告别功利》这一著作中的主要观点，即教育不应为经济服务，应为民主服务，要培养学生们的批判能力、想象能力和同情能力，如杨豹的《教育为经济服务还是为民主服务——读努斯鲍姆的〈告别功利〉》。教育应该以培养具有世界意识、独立的思维能力的“世界公民”为目标，通过人文学科、多元文化课程等途径培养“世界公民”，如姜元涛的《玛莎·努斯鲍姆的“世界公民”教育思想探究》。

与上述研究相比，国内有关努斯鲍姆能力理论、能力与幸福、能力与社会正义等问题的研究成果层出不穷。最早研究能力与幸福的文章是田雷的《〈创造能力〉：追求更公正的社会（之一）》，文章指出，努斯鲍姆在《创造能力：人类发展进路》这本著作中集中探讨了幸福与能力的关系、社会正义理论的最根本问题，以及最低限社会正义的实现、能力理论与功利主义和社会契约理论的比较等问题。具体来说，人的能力是幸福的根源，“人能够成为什么，又能够做到什么”是社会正义最根本的问题，政府负有促成人的内在能力实现的责任。只有达到人类核心能力的门槛时，才算实现了最低限的社会正义。随后，田雷在《〈培育能力〉：幸福根源于人的能力（之二）》一文中主要从三个方面对努斯鲍姆的能力理论进行了论述。一是概述了十种核心能力的内容，包括生命、身体健康、身体健全等，并指出十种核心能力具有非终极性和差异性的特点；二是表明能力理论批判和反对以 GDP 为衡量标准的经济社会发展论；三是努斯鲍姆认为能力就是自由，也就是阿马蒂亚·森所谓的“实质自由”，是积极的自由。外部环境在支持内在能力发展方面具有积极意义，人的能力是幸福的根源和保障。国内部分学者还分析和探讨了努斯鲍姆和阿马蒂亚·森两种可行能力理论的异同，如杨兴华、张格儿的《阿玛蒂亚·森和玛莎·努斯鲍姆关于可行能力理论的比较研究》、于莲的《可行能力方法具有两个版本》和《来自尊严的正义：试析基本可行能力清单》等文章。在这三篇文章中，第一篇文章认为努斯鲍姆采用的视角更具普世性和全球性，凸显了可行能力理论对我国的贫困、饥荒和不平等等现实问题所具有的借鉴意义。第三篇文章不仅详细阐释和分析了努斯鲍姆基本可行能力清单的内容、含义、来源和发展，以及努斯鲍姆可行能力进路版本的优势和原因，还明确指出努斯鲍姆"尊严"概念来源于亚里士多德和马克思。文章认为，努斯鲍姆深受亚里士多德关于人的机能对目的和尊严具有决定作用思想和马克思"全面的人"思想的启发。在能力问题的研究中，《正义的前沿》（中译本）的译者之一谢惠媛在阐释尊严和能力进路问题上走得更远。谢惠媛的《尊严、能力与正义：纳斯鲍姆的尊严概念评析》从三个方面对努斯鲍姆的尊严、能力路径和正义问题进行了深入论述：一是分析了尊严概念所包含的四重维度，即从平等性、个体性、保障性和宽泛性角度来理解努斯鲍姆提及的尊严；二是厘清了尊严与能力的关系，即尊严既不独立于能力，也不优先于能力；三是努斯鲍姆把尊严视为正义理论的内核。同时，文章还指出了努斯鲍姆的尊严概念内涵模糊，加之尊严与以往结构性元素，如与理性和道德性相比显得单薄无力，因此作者建议用权力取代尊严为切入点来论证能力进路。国内学者还有从法学视角对努斯鲍姆的能力进路进行解读的，如董骏的《迈向一种能力进路的人权观：评纳斯鲍姆〈寻求有尊严的生活〉》，文章认为努斯鲍姆的人权观是以能力而非自然法为基础，把真正的人权视为人们选择和行动的一系列实质性自由。国内学界还有从女性解放和女性发展维度切入的研究，如范伟伟的《理性·关怀·能力：女性解放的路径探索及其反思》，文中认为努斯鲍姆的"能力路径"与女性主义在女性解放问题上所持有的"理性路径"和"关怀路径"不同，"能力路径"不仅突破了这两条路径所带来的理论瓶颈，还因其核心能力的丰富性和完整性使理性和关怀的共存成为可能，因此，"能力路径"在女性解放和女性发展方面成为最具前景的路径。随着国内对努斯鲍姆能力理论和社会正义问题的深入研究，部分学者对能力理论的直觉主义色彩提出了质疑，如陶涛的《残障人问题对罗尔斯正义理论的挑战：兼论努斯鲍姆之“能力法”》和李楠、秦慧的《能力平等的背后是什么？——玛莎·努斯鲍姆的平等理论探究》等。此外，陶涛在文章中认为能力理论还存在着其他方面的缺陷，如道德标准的差异性导致对能力清单涉及的具体行为规范的差异性，以及“能力法”的实现难度较大。

综上所述，国内对于努斯鲍姆“好生活”伦理思想的研究主要集中在“好生活”与脆弱性、实践智慧与“好生活”、诗性正义、世界主义、世界公民、教育、能力理论、能力与社会正义等方面。国内对于“好生活”伦理思想的研究凸显了《善的脆弱性》一书的主题，使国内学者也重新审视好品格和“好生活”之间的关系以及运气在“好生活”的地位和作用。随着学者们对努斯鲍姆著作的深入解读，基于《善的脆弱性》一书的研究成果已经不仅仅停留在译介阶段，“好生活”伦理思想的研究向纵深方向发展。然而，与“好生活”与脆弱性、实践智慧与“好生活”等相关研究相比，国内有关诗性正义、教育、能力理论、能力与社会正义等方面的研究，特别是与努斯鲍姆能力理论和社会正义相关的学术研究如火如荼，无论是在研究成果数量上，还是在研究广度与深度上都更胜一筹。究其原因，国内研究的这种发展趋势不仅与努斯鲍姆学术兴趣转向相关，还与政治哲学自身的理论旨趣与现实意义密不可分。

尽管国内努斯鲍姆“好生活”思想研究取得了一定的成绩，但是不得不承认的是，国内研究仍然存在一定的不足，主要体现在：（1）从研究广度来看，虽然研究涉及的范围比较广泛，包括伦理学、政治哲学、法律、教育、文学等领域，但是“好生活”思想研究依然呈现碎片化状态，缺乏系统性、整体性的分析与研究；（2）从研究深度来看，大部分研究依据努斯鲍姆的中译本著作展开研究，研究成果存在叙多议少的现象，对于努斯鲍姆外文文献的译介和研究尚显不足；（3）从研究内容来看，缺乏对努斯鲍姆“好生活”思想演进过程的探究与分析，就不同著作相关问题研究居多，而对于她基于《善的脆弱性》一书有关“好生活”的伦理思想研究不足，特别是对其“好生活”

学术思想产生的渊源、原因、目的、理论价值和现实意义梳理不够，对于努斯鲍姆“好生活”伦理思想内容和实践探索相关性的理解和内在逻辑的呈现，也几乎没有人涉猎。

三 主要研究思路及研究内容

从整体上来说，论文对努斯鲍姆“好生活”伦理思想和政治哲学思想的内容、理论旨趣和现实意义进行梳理、分析和阐释，阐明“好生活”伦理思想和政治哲学思想之间的关系，评价努斯鲍姆“好生活”伦理思想的理论价值和现实意义，反思其思想的理论贡献与不足。

具体来说，本书主要包括以下六个部分的内容：

第一部分为绪论。对努斯鲍姆个人的生平、本书的研究目的和意义进行简要论述，对国内外研究情况进行了综述，对研究思路及研究内容进行阐释。

第二部分（第一章）对努斯鲍姆“好生活”思想渊源和现实基础进行研究。从纵向和横向两个维度进行追根溯源，包括对德性伦理学复兴的阐述，对古希腊罗马时期的柏拉图、亚里士多德、斯多葛学派的“好生活”伦理思想以及现代的麦金太尔、伯纳德·威廉姆斯和阿马蒂亚·森等的思想进行研究和分析，揭示其与努斯鲍姆“好生活”思想的内在理论关联。

第三部分（第二章）为努斯鲍姆“好生活”伦理思想的主要内容，阐发“好生活”的构成要素，其中包括德性、卓越活动和外在善等，通过深入解读古希腊悲剧诗歌，理解运气与“好生活”的关系、悲剧与脆弱性的关系以及脆弱性对于“好生活”的意义。

第四部分（第三章）为努斯鲍姆“好生活”思想的早期实践探索，包括教育探索和正义探索两个方面。主要以培养“世界公民”和“诗性正义”为研究对象，包括“世界公民”思想在古希腊罗马时期和当代的不同意蕴、培养“世界公民”的教育实践和努斯鲍姆为实现正义所进行的探索，即诗性正义的初衷和路向。

第五部分（第四章）对努斯鲍姆“好生活”思想的内在要求即实现正义进行研究。主要包括罗尔斯三个悬而未决的正义问题——不健全和残障人士的正义、全球正义、动物正义，能力、十种核心的人类能力，能力进路及其优势，能力与正义的实现等。

第六部分（第五章）对努斯鲍姆“好生活”思想进行分析与评价。明晰努斯鲍姆“好生活”思想以伦理思想为根本出发点，以政治哲学为实现路径，以“好生活”为思想旨归的内在逻辑。把努斯鲍姆“好生活”思想与其他哲学思想进行比较和分析，特别是它对德性伦理学的发展与义务论的分野、对功利主义的超越、对马克思主义实践哲学的贡献、对新时代中国特色社会主义建设的启示，并客观评价其理论意义与不足。

第一章　努斯鲍姆“好生活”伦理思想的缘起

努斯鲍姆“好生活”伦理思想是在批判和继承前人伦理思想的基础之上建立的，特别需要指出的是，努斯鲍姆把古希腊和现代的哲学和文学资源都视为重要的伦理思想来源，其伦理思想不仅具有哲学的思辨意味，还具有文学的吸引力和感召力。努斯鲍姆“好生活”伦理思想是在德性伦理学复兴的背景之下形成和发展的，她的思想深受古希腊、古罗马时期的柏拉图、亚里士多德、斯多葛学派，以及现代的麦金太尔、伯纳德·威廉姆斯、阿马蒂亚·森等人伦理思想的影响。

第一节　德性伦理学的复兴

努斯鲍姆是当代杰出的德性伦理学家之一，她的“好生活”伦理思想是德性伦理学复兴大背景下的产物。努斯鲍姆置身于当代德性伦理学复兴的浪潮之中，不仅受到德性伦理学复兴的影响，更是当代德性伦理学复兴的一面旗帜，为当代德性伦理学的发展和德性伦理学的复兴注入了活力。

一　伦理学的研究范式

我们似乎对“伦理”这个词语并不陌生，而且我们会很自然地想到它的近义词“道德”。那么“伦理”和“道德”是不是在所有情况下都可以替换彼此呢？它们又存在着哪些不同呢？通常情况下，我们会根据一个人的所作所为评价他的行为是“道德的”或者是“不道德的”，但是我们很少用“伦理的”或者“不伦理的”来评价。相反，在谈到人与人之间的关系准则或者行为规范时，我们往往使用“伦理”这个词语。从这个意义上说，“道德”更多地是指个人、个体的优良品质或者品性，是内在于人的，不是外加的，也不能彼此分享，具有主观性、主体性的特点；“伦理”主要是指能够相互分享的规范或者理论，具有客观性、客体性、社会性的特点。

伦理学是关于人的学说。人与动物最大的不同是人不满足于单纯动物式的生活，怎样才能更好地生活是人寻求生命意义之所在。人自身的分裂使人一方面保持着与自然界千丝万缕的联系，而另一方面又想极力摆脱和超越自然。“人的道德活动就是一种超越或摆脱自然法则的限制，排除一切感性冲动、自然本能或欲望爱好等经验因素，单纯出于‘应该’的自由活动。这实际上是从本质上指明了伦理学的人性根据。”① 善与恶的区分开启了道德世界的大门，善与恶的矛盾也成为伦理学的基本问题。可以说，伦理学产生于人们对人自身问题的思考，通过对人的善恶正邪行为的反思，逐渐形成一系列相对固定的概念，最后形成了对人的问题进行专门研究的伦理学。

伦理学在西方最早可追溯到公元前五世纪至四世纪的古希腊，从苏格拉底，经由柏拉图，最后到亚里士多德。西方哲学从苏格拉底开始具有了伦理学转向，之前的西方哲学家都以自然为研究对象，哲学家更多地在探讨世界的本原，也就是世界是怎么来的问题，他们对变化莫测的世界充满了好奇。

---

① 罗金远、戴茂堂：《伦理学讲座》，人民出版社，2012，第5页。

但是从苏格拉底开始，他把哲学问题转向了探讨人自身的问题，开始追问人究竟应该去往何处，人应该追寻什么样的生活，以及人生的价值和意义问题，因此可以说，是苏格拉底把哲学研究从天上拉回了人间。苏格拉底的一生不仅仅是追求知识、追求真理、追求德性和追求价值的一生，他更用自己的生命践行了他一生的追求。苏格拉底的学生柏拉图继续沿着老师所开启的伦理学之路前行，深化并拓展了苏格拉底的哲学和伦理学研究，发展出了"包括形而上学、知识论、逻辑学、政治学、伦理学在内的博大精深的哲学体系，而有关人及其道德、政治的思考在其中仍占据一个中心的位置"①。在《理想国》中，柏拉图集中探讨了正义的含义、善的四重性质和人应该怎样生活等伦理问题。柏拉图的学生亚里士多德通过自己在伦理方面的著述，使伦理学成为一门系统的学科。他给后人留下了宝贵的伦理著作，包括《尼各马可伦理学》《欧台谟伦理学》《大伦理学》，特别是在《尼各马可伦理学》中，亚里士多德深入探讨了幸福、德性、实践、最高善等问题，这些都为后人研究伦理学提供了丰富的思想源泉。

简单梳理了西方伦理学产生的源头后，伦理学的研究范式便成为亟待解决的问题。概括来说，主要有描述伦理学、元伦理学和规范伦理学三种研究伦理学的方式，通常意义上我们把规范伦理学视为狭义上的伦理学。描述伦理学是指用描述的方法来研究伦理学，包括道德史、道德社会学、道德心理学等，"它们的目的是旨在如实地呈现人们现实的或历史的、内在的或外在的，或者说综合的道德状况是什么样子"②。元伦理学可以理解为是对伦理学研究所进行的哲学研究，主要是对伦理学中的基本概念或者伦理学中的前提和假设进行分析研究。摩尔是元伦理学的开创者，他试图在《伦理学原理》中证明"好"（也可以理解为"善"）是一种"单纯的、不可定义的、非自然的属性"③。元伦理学特别是英美元伦理学在西方当代伦理学研究中具有重要地

---

① 何怀宏:《伦理学是什么》，北京大学出版社，2002，第 31 页。

② 何怀宏:《伦理学是什么》，北京大学出版社，2002，第 39 页。

③ 龚群、陈真:《当代西方伦理思想研究》，北京大学出版社，2013，第 15 页。

位。规范伦理学主要研究伦理的规范和道德的准则，从而从理论上回答我们应该在道德上寻求怎样的生活。规范伦理学构成伦理学的主体，因此通常情况下狭义的伦理学就是指规范伦理学，因为无论是对伦理学进行描述还是进行哲学分析，都是围绕规范伦理学展开的。近年来，从规范伦理学中又划分出应用伦理学，应用伦理学主要研究那些道德上存在争议或者还不十分明确的特殊行为或问题，如同性恋、克隆人等问题。应用伦理学和规范伦理学的相同之处在于，它也探究什么行为或者规则是道德的行为或规则，但是它并不研究决定所有道德行为的规范，它主要研究某一行为的道德属性和预防不道德行为发生的方法等。因此，伦理学也可以按照规范伦理学和非规范伦理学进行划分，其中规范伦理学主要指一般的规范伦理学和应用伦理学，而非规范伦理学指描述伦理学和元伦理学。

虽然规范伦理学理论形态众多，但是可以主要归纳为两大类，第一类是关于把不同的事物视为“好”或“善”，从而作为追求目的的伦理学，这种伦理学称为目的论伦理学；第二类是研究有关行为是否“正当”的伦理学，称为义务论伦理学。简单来说，目的论是有关“好”、“善”或“价值”等研究的伦理学，义务论是有关“正当”或“义务”等研究的伦理学。“‘正当’主要是针对行为、过程及其规则而言……‘好’则主要是指人们所欲的生活目标、性质、品格、趣味、实际状态以及行为结果中一切有正面意义的东西、人们希望得到的东西。”[①] 主张目的论伦理学的哲学家认为，一切行为都是有目的性的，任何行为都是要达到某种结果的，不同的目的论伦理学把不同的事物看成自身有价值并值得追寻的目的，因此有以“善理念”作为目的的，也有以快乐、幸福、德性或者效用作为目的的。如前所述，虽然德性论伦理学是以德性作为目的的，是从目的论伦理学中产生的，但是德性论伦理学与其他目的论伦理学如快乐论伦理学、效用主义伦理学（也称为功利主义伦理学）不同。而义务论伦理学虽然是属于不同于目的论伦理学的另外一个流派，它

① 何怀宏：《伦理学是什么》，北京大学出版社，2002，第65页。

却与德性论伦理学有着千丝万缕的联系，"因为正当性的概念是从德性的概念分离出来的" ①。

二 当代德性伦理学的复兴

当代德性伦理学的复兴有其深刻的理论根源和现实基础。近代伦理学由于受到近代规范伦理学的影响，缺乏统一道德标准的近代伦理学陷入了困境，康德义务论和功利主义由于自身的理论局限也逐渐走向末路。德性伦理学因其自身所具有的优势吸引了当代众多德性伦理学家的目光，努斯鲍姆就是当代德性伦理学家的杰出代表，她继承了德性伦理学的理论精髓，推动了当代德性伦理学的复兴。

（一）近现代伦理学的困境

尽管从古希腊到中世纪，德性伦理学在伦理学中占有主导地位，但是中世纪之后特别是近现代以来，规范伦理学，即以康德为代表的义务论和功利主义占有了重要席位，并对当代西方伦理学产生了重大影响。然而，在此背景之下，当代人类的道德实践却面临着前所未有的困境，社会生活和政治生活中充斥着无尽的道德争论，各持己见的人们因为没有统一的道德标准而以自我为中心选择他们所偏好的生活方式，人类陷入了深重的道德危机。

回顾整个人类历史进程不难发现，人类从最初与自然融为一体，逐渐蜕变为依赖自然、超越自然甚至是主宰自然。随着科技的发展和社会的进步，人类自我意识逐渐觉醒，人类再也无法忍受阶级剥削与压迫，再也无法忍受其他国家和民族对本民族人民的统治和镇压，再也无法忍受宗教权威和宗教迫害，人类开始不遗余力地追求自由、平等、独立、自主，人类要与剥削阶级、专制国家和教会奋战到底。在人类的共同努力下，越来越多国家和地区

① 廖申白:《伦理学概论》，北京师范大学出版社，2009，第 37 页。

的人们获得了民族独立和人身自由，他们为自己的自由和解放欢呼雀跃，为独立和自主兴奋不已，他们认为他们为之奋斗而做出巨大牺牲的目标已经实现。然而事实并非如此，正如前文所说，人类在道德上出现了危机，近代伦理学陷入了困境。

在麦金太尔看来，人们在庆幸自己摆脱封建等级枷锁的同时，却在丧失极为重要的和关键性的东西——人类传统德性的根基。人类脱去了等级、身份的外衣，从以往苦不堪言的封建压迫和剥削中摆脱出来，人类不用再受传统道德和外在权威的约束，人类获得了全新的、真正意义上的自由和解放，“但是这种解放的代价是新的自律行为者所表述的任何道德言辞都失去了全部权威性内容”①。人们可以各自表达自己的意愿和主张，可以肆意张扬自己的个性和自由，不再被神的律法、等级制度和自然目的论所左右。然而在没有统一的非个人道德标准的情况下，谁又会是道德权威呢？在众说纷纭的当代，究竟应该信服和听从哪种声音呢？ 自由不一直是人类努力追求的东西吗？拥有了自由之后的人们为什么会产生严重的道德危机呢？

从心理学角度进行分析，弗洛姆在《逃避自由》中表明了他对于自由和逃避自由的观点，他认为，“自由虽然给他带来了独立和理性，但也使他孤立，并感到焦虑和无能为力”②。换句话说，人类通过努力摆脱了外在的统治和控制，人类在道德上表现得越来越以自己的思想行为和道德标准为中心，道德个性前所未有地彰显。然而从心理层面上来说，个人的内心却越来越彷徨与无助，人类在获得自由和解放的同时却深感孤独。到底是什么原因导致隐藏在人类道德危机之下的心理机制呢？弗洛姆认为有两点原因：第一，人类生存离不开人与人之间的合作，无论是人与人联合起来对抗自然危害还是进行劳动生产，从本质上来说，人是群居性动物，无论是在原始社会还是在当代，每个个体的生存都要依靠他人。从远古时期人类安全保障和食物供给，到今天人类的衣食住行等，都离不开与他人的合作和联系。因此，从这个意

---

①〔美〕麦金泰尔:《德性之后》，龚群等译，中国社会科学出版社，1995，译者前言第 9 页。

②〔美〕弗洛姆:《逃避自由》，刘林海译，国际文化出版公司，2007，前言第 6 页。

义上说，人类的生存从来都不是各行其是的，无论是从理论上还是从实践上，人类的生存与发展都需要依靠其他个体，人与人之间的联系是必要的也是必然的。第二，由于人具有主观自觉意识，能够认识到自己不同于自然和其他个体，也能认识到自己的渺小与卑微，因此人希望能够找到依靠，希望能够找到生命的意义和方向。人类在茫茫宇宙中就好似一粒尘埃，又好似一根苇草。可以说，人类是世界上最脆弱的存在，然而正如帕斯卡所说，人却是“一根能思想的苇草”，尽管一口气或者一滴水就足以让人毙命，但是与宇宙相比，人因为知道自己将要死亡和为何死亡而更显高贵。人能够清楚认识到自己在宇宙中的地位，因而“归属”需求对于人来说就变得异常强烈，这也是人在感到孤独和过于“自由”时会畏惧和不安，甚至要“逃避自由”的心理作用机制。

（二）功利主义和康德义务论走向危机

1. 功利主义

功利主义是人们比较熟悉，甚至到今天也会对人类诸多领域产生很大影响的一个伦理流派，然而它的伦理学思想方法也是面临挑战和质疑最多的。功利主义的产生有着深刻的历史背景和现实原因。功利主义的萌芽最早可以追溯到古希腊时期的德谟克利特和伊壁鸠鲁，而它真正成为一种成体系的伦理学思想，还是要从创始人边沁和发展者密尔说起。另外，启蒙运动宣扬自由、民主和平等，批判了封建专制主义和特权主义，解除了宗教对人的禁锢，促进了人类的个体和理性的觉醒，使人类关注现实生活和尘世的快乐。传统的思想观念受到了诸如利己主义和洛克、休谟的经验论、人性论等思想的强烈冲击，经验观察和论证越来越受到人们的追捧。18 世纪下半期相继爆发了英国工业革命和法国资产阶级革命，虽然资产阶级已经取得了政权，但是资产阶级与封建阶级、无产阶级的矛盾日益加深，特别是资本主义世界爆发了历史上第一次经济危机之后，社会矛盾和社会问题凸显。在这种情况下，资产阶级急需一种能为其经济利益服务的社会道德思想，功利主义便是在这种情况下产生和发展的。

边沁的主要伦理思想可以简要概括为：（1）一种行为能够给人增加的快乐大于痛苦就是善的、正义的，是符合道德的；（2）从功利最大化的角度考虑，为大多数人谋求最大限度的幸福是最有意义的，这也是道德的基本原则；（3）不同种类的快乐价值是相等的；（4）通过“快乐计算法”可以计算出一种行为是否能比另一种行为带给人更多的快乐，这种计算法所涉及的七项指标包括：强度、持续时间、确定性、达成度、繁殖力、纯度、广度。

密尔的功利主义思想主要包括：（1）对快乐不仅应该有量的分析，更应该有质的分析，精神快乐要比肉体快乐更有价值、更值得追求，反对边沁的“快乐计算法”；（2）“大多数人的最大限度的幸福”中的大多数人指的是有资格代表公民实施民主的人，这些人应该是受过最好教育、最有权力和最富有的精英阶层；（3）“整体的最大幸福”不是个人的最大幸福，因为人类具有普遍的同情心，每个人的幸福不仅对于自己来说是好的，对于整体来说也是好的，强调个人主义的同时又具有了利他主义而不是利己主义。

虽然功利主义从出现之初就不乏支持者和拥护者，而且它为资本主义经济的发展和资产阶级统治地位的巩固发挥了重要作用，但是功利主义仍然面临着诸多的抨击与批判，包括以下几个方面：（1）“为大多数人寻求最大限度的幸福”暗含着社会可以有失公平，如果通过牺牲一些对社会贡献不大、自身价值卑微的人的幸福甚至是生命，而能够实现绝大多数人的最大幸福，是否不用考虑那些个体的幸福呢？（2）快乐并不是目的，有些事情虽然不能带给行为者快乐，但是它们因自身的价值而值得追求；（3）快乐是不可通约的，快乐的性质不同，而且更没有办法量化；（4）功利主义要求只要能够给他人带来幸福，并且能为大多数人谋求最大限度的幸福，那么个人的幸福与人类幸福相比似乎并没有那么重要，要随时为了整体的、最大的幸福，做好牺牲个人幸福的准备，这样的理论把人类预设为可以完全不考虑一己私利的“圣人”，这是一种理想状态的人类品性，并不符合现实存在的人的实际情况。

2. 康德义务论

在义务论理论中影响最大的应该是康德的义务论，康德的义务论对现当代伦理学思想的继承和发展具有重要意义。其实，康德义务论思想方法的兴起也具有与之相关的历史背景。与英国和法国相比，德国的资产阶级革命发生得比较晚，直到19世纪初，德国才开始了真正意义上的资产阶级革命。与此同时，德国的社会矛盾和问题比较突出，社会道德风气败坏，资产阶级自身又具有软弱性，社会急需一种新的伦理思想和价值精神的引领，康德的义务论正是在这种历史条件下形成的。康德看到，资产阶级从本质上来说是自私自利的，他们的这种利己主义使资本主义社会中人的异化达到极其严重的程度，社会根本就没有为真正意义上的道德存在留有一席之地。鉴于此，康德希望社会成员可以建立强烈的道德责任意识，拥有道德责任感。康德认为，“道德就应当由从追求个人利益的幸福论立场，向追求普遍义务的责任意识、自由意志立场过渡”①。简单来说，康德义务论的思想内容主要包括以下几个方面：（1）人是理性存在物，理性在于自由意志，人要通过自由意志践行道德法则，而道德法则本身是无任何条件的定言命令，人为自己制定道德律令，并服从道德法则，道德是自律的；（2）善良意志是一种无条件的善，是意志本身的善，它与行为者行为动机的善是一致的，因此一种行为是否是善的，应该看该行为本身是否出于善良动机，而不是看行为结果如何，动机比结果更重要；（3）每个人不仅应视自己为目的，也应该把别人视为目的，但不能把人视为纯粹手段性的存在，目的王国是大家共同努力从而达到道德至善的联合体。

康德义务论思想有很多的可取之处，但是也遭到了学术界的一些质疑，主要集中在以下几点：（1）立足于超验基础之上的理性，割裂了理性与经验的联系，康德强调道德义务具有普遍性与强制性，他崇尚理性的权威性，但是道德是否可以脱离经验世界而能证明其自身的合法性？（2）只片面注重动机，而忽视行为后果和善的具体实现，善的动机只说明人的主观是善的，但是主

① 高兆明：《伦理学理论与方法》（修订本），人民出版社，2013，第332页。

观上的善并不意味着善已经具有了现实性，除了具有善的动机之外，还要有恰当的行为手段，也就是说善的实现过程也是非常重要的，这样才能保证善成为客观事实，即具有了真正意义上的善的后果；（3）如果人是出于理性的内在要求而导致道德义务是自律的，那么现实社会中存不存在不自律的人呢？对于那些不自律的人来说，他们又会把道德义务置于何等境地呢？康德对人性的期望是否过高了呢？他的义务论思想所设想的人是理想的、完美状态的人，但是现实生活中的人是一种实然存在，人会因为诸多原因与境况做出不都是出于道德良知的选择。

（三）德性伦理学的优势

当代德性伦理学的复兴是在对功利主义和康德义务论批判的基础上进行的，很多当代德性伦理学家都以亚里士多德的伦理学为思想武器，对功利主义和康德义务论展开了猛烈的抨击与批判，他们要求回归亚里士多德。当代西方至少有几十位德性伦理学家，“当代德性伦理学家是一个在当代西方哲学界有着举足轻重地位的哲学家群体”①，其中最著名的哲学家、伦理学家包括麦金太尔、菲利帕·富特、伯纳德·威廉姆斯、玛莎·努斯鲍姆等。

从古希腊到中世纪，占主导地位的是德性伦理学，它却被近代以来的规范伦理学（功利主义和义务论）所取代。1958 年安斯库姆（Anscombe）发表了题为《现代道德哲学》的文章，在这篇文章中他对义务论和功利主义提出了质疑，并且指出了古希腊以来的德性伦理学的重要性。《现代道德哲学》一文是德性伦理学在当代复兴的标志。当代德性伦理学家的杰出代表有约翰·麦克道威尔、玛莎·努斯鲍姆、米切尔·斯洛特等，他们都从不同角度批判了以康德为代表的义务论和以边沁、密尔为代表的功利主义。他们坚决反对以功利主义和义务论为主导的规范伦理学。他们认为伦理学不应该是回答什么样的行为是正确的行为，而更多的是应该关注行为主体——“人是什

---

① 龚群、陈真：《当代西方伦理思想研究》，北京大学出版社，2013，第 374 页。

么？”“人应该过怎样的生活？”这样的问题。

伦理学是一种从整体上把握人性的学问，而绝不可以把自身降低到具体规范准则层面。无论是义务论还是功利主义，它们都暗含着行为动机或后果合规则和原则这一主旨，在它们的字典里根本没有“德性”的一席之地。一个人只要能够按照行为准则和规范做事就万事大吉了，像遵守法律一样遵守道德规范应该是在世之人行为的最低标准，或者可以说成是从事道德活动的底线，但是它永远也不会让人们过上好生活，人们无法获得幸福。正如环境伦理学家罗尔斯顿所说：“法律能禁止那些最严重的违规行为，但却无法使公民主动行善。”① 相反，德性伦理学则注重德性品质，因为有德性的人必会做合德性的事，一定会做出好的行为。德性伦理学以人的德性为着眼点，以探讨“人是什么”和“应该成为什么样的人”为核心问题。换句话说，伦理学最初是研究“人是什么”的问题，而不是“人具有怎样的行为是正当”的问题。可以说，在古希腊时期，人的行为的善和人自身的善根本就是同一个问题，它完全可以归为德性问题。

众所周知，古希腊的德性含义与现在的德性含义是有差别的，德性是指一种事物的功能和作用得到充分体现和展示所具有的品质，例如耳朵的德性就是能把声音听清楚，并能分辨出不同的声音类型；刀作为一种工具，它的德性就是锋利、结实和耐用。对于人来说，德性就意味着人在实践过程中表现得出色和卓越。因此，人的德性决定人怎样行动，一个智慧的人就是以明智的方式行动的人，一个正义的人就是一贯以正义的方式做事的人，一个大方的人就是在与人交往过程中以慷慨大方、不吝啬的方式行事的人，而一个阴险的人就是经常以阴险的方式为人处世的人。德性伦理学认为，一个有德性的人会因为他自身的品质而做出符合道德的行为，行为者是什么样的人与行为者怎样行事是密不可分的，也是根本不可能分开来对待的。可是，在当代德性伦理学家看来，近代的功利主义伦理学和义务论伦理学把上述两个问

① 〔美〕罗尔斯顿：《环境伦理学》，杨通进译，中国社会科学出版社，2000，第 433 页。

题截然分开了。功利主义和义务论都把人应该怎样行动，或者说“正当”的问题视为第一位的，这就使得长期以来对规范伦理学的研究问题限定在行为问题本身或者行为规范和准则上。它们把着眼点放在了行为本身，即行为主体为了生活目标应当做什么。行为主体可以完全把“我是什么样的人”这个问题抛到九霄云外，因为没有人关心这个问题，社会也只是为大家规定了最低标准的道德规范。任何人能够做到不违纪、不违法，按照道德规范行事就可以了，这样的公民也应该算是一个好公民了。然而问题的关键就在这里，当人类行为缺少内在德性的意蕴时，行为就会像空中楼阁一样毫无稳定性、持久性和完善性而言。这也是现代人自私、贪婪、骄奢淫逸、缺少公德心、缺少奉献精神甚至缺少道德底线的原因所在。

功利论伦理学和义务论伦理学则只考虑行为本身是否正当，是否符合道德原则，而把行为者的内在德性弃之不顾。这样割裂二者导致的严重后果就是，行为者的行为与行为者是什么人可以毫无瓜葛，而实际上行为者是什么人或者行为者应该成为什么样的人，却蕴含着行为者应该具有什么样德性的内在要求。在德性伦理学看来，德性不是可有可无的装饰品，更不是冰冷的、抽象的准则，它内在于人的品格和气质，会通过行为者的行为倾向或行为习惯表现自身。换句话说，人的道德行为并不是按照某些道德准则和规则行事的结果，人的内在品格和气质具有极为重要的作用。虽然康德注意到了人的内在品质对道德的意义，从而突出善良意志的重要性，但是可惜的是，康德仅仅认为善良意志是出于理性，并最终强调职责、义务的核心地位。与功利论伦理学和义务论伦理学不同的是，当代德性伦理学家看到了情感与激情的积极作用，他们为非理性保留了空间，反对康德“唯理性至上”的道德观。虽然他们认为人的理性在道德判断和道德思考中具有不可或缺的作用，但是情感等非理性的作用也不可忽视。在他们看来，人的行为往往并不是出于理性，而人的偏好、兴趣、习惯等一些非理性因素却决定了行为者最终选择行为的结果。很多时候个人的偏好、兴趣和习惯等根本无法用理性来解释，因为这些经常取决于人的情感。因此，一些当代的德性伦理学家，如西蒙·布莱克本、科尔特·贝尔等人，"他们从休谟的情感论出发，认为伦理理论常常忽视了道德心理和情感的重要性，对于理性与情感的关系，他们强调，不是理性居于首位，而是情感居于首位"[①]。当代德性伦理学拒斥理性在道德生活中的权威地位，凸显情感等非理性因素的作用和意义，有助于人们重新审视和界定道德及道德行为发生的内在机制，从而更深刻地把握伦理学的精髓。

正是基于这样的理论背景和现实情况，大部分当代德性伦理学家都从亚里士多德的伦理学思想中汲取营养，以亚氏的伦理学作为论战的武器，吸收和借鉴了亚里士多德德性伦理学中有益和合理的成分，抛弃了一些与现当代观点和看法不同的思想内容，如亚里士多德对于奴隶和女性的偏见与贬低，倡导回到亚里士多德，他们发展了当代德性伦理学。因此，这些学者也被称为"新亚里士多德主义者"，努斯鲍姆是其中不可或缺的一员。"他们都把行为者的品格与德性看成是规范伦理学的中心议题，并意识到情感与激情应当在道德生活中占有一个重要位置。"[②] 当代德性伦理学都把德性视为伦理学的中心，无论是借鉴、继承亚里士多德的德性伦理学，还是从其他哲学家身上寻找合理的和宝贵的思想精华，他们都认为德性是因为自身的原因而被追寻，德性会在不断地持续实践中实现自己、诠释自己。德性不仅使安稳的生活更加称心如意，德性还能使人们在面对生活的挫折、意外、厄运时以最佳的方式应对困难和不幸。换句话说，德性是保障我们实现"好生活"的基本要素，德性与我们所追求的那种值得过的"好生活"具有内在一致性。因此，德性伦理学是以"好生活"为最终目标的一种伦理学，它是一种从人的整体性出发，以人的德性为理论内蕴的伦理理论总称。努斯鲍姆是当代德性伦理学家的杰出代表，她的伦理思想不仅包含德性伦理学的传统思想精华，还涵盖以"好生活"为目标的全新阐释。

① 龚群、陈真:《当代西方伦理思想研究》，北京大学出版社，2013，第408~409页。

② 龚群、陈真:《当代西方伦理思想研究》，北京大学出版社，2013，第374页。

（四）对德性伦理学的继承

1. 从德性着眼

“人是什么”和“能够成为什么样的人”是古希腊伦理学所探讨的重要问题。不难看出，古希腊的伦理学并没有把伦理问题限制在人的行为本身，而是把人的善和行为的善关联在一起，也就是说，“这两个问题在古希腊伦理思想那里，就归结为一个问题：德性问题”①。德性是亚里士多德的一个中心议题，在亚氏看来，德性是一个事物的本性获得充分实现的品质，对于一个人来说，德性就是在其实践活动中表现得卓越。一个具有德性的人才会做合乎德性的事情，因此德性在道德生活中处于首要地位。当代德性伦理学家包括麦金太尔和努斯鲍姆在内，他们都重视和强调德性的地位和作用，主张回归亚里士多德的德性伦理。

麦金太尔认为文艺复兴之后，功利主义和义务论抛弃了古希腊时期的德性传统，从而导致了近现代道德矛盾凸显。他认为德性应该因其自身的原因而被欲求，正如亚里士多德所认为的那样，德性是目的本身，德性不应该沦为为功利服务的工具，因此麦金太尔主张回归亚里士多德的德性伦理。应该说，麦金太尔对当代德性伦理学回归亚里士多德做出了突出贡献，他不仅从西方伦理学史的角度对亚里士多德德性伦理学的合法性做出了深刻的论证，还对努斯鲍姆等诸多当代伦理学家回归古希腊德性传统产生了重大影响。努斯鲍姆也从德性着眼，除了赋予德性以重要的地位之外，尤为强调合德性的实现活动。在她看来，人的德性需要通过实现活动体现出来，无实现活动的德性没有任何意义，德性是一种帮助人实现自身卓越的重要品质，而且一时一事也不能作为对行为主体的评判依据，我们需要通过行为者一生之中的行为进行判断。一般来说，好人是具有德性的人，并通过其实践活动展示德性。人在一生之中最大的善就是追寻幸福或“好生活”，而真正能够保证“好生

① 龚群、陈真：《当代西方伦理思想研究》，北京大学出版社，2013，第 387 页。

活”实现的，唯有德性。

2. 以行为者为中心

与近代以来的功利主义和义务论不同，德性伦理学是以行为者为中心的，功利主义和义务论只注重行为和行为带来的后果，却忽视了最为重要的行为主体——行为者，行为者才是行为的实施者和责任者。如果把道德行为降低到只是出于责任、义务或者是符合规范、原则，那么不仅人的主体性、自由性无法实现，更重要的是人的德性会受到严重限制，社会将出现越来越多的道德问题。究其原因，行为者和行为是无法分割的统一体，任何道德问题都能从行为者身上找到根源，与行为相比行为者具有更多的不确定因素，行为者具有不同的出身、教育背景、文化传统、性格气质和行为习惯等。然而正是这些方面的综合作用才使行为者实施不同的行为，因此，如果认为行为者做出符合道德的行为是源于遵从道德规范，而不是因为行为者个人的德性和品质，那么这种观点无疑是有失偏颇的。努斯鲍姆的“好生活”思想一直以行为者为中心，它不仅重视行为者的德性，更重视不同行为者在不同情境下的德性实现活动，换言之，努斯鲍姆致力于探讨德性、德性的实现、脆弱性，以及德性与“好生活”的关系。这些问题的探讨都是以行为者为中心的，并把不同行为者的矛盾冲突和特殊状况具体呈现出来，从而对与人相关的、以德性为着眼点的伦理问题进行深入分析。

3. 发挥实践智慧的优势

努斯鲍姆借鉴了亚里士多德有关实践智慧的观点，实践智慧是与人类的“好生活”紧密相关的，“好生活”不但需要德性作为前提和基础，也需要实践智慧作为保障。可以说，实践智慧从总体上、全局上对与实践相关的事物进行把握，实践智慧帮助人们进行正确的选择。努斯鲍姆的早期著作一直在进行“好生活”和脆弱性的关系性研究，努斯鲍姆在意识到好品格和“好生活”之间存在一条裂缝时，强调发挥实践智慧的重要性。与其说运气和偶然性会对“好生活”产生影响，不如说实践智慧越在困境和挫折中越显示出它独特的魅力。即使厄运的影响力和破坏力大到足以颠覆一个人的“好生活”，具有实践智慧的人也会因为自身的德性而在相对较短的时间内体现其卓越和优秀。虽然人像花儿一样脆弱，但是人也因为脆弱而美丽。努斯鲍姆的“好生活”思想继承了德性伦理学中注重人性的思想，把德性、实践智慧置于重要位置，并把培养人性作为其伦理思想的重要内容。因此，努斯鲍姆把世界公民的教育也作为“好生活”思想的相关伦理实践，并对其展开论述。

第二节　古希腊、古罗马时期“好生活”伦理思想

努斯鲍姆对古典学和伦理学予以长期、持续的关注，可以说，古希腊和古罗马时期哲学家们有关幸福的伦理思想是努斯鲍姆“好生活”思想的主要来源。其“好生活”思想从古希腊、古罗马时期的伦理思想中吸收了有益成分，柏拉图、亚里士多德和斯多葛学派在幸福问题上的理论差异引发了努斯鲍姆深入的哲学思考。

一　柏拉图思想的影响

从古至今，很多思想家都探讨过有关幸福的问题，特别是西方哲学史上一系列杰出哲学家对幸福进行了深入探讨与研究，为整个人类幸福思想研究做出了杰出贡献，柏拉图就是这些伟大哲学家和思想家中的一个。两千多年来，他对正义和幸福的阐释仍然影响深远，其幸福思想也深深影响着古典学和伦理学教授努斯鲍姆。柏拉图出生在雅典一个富裕的贵族家庭中，他在成长过程中目睹了伯罗奔尼撒战争带给雅典的灾难，伯罗奔尼撒战争使雅典从兴盛走向衰落。在那样特殊的战争时期，雅典根本没有道德和正义可言，就更不用说“幸福”了。柏拉图很清楚传统道德已经走到了尽头，新道德取代旧道德是大势所趋，“他要捍卫传统美德……为传统美德寻找新的稳固而可

靠的基础，使正义永远成为人们牢不可破的信念。这就是柏拉图正义理论的伦理关怀，亦即其道德出发点"[①]。在柏拉图看来，正义问题并不是一个小问题，因此他在首卷就指出正义问题的价值与意义。从微观层面上看，正义问题涉及一个人的人生道路问题；从宏观层面上看，正义问题关系整个国家的兴衰成败。

其实，柏拉图对正义含义的阐发是有双重走向的。除了阐释围绕城邦幸福的城邦正义之外，针对个人幸福，他主张正义是灵魂的和谐状态。他用城邦的正义类比个人的正义。城邦是由生产者、护卫者和统治者构成，这就好比灵魂是由欲望、激情和理智构成一样，生产者对应欲望，护卫者对应激情，统治者对应理智。城邦的正义在于各个阶层各司其职，各尽其能。同样道理，个人的正义就在于个体灵魂的三个部分协调一致，它们都做自己该做的事情。理智处于统领位置，激情发挥辅助功能，理智和激情共同监视欲望，防止欲望过于沉迷于肉体的快乐而不安分守己，防止其试图超出自身的权限，企图去控制那些不该归它控制的部分，进而威胁到个体生命。这就是说，个人正义是"应当安排好真正自己的事情，首先达到自己主宰自己，自身内秩序井然，对自己友善"[②]。

柏拉图认为正义是心灵的功能，即心灵的德性，只有正义的人才能生活得好，"生活得好的人必定快乐、幸福……所以正义者是快乐的，不正义者是痛苦的"[③]。至此，柏拉图的幸福思想已经初具雏形，他主张的幸福是正义者的幸福。柏拉图正义观中的正义具有城邦正义和个人正义两个层面的含义，个人正义是着眼于个体幸福层面进行探讨的，而城邦正义是以全体公民能够获得最大的善，即幸福或好生活为落脚点的。毋庸置疑，虽然柏拉图分析了护卫者和统治者的幸福，但也明确表示他构建理想国的目的是为了城邦整体的

① 申林:《柏拉图的正义理论》，博士学位论文，中共中央党校，2008，第8页。

② 参见〔古希腊〕柏拉图《理想国》，郭斌和、张竹明译，商务印书馆,2009，第175页;《理想国》，443D4-6。(443D4-6，即《理想国》原著443页D栏4~6页，下文《理想国》引文部分均出自这一版本，统一按照"《理想国》，443D4-6"格式标注)

③《理想国》，354A4。

幸福，而非某个阶层局部的幸福。柏拉图幸福思想是包含正义观在内的思想。可以说，正义是城邦的“善”中最重要的品质，智慧、勇敢和节制在正义的领导下发挥各自的作用，从而使城邦达到和谐状态，使个人获得幸福。从个人幸福与城邦幸福之间的关系角度分析，个人幸福是城邦幸福的基础，城邦幸福是个人幸福的保障。城邦是由个人构成，只有每个人都获得幸福，城邦幸福才会得到保证。柏拉图的个人正义含义与个人幸福是同一状态的不同表述，当个人心灵达到和谐状态时，那么他不仅是正义的，更是幸福的。如果城邦中每个人灵魂的欲望、激情和理智都能够恰当地完成自己的职责，使心灵处于和谐状态，那么整个城邦就处于整体和谐状态，城邦就是幸福的。同样，城邦的幸福是个人幸福的基础和保障，个体幸福依赖于城邦的幸福。倘若城邦动荡不安、民不聊生，个人幸福也就无从谈起。因此，只有城邦处在理想政体的和谐统治下，个人幸福的获得才具有可能性。

柏拉图有关正义和幸福的思想对努斯鲍姆产生了深远影响，努斯鲍姆不仅看到了柏拉图哲学思想中对正义、智慧、勇敢和节制等德性的关注，她还受柏拉图幸福思想的启发，把个人正义、城邦正义与幸福关联起来。因此，努斯鲍姆的幸福思想，也就是她的“好生活”思想既有个体幸福的维度，又有政治共同体幸福的视角，其中还包含了个人幸福与群体幸福的关系及社会正义的实现问题。柏拉图把灵魂分为理智、激情和欲望。柏拉图的灵魂三分法及其观点，特别是柏拉图态度转变后的观点深深影响了努斯鲍姆。虽然柏拉图的早期思想推崇和强调理智的作用和价值，贬低和否定激情和欲望，但是柏拉图在《斐德罗篇》中对激情和欲望态度的重大转变使努斯鲍姆更加肯定了人类情感的价值和意义，从而彻底推翻了柏拉图理性自足的论断，这为努斯鲍姆证成人类“好生活”的脆弱性提供了坚实的思想基础。

二　亚里士多德思想的影响

亚里士多德是哲学史上一位极为重要的哲学家，黑格尔曾给予亚里士多德极高的评价。黑格尔说：“如果一个人真想从事哲学工作，那就没有什么比讲述亚里士多德这件事更值得去做的了。”① 亚里士多德的《尼各马可伦理学》被视为有关德性和品质最早、最权威、最经典的伦理学著作。时至今日，亚里士多德有关善、德性、公正、快乐、友爱和幸福的伦理学探讨仍然对人类产生着重要影响。20 世纪下半叶以来，复兴德性伦理学的当代哲学运动蓬勃发展，亚里士多德的德性伦理学恰是德性伦理学中最杰出的代表。努斯鲍姆等当代德性伦理学家都从亚里士多德的德性伦理学出发建构自己的伦理思想，亚里士多德的伦理思想是努斯鲍姆“好生活”伦理思想最直接、最重要的思想来源，以下仅从主要方面论述亚里士多德对努斯鲍姆的影响。

亚里士多德认为人的活动有三种主要形式，分别为理论沉思、制作和实践。“制作是使某事物生成的活动，其目的在于活动之外的产品。实践是道德的或政治的活动，目的既可以是外在的又可以是实践本身。”② 与制作不同的是，“实践虽然也常常以某种外在善——如财富、荣誉、取胜等等——为目的，但实践活动本身也是目的”③。实践不以外在善为转移，它自身的善也是目的，“这种属于活动自身的善就是德性”④。人的德性就是“使得一个人好并使他的实现活动完成得好的品质”⑤。德性与能力（主要指先天能力）不同，能力是先天的，是自然赋予人的；而德性是后天的，是包含在先的考虑与主动的选择。德性是出于意愿、运用实践理性的正确选择。

可以说，努斯鲍姆“好生活”思想中的德性意蕴从未超出亚里士多德的德性内涵，努斯鲍姆在《善的脆弱性》中多处引用了亚里士多德的德性观点。

---

①〔德〕黑格尔：《哲学史讲演录》第 2 卷，贺麟等译，商务印书馆，1960，第 284 页。

②〔古希腊〕亚里士多德：《尼各马可伦理学》，廖申白译注，商务印书馆，2009，译注者序第 11 页。

③〔古希腊〕亚里士多德：《尼各马可伦理学》，廖申白译注，商务印书馆，2009，译注者序第 12 页。

④〔古希腊〕亚里士多德：《尼各马可伦理学》，廖申白译注，商务印书馆，2009，译注者序第 12 页。

⑤〔古希腊〕亚里士多德：《尼各马可伦理学》，廖申白译注，商务印书馆，2009，译注者序第 16 页。

甚至努斯鲍姆在论述人类幸福时所使用的例证都是从亚里士多德那里借用来的。例如，努斯鲍姆在阐释幸福是一种动态的合德性的实现活动，而不是一种静态品质时，最典型的例子就是，我们无论如何也无法说一个无任何作为、一直在睡觉的植物人是幸福的。换言之，幸福是通过实践活动体现的，没有实践就无从谈及幸福。亚氏在《尼各马可伦理学》中所要表达的是以德性实现最高的善——幸福的伦理学思想，我们也可以认为亚氏所倡导的幸福是建立在优良品质基础之上的合德性的实践活动。在这个问题上，努斯鲍姆的“好生活”思想也与亚氏思想保持一致，她只是更强调运气、脆弱性对“好生活”的意义和影响。

亚里士多德的实践智慧思想也对努斯鲍姆形成其“好生活”思想产生了深刻影响。亚里士多德认为，一个真正的好人和有智慧的人必然以恰当的方式应对运气带来的各种变故。幸福的人有稳定的实践智慧，他们会经常思考和做着合德性的事情，幸福即是合德性的活动。幸福的人不是一时一事在做合德性的事情，而是一生都在致力于合德性的活动。当然，好运在外在于本已的实践活动中起促进作用，厄运起阻碍作用。亚里士多德赋予运气一定的地位，并强调实践智慧在促进幸福实现方面具有重要意义，即使运气会在幸福或“好生活”的实现过程中起阻碍作用，拥有实践智慧的人仍然能够理智应对，做合乎德性的事情。亚里士多德承认外在善的价值，并认为善是异质的、不可通约的。他指出人是政治的动物，需要过共同的城邦生活，任何人都需要和他人接触和联系，他把朋友视为外在善中最重要、最大的善，“幸福最终是在于我们同朋友一道持续地进行属人的、合德性的活动”①。

亚里士多德的上述观点为努斯鲍姆论证人的脆弱性提供了理论支撑，正是源于善的异质性和不可通约性，人类在追求“好生活”的过程中必然面临多种善的冲突和矛盾，于是人类的“好生活”就愈加脆弱。从这一点上说，

---

①〔古希腊〕亚里士多德:《尼各马可伦理学》，廖申白译注，商务印书馆，2009，译注者序第27页。

努斯鲍姆的"好生活"思想从亚里士多德思想中找到了"善的脆弱性"理论的合理内核，亚里士多德思想对努斯鲍姆伦理思想的形成和发展奠定了思想基础。

亚氏认为对于德性只停留在知的层面还不够，必须努力获得德性、运用德性而成为好人。这就要求首先要有优良的品质，一种爱高贵事物和恨卑贱事物的品质，通过法律的指导养成习惯，继续学习过公道的生活。亚氏在突出立法重要性的同时，也强调了家庭教育和个别教育的必要性。理性在获得德性和拥有幸福的过程中起到不可替代的作用。亚氏一直在强调适度，这种不过度、无不及的中道才是德性，德性需要由理性来把握。亚氏在《尼各马可伦理学》的最后部分阐明好的法律才能产生好的制度，这一思想对努斯鲍姆的社会正义思想具有指导和借鉴意义。在努斯鲍姆早期思想中，她试图通过诗性正义实现社会正义，虽然诗性正义路径没有取得预期效果，但是诗性正义思想中所强调的司法中立性和诗性裁判的想法和建议依然不乏合理性。

亚里士多德对悲剧问题的阐发也是努斯鲍姆"好生活"伦理思想的理论源泉。努斯鲍姆代表作《善的脆弱性：古希腊悲剧和哲学中的运气与伦理》，我们从该书的副标题就能看出悲剧在努斯鲍姆伦理论证中的重要地位。亚氏极为看重悲剧中行动的作用，他认为悲剧更应该模仿的是人的行动而非人的品质。悲剧中人物的品性需要通过行动显现出来，人物的行动决定了人的幸福与不幸。正是在这种意义上，努斯鲍姆也和亚里士多德一样，她强调悲剧行为的实践价值，换句话说，努斯鲍姆充分意识到好品格并不意味着"好生活"，在好品格和"好生活"之间存在一条裂缝，进而说明运气可以通过这条裂缝作用于好生活。

在亚氏那里，"政治学是以人可以获得的最大的善为对象的，因而是最高的科学"[①]，也就是说，人的幸福或者好生活应当由最高的、最权威的科学——

---

① 〔古希腊〕亚里士多德:《尼各马可伦理学》，廖申白译注，商务印书馆，2009，译注者序第13页。

政治学来把握。上述观点直接影响了努斯鲍姆的学术研究路向。努斯鲍姆在早期研究著作《善的脆弱性：古希腊悲剧和哲学中的运气与伦理》出版之后，将研究焦点转向政治哲学中的教育问题和社会正义问题等方面。努斯鲍姆与亚里士多德持相同观点，即人是政治性的动物，只有在城邦生活中才能获得幸福。《尼各马可伦理学》解决了什么是人的幸福问题，即幸福是人内在德性的实践活动。亚氏的《政治学》指出城邦制定法律，政治学就是用立法的方式规定人们的生活方式和生产方式等，他通过分析和比较认为，最优秀的政体是人们能够有最善良的行为和最快乐的生活，是能够维护幸福也就是“好生活”的生活方式，政治学是外在于人的公共生活的实践活动。《尼各马可伦理学》和《政治学》分别探讨了个人美德和群体美德问题，伦理学开启了政治学的序曲。同样，努斯鲍姆的《善的脆弱性：古希腊悲剧和哲学中的运气与伦理》也力图解决个人的幸福问题，也就是个人的“好生活”问题，而努斯鲍姆的《诗性正义》《培养人性》《寻求有尊严的生活》《正义的前沿》等著作则以群体的“好生活”问题为导向。亚里士多德的思想逻辑对努斯鲍姆产生了直接和具体的影响，与亚里士多德一样，努斯鲍姆的伦理学和政治学思想也是一脉相承的，伦理思想是政治哲学思想的基本出发点，政治哲学思想是伦理思想的延伸和发展，政治哲学思想是实现“好生活”的必由之路。

三　斯多葛学派伦理思想的影响

斯多葛学派创立于公元前 3 世纪，该学派的创始人是芝诺。斯多葛学派继承和发展了古希腊哲学，是古代希腊罗马文化产生的重要哲学流派之一，在西方文化思想史上具有深远影响。由于其自身学术思想具有鲜明的时代特色，它吸引了众多同时代的追随者和其后的研究者，其中自然包括“新斯多葛主义”的代表人物——努斯鲍姆。

在斯多葛学派看来，激情也就是情绪，是由于错误认识而产生心灵上的不安和错乱，包括悲伤、愤怒、畏惧等。芝诺认为激情是一种“灵魂中非理性和非自然的运动”，激情是超出理性边界的过度冲动。“激情作为一种本体状态，与古典人所追求的终极目的‘幸福’恰好成为两个极端。”[①] 与行为的正当性相比，斯多葛学派伦理思想更关注的是“幸福”，因此他们的研究从不太受人关注和欢迎的“激情”，也就是“幸福”的对立面谈起。斯多葛学派认为他们的伦理学是一种治疗哲学，他们把所有的激情都视为疾病，激情是造成灵魂冲动与不安的罪魁祸首，是幸福的敌人，因此，要获得幸福就必须对激情进行治疗。换句话说，在斯多葛学派看来，激情正是斯多葛治疗哲学的真正病因，只有消除激情的影响和控制，人才能获得幸福，才能过上“好生活”。

努斯鲍姆从斯多葛学派的伦理学中看到了他们对幸福而不是行为正当性的关注，斯多葛学派对于激情的态度和柏拉图有所不同，这也引发了努斯鲍姆的深入思考。柏拉图在《理想国》中认为只要不是受到坏教育的影响，激情是站在理性这边的，它对理性起辅助作用，从而一起控制欲望，达到个人心灵的和谐与统一，这样也就达到了个人的正义。柏拉图和亚里士多德都不认为“激情”是不好的，“他们甚至借助希腊传统的贵族政治精神，突出强调一个具有激情的民族就是具有荣辱感的民族，就是高贵的民族，从而具有培养真正的德性的基础”[②]。

斯多葛学派在激情问题上对古希腊传统思想的颠覆有其内在的原因和逻辑。塞涅卡在《论愤怒》中对“激情”表达了与柏拉图和亚里士多德完全相反的立场。一方面，他批评亚里士多德对愤怒的肯定。他认为，如果理性必须依赖激情发挥作用，那么就证明理性自身并不是自足的，它不是强大有力的，而是软弱无能的。另一方面，他认为以愤怒为例的激情是存在问题的，愤怒具有任性的特点，它很容易失控，一旦它由着性子不能辅佐理性，那么它对于心灵的和谐统一就毫无用处可言。因此，他主张剥夺

① 汪子嵩等:《希腊哲学史》第4卷，人民出版社，2010，第787页。

② 汪子嵩等:《希腊哲学史》第4卷，人民出版社，2010，第688页。

激情的地位，否认激情的价值，并从一开始就阻止激情的介入和对心灵的影响。

斯多葛学派一方面强调免除激情对心灵的困扰与影响，另一方面强调他们的伦理学最终追求的幸福或“好生活”是一种合乎自然的生活。

在斯多葛学派看来，激情并不是一时冲动的情绪集合，所有这些激情都与外在事物息息相关，过分看重外在善是导致人类激情泛滥的症结所在，只有彻底否定外在善的价值，才能免除激情，走向激情的对立面——幸福。需要指出的是，斯多葛学派所说的外在善，既包括传统的地位、名誉和财富等，也包括如朋友、亲子等“关系性的善”，这是与很多思想完全不同的地方，也是对努斯鲍姆最具有启发意义的地方。斯多葛学派质疑外在善的意义和价值，而努斯鲍姆却在追溯西方哲学史源头之际，发现正是从斯多葛学派开始外在善成了有问题的事情，她以此为基点进行反证，为外在善正名。

斯多葛派特别强调超越城邦界限的能力，特别是塞涅卡坚持“人是两个社会成员”的思想对努斯鲍姆的教育理念产生了广泛影响。努斯鲍姆也赞同我们不应该受限于出生的社会和国家，而应该意识到我们是整个人类社会的一员这种观点。她也认同塞涅卡的其他观点，如我们应该了解他人的历史、职业和可能偏见，了解我们生活之外的世界和人。努斯鲍姆建议在人类之间进行积极有效的对话和交流，不要被狭隘的地方身份认同所蒙蔽。努斯鲍姆承认斯多葛学派的思想为她教育思想的形成提供了很大帮助。从努斯鲍姆意图培养“世界公民”的“好生活”伦理实践中，我们完全可以看出斯多葛学派伦理思想的印迹。

斯多葛学派的代表人物爱比克泰德对事物进行了区分，他把事物分为可控事物（权能之内的事物）和不可控事物（不是权能之内的事物），认为除了意愿和看法是我们能够控制的之外，其他所有的事物都不是我们可以控制的。当代美国学者威廉·欧文（William B. Irvine）把事物进一步详细划分为“我们能够完全控制的事物”“我们能控制一些但又不能完全控制的事物”“我们一点也不能控制的事物”。欧文认为我们不要在意那些“我们一点也不能控制的事物”，例如不应该因为无法改变的外在事物，如家庭背景、民族、肤色、亲人离世等而影响自己的生活，应该多把时间和精力放在“我们能够完全控制的事物”和“我们能控制一些但又不能完全控制的事物”上，如学习计划、羽毛球比赛能够获胜等，要多注意随时调整自己的心态，正确面对挫折和失败，树立正确的人生观和价值观，促进积极人格的形成，追寻“好生活”。

斯多葛学派注意到人们往往因为追求过多的事情而使自身受到束缚和困扰，例如追求财富、友情、地位等，他们把这些外在事物或者外在善视为不可控的事物，通过对事物进行“可控”与“不可控”的区分，从而明确表明转向内心的探求才是追求美德并获得幸福的正确方向。在他们看来，超然于一切欲望之外的强大内心是根本不需要外在之物的，不被纷繁复杂的外在事物所困扰才能达到内心宁静和高贵的状态，从而获得真正的自由。“因为自由不是通过满足人们的欲望而获得的，而是通过消除人们的欲望而获得的。”① 实际上，可控事物从本性上来说是自由的、不受阻碍的，相反，不可控事物则是不自由的、受奴役的、受束缚的。所以，认清不同的事物到底是属于自由的还是受束缚的至关重要，如果错把受束缚的事物当成自由的事物，把自由的事物当成受束缚的事物，把不属于自己的事物当成自己的事物，那么这样的人必将痛苦、烦乱，进而对自己的生活产生不满甚至抱怨。相反，如果能够辨识清楚什么事物是自由的、非奴役的，是属于可控事物范围内的，不计较、不在意不可控事物的得失，那么这样的人就是真正自由的人，是不抱怨、不挑剔、心态平和、不受伤害的人。因此，人们确实应该把注意力转移到那些我们能够控制的事物身上，而根本不用在意我们不能控制的事物，因为越是深陷、痴迷和奢望不可控事物，心灵越无法平静和安宁，人们离幸福也会越来越远。“使人心烦意乱、无法安静的不是事情本身而是我们对这些事情的认识和看法。”② 努斯鲍姆在探讨古希腊悲剧中体现出的运气和伦理问题时，把运气看成具有偶然性、碰巧发生的，其实她也受到了斯多葛学派把事物划分

① 〔古希腊〕爱比克泰德:《爱比克泰德论说集》，王文华译，商务印书馆，2009，第 496 页。
② 〔古希腊〕爱比克泰德:《爱比克泰德论说集》，王文华译，商务印书馆，2009，第 581 页。

为可控与不可控事物观点的影响。古希腊悲剧展现出来的运气往往指的都是好人遇上厄运的情况，这样的运气是我们没办法阻止和避免的。努斯鲍姆通过让人们正视运气的存在，揭示在运气面前如何能够实现“好生活”的问题。

斯多葛学派认为，理性是神性在人们身上的完美体现，理性更体现了人的主动性和自由的神圣自然基础。需要指出的是，斯多葛学派所说的理性并不是指纯思辨的理性，而是理论与实践相结合的理性。随着人类理性的发展与完善，人类以寻求更高更好的价值为目标，这就是追求灵魂德性的完美。斯多葛学派认为美德是因为其自身的缘故而值得追寻，只有美德才具有至上性，没有任何事物能与美德相匹敌，美德自身就包含着适度，所以就算快乐也根本无法与美德相比。努斯鲍姆认为德性是“好生活”的构成要素，这种观点也深受斯多葛学派的启发和影响。

斯多葛学派对待外在善和运气的看法深深影响了他们的伦理观，以塞涅卡为例的斯多葛学派并不拒斥好运和财富，他们认为好运和财富能够给贤哲更大的施展平台。在贫穷面前，只有一种美德可以显现，那就是“人穷志不穷，不向贫穷低头，不被贫穷压垮——而富有却可以为节制、慷慨、勤奋、严谨和崇高开辟一片广阔的天地”[①]，财富本身无所谓好坏，而对待财富的态度更为重要。既不把财富拒之门外，也不让财富主宰人自己，无论是否拥有财富，都能够安然生活。“这是‘斯多葛的教导’给人的最重要的启示：作一个傲然独立的强者。只要你内心不垮，外界的一切打击都可以等闲视之。”[②]即便厄运或者意外事件给人带来巨大的打击，人类最初的本能反应也是正常的和可以理解的，然而人并没有必要过度悲伤和痛苦，因为已经被视为激情的悲伤、气愤或者其他情绪都不能为人的幸福带来任何益处。强大的内心是可以对抗一切命运安排的，当面对命运时，人们应该主动跟随命运走，而不是被命运牵着走。在对待运气和外在善的问题上，努斯鲍姆吸取了斯多葛学派的有益思想，她强调在不可避免的运气面前，我们既不能完全无视运气的存在，

① 〔古罗马〕塞涅卡：《论幸福生活》，覃学岚译，译林出版社，2015，第122页。
② 汪子嵩等：《希腊哲学史》第4卷，人民出版社，2010，第794页。

也不能听凭运气和命运的主宰，而是要积极乐观地面对人生，既不羡慕别人拥有的外在事物，也不艳羡、不忌妒别人的生活，脚踏实地地做好自己分内的事情，充分发挥实践智慧的作用。

第三节 现代"好生活"伦理思想

努斯鲍姆"好生活"伦理思想不仅从古希腊、古罗马时期的伦理思想中吸收了有益成分，还借鉴了现代哲学家和伦理学家们的思想，其中最为主要的就是麦金泰尔、伯纳德·威廉姆斯和阿马蒂亚·森的思想。努斯鲍姆对功利主义的批评、对康德伦理学的质疑、对运气的重视、对能力进路的支持与发展等都体现出她受到上述哲学家和伦理学家的深远影响。

一 麦金泰尔思想的影响

麦金泰尔对当代西方道德衰退的原因进行了探究，对不同时期的德性进行了追述，这些伦理思想对努斯鲍姆以及当代许多德性伦理学家颇具启发意义。麦金泰尔在《德性之后》中把人类的道德困境或者说人类社会道德的衰退分为三个阶段，第一阶段是"以亚里士多德主义为中心的道德传统占支配地位的历史时期"[①]，可以说，这一时期的道德理论和实践所提供的标准可以被证明是正确的和合理的。第二阶段是"自从启蒙运动的思想家甚至功利主义者为道德进行合理论证全部失败的历史时期"[②]，在这一时期，虽然非个人的道德标准依然存在，但是这种标准所赖以存在的社会背景条件发生了翻天覆地的变化，麦金泰尔称这一时期为社会"大灾变"。尽管这一时期的思想家们

①〔美〕麦金泰尔：《德性之后》，龚群等译，中国社会科学出版社，1995，译者前言第10页。
②〔美〕麦金泰尔：《德性之后》，龚群等译，中国社会科学出版社，1995，译者前言第10页。

想极力论证社会道德标准的正确性，甚至称他们在为人类启蒙，可是在麦金泰尔看来，启蒙思想家把中世纪的过去称为"黑暗时代"，却不知自己其实正是生活在黑暗之中的"盲人"，他们因为身处"大灾变"之中，而对社会性质毫不知情。第三阶段是"客观的非个人的标准已不适用，情感主义的主张已为社会所接受"①，这一时期的主要特点是无法定义和诠释普遍性的道德和善，以直觉主义的出现为开端，走向表达道德情感。

通过分析比较以上三个相继出现的人类社会道德衰退的阶段，麦金泰尔认为，"当代西方的道德衰退的根本原因是由于历史的变迁而拒斥了以亚里士多德为中心的德性传统。因此，要清楚地认识当代道德危机的性质，就必须追述这个传统"②。按照这个思路，麦金泰尔追述了不同的德性，包括以荷马为代表的英雄社会的德性、雅典社会的德性、亚里士多德的德性论和中世纪的德性等。其中，麦金泰尔认为，在雅典时期，由于社会结构的变化，以血缘关系为纽带的家庭和家族关系已经演变为城邦国家的组成部分，相对应地，道德权威的中心也发生了转移，城邦取代了家庭和家族的道德权威地位。在雅典时期，孕育出来的比较统一的有关德性的观点是，德性与城邦是不可分割的，德性实践和德性的界定都脱离不了城邦。因此，做一个德性良好的人是与做一个好公民密切相关的。

麦金泰尔对亚里士多德的德性论也进行了追述，亚里士多德认为追寻善是人的本性使然，因为人的所有活动都是有目的的，但是目的与目的之间也是不同的，其中必然存在着某种最高的目的——由于它自身的原因而被人所欲求，这种目的就是善。人们对于什么是最高的善众说纷纭，有人认为是快乐，有人认为是财富，还有人认为是荣誉，等等。在亚里士多德看来，财富和荣誉只是为达到一定目的的手段，它们并不是目的本身，而快乐虽然可以视为一种善，但是快乐不是最高的善，换句话说，它不是至善，只有幸福，或者说是人类所过的"好生活"才具有至善性。

---

①〔美〕麦金泰尔：《德性之后》，龚群等译，中国社会科学出版社，1995，译者前言第10页。
②〔美〕麦金泰尔：《德性之后》，龚群等译，中国社会科学出版社，1995，译者前言第12页。

努斯鲍姆也坚持回归亚里士多德的德性传统，坚持幸福，即"好生活"是具有最高目的的善，只有"好生活"才是至善，是人们应该追寻的善。然而，个人是无法自足的，每一个人的生存与发展都要依赖其他社会成员。个人是社会群体中的个人，社会群体则是由公民构成，因此个人德性的实现一定与公民德性的实现具有一致性。从这个意义上来说，个人是城邦中的个人，公民也是城邦中的个人，公民身份要求更多的公民权利和社会正义确保个人幸福，因此，"好生活"伦理思想必然具有政治哲学转向，转向社会正义的追寻与探求。

在人类追求这种"好生活"的过程中，德性的践行起着至关重要的作用。亚里士多德认为，"德性是使得一个事物状态好并使得其实现活动完成得好的品质"①，这里所说的德性是针对所有存在物和一切实现活动。另外，亚里士多德还认为，"德性是使得我们在所有这些事务上做得适度的那种品质"②。他把人的德性分为两部分，即道德德性和理智德性，理智德性又分为理论理性的德性和实践理性的德性。亚里士多德认为，理论理性的德性是智慧，它是最高等级的德性，实践理性的德性是明智，理智德性是通过后天教育而获得的。人的德性是根据具体的时间、地点和关系等进行恰当和准确的判断，并能够依据具体形势进行道德践行的一种品质。德性是通过实践体现和反映出来的，是通过主动选择进行适度实践活动的品质。

麦金泰尔在德性和实践问题上比亚里士多德走得更远。他把人类实践活动所获得的利益分为了两种，即内在利益和外在利益，这是与前人完全不同的划分。他认为，"内在利益既是这一实践本身的成果（卓越），又是内心的充实，是作为人而言的好生活"③。在麦金泰尔看来，德性是一种能够帮助我们获得内在利益的必要品质，从这个意义上来说，拥有和践行德性既是实现实

---

①〔古希腊〕亚里士多德:《尼各马可伦理学》，廖申白译注，商务印书馆，2009，译注者序第 16 页。

②〔古希腊〕亚里士多德:《尼各马可伦理学》，廖申白译注，商务印书馆，2009，译注者序第 18 页。

③〔美〕麦金泰尔:《德性之后》，龚群等译，中国社会科学出版社，1995，译者前言第 18 页。

践活动本身卓越，又是满足人的精神需求不可或缺的因素，更是作为人追求"好生活"的必备条件。

现代生活已经因为生活的碎片化而导致个人品性的碎片化，个人生活不再被视为一个从出生到死亡的整体，不同生活片段所要求的多种品性丝毫没有为亚里士多德意义上的德性留有空间。亚里士多德所倡导的那种把生活作为整体，从而对善进行追求的德性论毫无孕育的土壤。麦金泰尔认为，德性不仅仅使我们进行道德实践并获得内在利益，德性还是连接传统和历史的重要纽带。德性的践行有利于传统的维持和继承，维持传统也就意味着维持德性。然而，现代社会导致了德性与传统的分离，人们已经抛弃了亚里士多德的德性传统，新的德性概念已经应运而生，人们赋予德性新的内涵，德性演变成"与自然感情相关或约束自然感情的破坏作用的个人心理气质"①。麦金泰尔认为，以往德性在社会生活中所占据的中心地位已逐渐被功利和权利所取代，德性已经变成为功利服务的工具了。在他看来，如果德性在现代生活中找不到自己应有的重要地位，那么社会道德风气便会每况愈下，对于人类而言则意味着新的可怕时代正在来临。努斯鲍姆也意识到现代人性完整性的缺失，她在强调"好生活"中德性重要性的同时，更注重人性的培养和教育。她抨击和批判功利主义的教育，提倡通识教育，以培养德性为目的，防止教育为功利服务，防止教育把人培养成道德冷漠的工具。麦金泰尔的思想对努斯鲍姆形成"好生活"思想中的教育思想、德性思想和正义思想等起到不可估量的作用。

二 伯纳德·威廉姆斯思想的影响

伯纳德·威廉姆斯（Bernard Williams，也译作伯纳德·威廉斯）可谓当代最伟大的哲学家之一，尤其在20世纪的哲学伦理学领域，他的贡献和影响力更是不可小觑。他的朋友和学生玛莎·努斯鲍姆在纪念威廉姆斯的文章中这

---

①〔古希腊〕亚里士多德:《尼各马可伦理学》，廖申白译注，商务印书馆，2009，译者前言第22页。

样写道：“在威廉姆斯去世后，对他生平的其他文字描述谈到了他那惊人的敏锐、有时显露出来的破坏性智慧和对人类问题的直觉性理解，这些特异的素质使他成为一个难得的朋友，成为一个颠覆哲学之愚顽的能工巧匠。”[①] 威廉姆斯在学术界中的成就尤以对功利主义和康德伦理学的质疑和批判最为著名。

（一）对功利主义的批评

威廉姆斯对功利主义的批评主要体现在两个方面：一是功利主义根据行为的“后果”来定义道德是否正确，并试图把道德思维限定在后果主义的框架内。威廉姆斯认为，“当功利主义试图把‘后果’的概念既当作道德正确性的标准又把它处理为道德决策的依据时，‘什么样的后果是伦理上有意义的后果’这一问题本身是一个在功利主义（或者后果主义）的框架中无法解决的问题”[②]。二是功利主义看重“福利最大化”策略，只要能实现相对最好的结果，即便牺牲行动者个人的生活计划也在所不惜。功利主义把个人纳入到福利最大化政策的牢笼之中，道德行为者不仅要对自己的事情负责，还要对世界上的其他事情负责，即所谓的“消极责任”。威廉姆斯认为，功利主义无视“我的能动性”和“其他人的能动性”的差异，能动性必然是某个个别的、真实的人的“能动性”，而那种功利主义“不偏不倚”的能动性是不存在的。

功利主义把人视为手段和工具，它只看到“全局”角度的后果，而无视作为能动行为主体的个人。威廉姆斯把这种功利主义的抽象叫作“从个人的分离性中”所进行的抽象。然而任何道德行为都是以第一人称“我”的存在为前提和基础的，“我”是一个有思想、有计划，具有道德经验并能够进行道德慎思的活生生的人，“我”的存在与功利主义“福利最大化”要求并不存在必然的联系。因此，威廉姆斯批判功利主义对人的完整性的破坏和剥夺，认为它把个人的幸福淹没在集体利益之中，从而使人丧失了生

---

① 〔美〕M. 纽斯鲍姆：《悲剧与正义：纪念伯纳德·威廉姆斯》，唐文明译，《世界哲学》2007 年第 4 期，第 31 页。

② 〔英〕伯纳德·威廉斯：《道德运气》，徐向东译，上海译文出版社，2007，译者序第 17 页。

活的意义和价值。

努斯鲍姆也以批判功利主义著称，她对功利主义的批判和质疑不仅体现在她的教育思想中，还体现在她的正义思想中。努斯鲍姆发现这种把人视为手段的功利主义早已深入人心，在功利主义阴霾之下的国家经济政策、政治政策和教育方针无视人的完整性和个人幸福，而仅仅把经济增长作为国家进步和人民幸福的标准。她敏锐地觉察到这种功利主义的教育和以GDP、GNP为导向的经济发展势必破坏人性的完整、危害人类繁荣，所以她在威廉姆斯的影响下对功利主义进行了无情的批判。

（二）对康德伦理学的质疑

威廉姆斯质疑康德从“人是理性存在”为前提推导道德法则的企图。他认为，康德伦理学是把行动者从不同情况、实际个性和关系中剥离出来，从抽象行动者的角度论证道德原则和道德义务，他把这种抽象叫作“从个人的同一性中”所进行的抽象。威廉姆斯认为，康德把人视为抽象的、可普遍化的道德体系主体，这不仅忽视了人的现实存在及其个性，还有忽视人类价值异质性之嫌。威廉姆斯不接受这样的道德体系，他主张回归古希腊时期伦理学的核心问题——我应该如何生活。由于伦理问题可谓第一人称的问题，加之伦理生活自身具有复杂性，所以我们根本无法向外寻求一个“阿基米德点”来解决。每个人都是独特的存在，每个人都会因为他所拥有的特殊体验和经验形成自己的观点。“因此，这样一个观点本质上是不能用一个普遍的观点或者甚至用任何其他人的观点来取代的。”① 也就是说，试图用一两个道德原则或者伦理理论应对错综复杂的伦理问题必然是无功而返，这也是威廉姆斯反对脱离实际、抽象运用道德原则的原因所在。

威廉姆斯批判康德道德要求的“不偏不倚”。威廉姆斯认为一个人在其生命的大部分时间里甚或是一段时间之内都会有一个“根本计划”或者一系

---

①〔英〕伯纳德·威廉斯:《道德运气》，徐向东译，上海译文出版社，2007，译者序第22页。

列计划，这些计划与这个人的存在密不可分，并且赋予其生活以价值和意义。一个人选择做什么和怎样做是与他追寻的生活意义息息相关的，现实的情况与选择不会因为康德的道德义务"至高无上"而备受青睐，道德义务是可以避免的。他举例说明，如果我的妻子和另外一个人都身陷险境，假设拯救且只能拯救其中一人是对我提出的一个道德要求，那么让我采取一种"不偏不倚"的态度是极其荒谬的。决定我的抉择和行动的不是道德要求和道德准则，而是我怎样理解和把握生活的意义。每一个人都有自己独特的欲望和计划，让道德选择毫无偏好，从而达到康德式的"不偏不倚"是不现实的。他表面批判康德道德要求的"不偏不倚"，实际上拒斥的是那种把伦理生活简单化、理论化和抽象化的道德体系，因为这种道德体系是有悖于伦理生活经验的。

努斯鲍姆从威廉姆斯对康德伦理学的质疑中更加确定了有关人的本质、善和伦理实践等方面的观点，人是具体的、现实的存在，善具有异质性和不可通约性，人类的伦理实践也具有复杂性和特殊性，不能把人的德性和行为割裂开来。努斯鲍姆和威廉姆斯一样，她也主张回归古希腊伦理学的核心问题"我应该如何生活"，而不是现代道德哲学所标榜的"一个人要服从什么道德规则"的问题，努斯鲍姆尤其主张回归亚里士多德的德性伦理。

（三）运气

康德道德哲学把理性置于至高无上的地位，并把以理性为核心的能动性作为形成道德规律和进行道德评价的依据。在康德看来，道德行为是由自由意志决定的，是不受蕴含不确定性的运气影响的。但是威廉姆斯认为，虽然人是道德行为的主体，具有道德能动性，但是人依然无法摆脱偶然性和运气的影响，他以画家高更的实例说明行动者是否成功与内在运气和外在运气密切相关。内在运气在这里更多的是指高更自身是否具有绘画方面的天赋，从而促成他的生活计划成功，而外在运气可以理解为发生在高更身上的偶然性事件，例如他在追求绘画梦想过程中是否意外身亡等。不难看出，内在运气和外在运气对于行动者来说都是必要的，只是内在运气所导致的失败使得高更的选择得不到辩护。至此，威廉姆斯想要证明，“那种认为在选择之际可以按照某种道德规则提出一种可能的合理辩护的想法是远离实际生活体验的，换言之，任何选择都不可能在当下就获得合理的辩护”①。

威廉姆斯意识到，运气的出现往往带给伦理生活意想不到的结果，主观动机和意图并不能作为道德评价的全部依据。如果行为本身是理性慎思的结果，但是由于运气的影响使事情最终偏离了原初的设计，而达成不好的后果，那么无视运气的存在就让人觉得荒谬至极。因此，伦理无法无视生活中所存在的超出控制、意料之外事情的影响。威廉姆斯对于道德和伦理的区分似乎更能印证伦理生活应该关注运气。他意识到伦理比道德的外延更广，“‘道德’（morality）只是‘伦理’（ethics）的一种特定体制（peculiar institution），它在形式上强调普遍性和确定性，在内涵上聚焦于行为者的能动性和自主性，在功能上以责备或赞扬的评价为主旨”②。换言之，“‘道德’更倾向于诉诸能动性的理性部分，希望通过理性所蕴涵的普遍必然性来论证道德的确定性”③。而“伦理”不仅仅关涉人类理性、能动性和社会规则的正误，它还关注行动者之外的经验世界，这里所说的经验世界是与行动者发生联系的经验世界。运气是具有不确定性的现实存在，并以这样或那样的方式影响和制约着行动者。从这个意义上来说，伦理讨论从人类生活的整体性角度观照运气也就顺理成章了。

努斯鲍姆这样评价威廉姆斯有关“运气”的伦理思想，“威廉姆斯对哲学提出了很高的要求：必须直面人类生活的困难性和复杂性。他认为以往的很多哲学都在逃避现实，都表现为对复杂性、情感和悲剧的理性主义防御。特别是功利主义和康德主义……它们不能认真对待幸运④，而正是全然的幸运，以

① 唐文明：《论道德运气》，《北京大学学报》（哲学社会科学版）2010 年第 3 期，第 75 页。

② 李义天：《从道德运气到伦理运气：美德伦理视野中的运气问题研究》，《伦理学研究》2012 年第 5 期，第 126 页。

③ 李义天：《从道德运气到伦理运气：美德伦理视野中的运气问题研究》，《伦理学研究》2012 年第 5 期，第 126 页。

④ 笔者认为，此段中的“幸运”译为“运气”更好。

各种方式，不仅影响着幸福，而且也影响着伦理生活本身，塑造着可供我们选择的诸多可能性”[①]。由此可见，努斯鲍姆以运气为切入点，把人类真实的复杂性和脆弱性进行还原，并对“好生活”进行全新阐释的伦理思想无不得益于威廉姆斯的运气思想。

三 阿马蒂亚·森思想的影响

阿马蒂亚·森（以下简称“森”）1933年出生于印度，1998年荣获诺贝尔经济学奖，他在社会选择理论、个人自由与帕累托最优的关系、福利和贫困指数衡量、饥荒问题与权力分配不均的关系以及道德哲学问题这五个领域做出了杰出贡献。他被誉为“经济学良心的肩负者”“穷人的经济学家”。

森认为功利主义注重幸福的最大化，把效用等同于福利或幸福。森一方面肯定功利主义视角的长处，如以结果来评价社会机制和看重人们幸福，另一方面他也质疑功利主义在正义问题方面的局限。一是功利主义的效用计算方法只关注幸福总量而漠视个体之间的分配情况。也就是说，一个国家的国民生产总值和人均收入等指标均无法衡量人们的生活质量，也无法知晓人们究竟过得怎么样，收入分配等问题也关涉社会正义。二是忽视自由、权利等自身所具有的价值，功利主义只考虑效用，但是效用与福利和幸福并不一致。三是存在“适应性行为和心理调节”[②]问题，个人幸福或者快乐的心理测度并不是固定不变的，它会随着环境的改变而发生变化，从而影响功利主义效用的计算。森把这种只注重国民生产总值增长、个人收入提高、技术进步和社会现代化等工具性范畴的提高与进步称为狭隘的发展观。相反，他把以人为

① 〔美〕M. 纽斯鲍姆：《悲剧与正义：纪念伯纳德·威廉姆斯》，唐文明译，《世界哲学》2007年第4期，第22页。

② 〔印〕阿马蒂亚·森：《以自由看待发展》，任赜、于真译，中国人民大学出版社，2012，第53页。

目的、以人为中心的发展视为真正的发展观，并认为这种发展是“扩展人们享有的真实自由的一个过程”[①]。

同样，森在肯定罗尔斯的“作为公平的正义”贡献之余，也对罗尔斯的正义理论提出了几点批评，并提出了替代契约论方法的途径。森认为罗尔斯忽视了人与人之间的差异，而只关注基于“基本品”[②]（primary goods）作为平等物的分配，个体差异（如年龄、性别、健康情况等）会使满足同样需求所需的“基本品”存在数量上的不同。“‘依据基本益品判断有利条件将导致部分的道德盲目性’。森还强调，这种‘拜物教的缺陷’是关注益品本身，而不考虑益品‘能对人们做什么’。”[③] 森在正义问题的探讨上走的是与契约方法完全不同的道路，他是沿着“社会选择理论”展开研究的。关于正义问题，特别是与社会契约方法相比，他提出以下三方面的观点：一是正义问题研究应该在明显的非正义方面达成共识，并竭力减少不公正，而不是在绝对的正义方面付之努力；二是与抽象的社会制度和规则相比，我们应该更多关注和考察人们的现实生活；三是“全球性正义”问题的解决不能被限制在单一的主权国家，而应该在世界范围内的人们之间寻求正义和一致。

森提出的基于自由的可行能力是其正义理论区别于以往正义理论的关键所在。森一直反对把“基本品”或者资源等视为分配公正与否的核心问题，在他看来，“基本品”只是实现有价值生活的手段而非目的，即便拥有很多的“基本品”，也并不意味着人就能实现其目标。森提出了“可行能力”，即“有

---

① 〔印〕阿马蒂亚·森：《以自由看待发展》，任赜、于真译，中国人民大学出版社，2012，译者序言第3页。

② 有关primary goods的译法，部分内容参见段忠桥、常春雨《G. A. 科恩论阿马蒂亚·森的“能力平等”》，《哲学动态》2014年第7期，第59页注释［5］。primary goods，何怀宏等人将其译为“基本的善”（《正义论》，何怀宏、何包刚、廖申白译，中国社会科学出版社，2009，第48页），王磊、李航将其译为“基本品”（《正义的理念》，中国人民大学出版社，2013，第54页），刘莘将其译为“基本益品”（《当代政治哲学》，上海三联书店，2004，第107页）。段忠桥、常春雨采用的是刘莘的译法，本文采用王磊、李航的译法。

③ 段忠桥、常春雨：《G. A. 科恩论阿马蒂亚·森的“能力平等”》，《哲学动态》2014年第7期，第56页。

可能实现的、各种可能的功能性活动组合”①。森认为“可行能力”是一种能实现各种可能的功能性活动组合的实质自由（“或者用日常语言说，就是实现各种不同的生活方式的自由”②），包括免于饥饿、免于不可避免的疾病和过早死亡等的自由，还包括能够阅读、拥有自尊和参与政治的自由等。森认为，可以通过可行能力方法判断一个人做他所珍视事情的优势，也可以说是一个人实现不同生活方式的实质性自由。“可行能力方法正式提出了超越对于生活手段的关注，而转向实际的生活机会的视角”③，它关注人实际能够做什么，而不是人实际做了什么，关注在不同生活方式之间选择的自由。

森认为，正义的实现需要在全球范围内实现作为公共理性的民主和作为自由主张的人权，并通过公共讨论和公共参与的形式形成公共决策。在森看来，民主的内涵已经得到了进一步拓展，从把选举和投票视为民主的观点，到罗尔斯的“公共理性的实践”，再到当代政治哲学中普遍认可的“协商式治理”，森把政治参与、政治对话和公众互动看成广义上民主的核心问题。他认为，正义问题已经不仅存在于一两个国家或者地区，世界上的人们由于联系越来越紧密，而使饥荒、环境与可持续发展、信息安全等问题成为全球正义问题。然而，全球正义问题不能通过建立全球性政府加以解决，而只能通过“开放的中立性”，也就是跳出地域狭隘性的藩篱，“置身度外”地进行审思。与罗尔斯以“作为公平的正义”寻求公正的、完美的制度从而解决社会正义问题的路径不同，森不承认有完美的、终极的正义理论，他建议运用“着眼于现实”的比较方法，在消灭明显的不公正方面做出努力，从而在实践中逐渐接近正义。“其理论容纳了正义的阶段性问题，尤其为接纳那些目前似乎依旧不甚公平，但为公平而努力的可能性，而这恰好是地域间发展不

① 〔印〕阿马蒂亚·森:《以自由看待发展》，任赜、于真译，中国人民大学出版社，2012，第63页。

② 〔印〕阿马蒂亚·森:《以自由看待发展》，任赜、于真译，中国人民大学出版社，2012，第63页。

③ 〔印〕阿马蒂亚·森:《正义的理念》，王磊、李航译，中国人民大学出版社，2013，第216页。

平衡的现实格局所要求的”。[①] 换言之，他的正义理论不仅不是完美的，而且是阶段性的。

努斯鲍姆在与森的长期合作和接触中也深受森思想的影响，努斯鲍姆的正义理论也是具有全球视域的正义理论，需要超越主权国家成员的评判。努斯鲍姆和森都从亚当·斯密“中立的旁观者”观点中获得启发，即通过引入不同文化背景和习俗的人的观点，从而站在一定的距离之外进行客观和中立的思考，这种中立性是与罗尔斯“无知之幕”的中立性所不同的“开放的中立性”。森认为，罗尔斯的“无知之幕”无法在程序上摆脱狭隘的地域偏见，因此它是一种“封闭的中立性”。努斯鲍姆同意并支持森的大部分能力理论，努斯鲍姆的正义理论在全球正义的解决、世界公民的培养、能力进路的合法性等问题方面都深受森哲学思想的启发和影响。能力理论是努斯鲍姆最富有关注度的理论之一，努斯鲍姆的能力理论与森的能力理论之间有着千丝万缕的联系。森是能力理论的首创者，努斯鲍姆在哲学领域对能力理论进行了深化和发展，努斯鲍姆提出的人类核心能力清单内容，大部分都能从森的理论中找到原型。

本章小结

古希腊、古罗马时期以柏拉图、亚里士多德和斯多葛学派为代表的哲学家和哲学流派从不同角度阐发了他们的“好生活”伦理思想，无论是德性与幸福的关系、外在善的地位和作用，还是个人幸福与城邦幸福的联系等，都反映出他们对德性和幸福，即“好生活”的向往与追寻。进入现代之后，以麦金泰尔、威廉姆斯和森为代表的伦理学家、哲学家、经济学家，通过不同

---

① 张三萍：《阿马蒂亚·森正义论探析》，《浙江社会科学》2016 年第 2 期，第 94 页。

方式对人类社会的伦理困境展开了论述，以麦金泰尔为代表的德性伦理学家深刻剖析了产生现代道德危机的原因，即人们摒弃了亚里士多德的德性传统。哲学家们对功利主义和以康德为代表的义务论的批评也较为引人注目。以上提到的所有伦理思想都与努斯鲍姆的伦理思想有着千丝万缕的联系，它们都是努斯鲍姆“好生活”伦理思想的重要理论来源。

第二章　努斯鲍姆“好生活”伦理思想的内容

《善的脆弱性》是努斯鲍姆的成名作，在这部伦理学著作中，努斯鲍姆集中讨论了悲剧性冲突、运气、脆弱性、理性、德性和“好生活”的关系性问题，她用大量篇幅探讨了古希腊悲剧诗人通过悲剧带给人们的思考，以及古希腊哲学家（这里主要指柏拉图和亚里士多德）有关运气和“好生活”的伦理思想。虽然努斯鲍姆不是第一个探讨运气的现代哲学家，但是她运用古希腊悲剧和哲学思想对运气和“好生活”进行关系性研究着实让人耳目一新，为当代的德性伦理学研究提供了一个新的视角。

第一节　“好生活”的构成要素

在对努斯鲍姆伦理思想进行比较全面和系统的研究之前，需要明确努斯鲍姆在《善的脆弱性》一书中所要探讨的主题究竟是什么。努斯鲍姆认为她所关注的是希腊语“eudaimonia”，而不是英语的“幸福”（happiness），在她看来，因为受到康德和功利主义道德哲学的影响，幸福是指“一种满足感或一种快乐感，而且，使幸福成为最高的善的那种观点，按照定义，被假定就是把最高的价值给予心理状态而不是给予活动的那种观点，那么这个译法就很令人误解了"[①]，因此，不能把"eudaimonia"翻译成"幸福"（happiness），而应该理解为"过一种对个人来说是好的生活"（living a good life for a human being），或者如约翰·库珀所说的"人的欣欣向荣"（human flourishing）。这样我们可以把努斯鲍姆关注的"eudaimonia"简单地理解为"好生活"，它与亚里士多德提出的"生活得好和做得好"具有相同意义，努斯鲍姆试图"分析运气影响eudaimonia以及作为其基础的美德的各种方式"[②]，这就是她在《善的脆弱性》这本著作中和其他相关伦理探讨中所关注的主题。努斯鲍姆所探讨的"好生活"是包含德性、卓越活动和外在善在内的一种人类繁荣。

一 德性

努斯鲍姆在《善的脆弱性》中所探讨的德性和"好生活"问题与亚里士多德伦理思想中的德性和善具有密切联系。亚里士多德认为，人的每一种活动都以善为目的，有的以活动本身为目的，而有的却以活动所指向的产品为目的。然而，具体的善和最终的善是完全不同的，最终的善要比具体的善包含的目的更高、更终极。因此，一定存在着某种善，这种善是最高的善，我们所有的追求与活动目的都是为了这种善，这种最高的、终极的善就是人的好生活或幸福[③]。亚里士多德在《尼各马可伦理学》中探讨了三种生活，并把它们作为考察善或者幸福的流行意见。三种生活包括享乐的生活、政治的生活和沉思的生活。在他看来，享乐的生活虽然是最流行的意见，但是它无异于低级的动物式生活。把政治生活视作幸福的人无外乎以追求荣誉作为目的，然而荣誉与德性相比却不具有更大的善，一方面荣誉要依靠授予者，另一方

① 〔美〕玛莎·纳斯鲍姆：《善的脆弱性：古希腊悲剧和哲学中的运气与伦理》，徐向东、陆萌译，译林出版社，2007，第8页注释*。

② 〔美〕玛莎·纳斯鲍姆：《善的脆弱性：古希腊悲剧和哲学中的运气与伦理》，徐向东、陆萌译，译林出版社，2007，第8页注释*。

③ 亚里士多德所说的"幸福"与我们前文探讨的"好生活"同义，与康德和功利主义的"幸福"概念不同。

面荣誉往往因德性而被欲求。虽然亚里士多德表明沉思生活，即努斯的实现活动是最幸福的，它是最自足、最纯净、最完善的，但是沉思生活也因为具有了太多的“神性”而与现实的人有了距离感，这种生活因其性质只能被少数人拥有。亚里士多德把合乎德性（主要指道德德性）的生活视为第二好的生活，这种生活是属人的生活。尽管在亚氏看来德性也不是完满的，但它是构成“好生活”的内在要素之一。

在亚里士多德看来，“德性就是既使得一个人好又使得他出色地完成他的活动的品质”①，按照灵魂有无逻各斯的分法，德性分为理智德性和道德德性，道德德性（以下称为德性）并不是一种自然存在的本性，它是通过习惯养成的。人具有接受德性的能力，而人的品质是通过实现活动体现的，我们是什么样的人取决于我们是怎样进行实现活动的。我们先做德性要求的实现活动，然后才获得德性，反复的实践和活动形成了习惯，习惯影响着德性的获得。需要注意的是，无论是德性的研究还是实践的研究，它们都只是一种概略的研究，德性是对我们而言的适度，它既不是过度也不是不及，过度与不及是相对立的两种极端，过度和不及又与德性相对立。德性自身蕴含着理智成分，因此它包含预先的考虑和选择。亚里士多德认为，我们所考虑的事情是“那些既属于我们能力之内又并非永远都如此的事情”②，我们所选择的事情或东西都是出于意愿的行为。无论是德性还是恶③都是出于我们的意愿而选择的行为，我们都应该对其负责。德性是一种选择适度的品质，是避开过度与不及两个极端中最与适度相反且极端的一种选择。德性涉及在适当的时间和适当的地点，与适当的对象，因适当的原因，在感情和实践中寻求适度。

德性是亚里士多德关注的重要问题，同时德性也是努斯鲍姆伦理思想研

---

① 参见〔古希腊〕亚里士多德《尼各马可伦理学》，廖申白译注，商务印书馆，2009，第47页；《尼各马可伦理学》，1106a21-22。（1106a21-22，即《尼各马可伦理学》原著1106页a栏21~22页，下文《尼各马可伦理学》引文部分均出自这一版本，统一按照“《尼各马可伦理学》，1106a21-22”格式标注）

②《尼各马可伦理学》，1112b3。

③ 暂不讨论亚氏提到的出于被迫和无知情况下的恶。

究的重点。努斯鲍姆认为，柏拉图在一味强调理性自足性时忽视了德性的作用。德性是一种具有脆弱性，并且与外在经验世界密切相关的人类价值，是一种极具包容性的卓越。然而，美德（德性）也并不是坚不可摧的，它就像花儿一样，既脆弱又美丽。虽然“好人不会无限制地变得脆弱”[①]，好人可以凭借实践智慧在逆境中做出适当的选择和行为，但是如果德性的实现活动受到严重阻碍，外在善变得极度匮乏，好人遭受颠覆性、毁灭性的挫折和打击，而且历时很长，那么伴随着“好生活”的丧失，德性也面临着极大的挑战与威胁，美德也具有丧失的可能性，悲剧人物赫卡柏的德性反转就是一个最好的例证。人类的“好生活”不仅与德性相关，更与德性的实现活动，也就是卓越活动相关。还有另外一个不容忽视的因素就是明智，也就是实践智慧，它虽然是理智的德性之一，但是它与道德德性密不可分。亚里士多德认为实践智慧所关涉的不是具体某方面的善，而是“对于一种好生活总体上有益”[②]。实践智慧以可变的、与实践相关的事物为考虑对象，它是一种“同善恶相关的、合乎逻各斯的、求真的实践品质”[③]。亚里士多德认为，德性是保证我们行动的目的正确，而实践智慧则是保证我们实现目的的手段正确，实践智慧确保选择的正确。另外，实践智慧对道德德性具有决定性意义，一旦拥有实践智慧就拥有了所有的道德德性。德性不仅是符合逻各斯的，它还与逻各斯一起发挥作用，因此，德性离不开实践智慧，实践智慧也离不开德性。

二 卓越活动

亚里士多德在《尼各马可伦理学》中一直强调幸福不仅仅是品格，更重要的是人的实现活动，只有在具体的实现活动中才能体现人的品格，因此，

① 〔美〕玛莎·纳斯鲍姆:《善的脆弱性：古希腊悲剧和哲学中的运气与伦理》，徐向东、陆萌译，译林出版社，2007，第470页。

② 《尼各马可伦理学》，1140a29。

③ 《尼各马可伦理学》，1140b6-7。

幸福是合乎德性的实现活动。亚里士多德通过一个比较极端的例子证明了品格卓越对于“好生活”来说是不充分的。如果一个人在成年之前具有了比较稳定并且卓越的品格，然而在此之后他一直沉睡不起，不再进行任何实践活动，那么我们无论如何也无法把他与“生活得好”联系在一起。努斯鲍姆认为，“这样一个状态或条件似乎是不完备的、受挫的、从现实中被割裂出来的”①。“好生活”需要在现实活动中体现，这就类似于我们只赞扬和祝贺完成比赛项目并取得优异成绩的运动员，而不去赞扬运动天赋良好而没有参加比赛的人一样。因此，可以说，生活得好是一种把品格从潜在状态通过实现活动变为现实的过程，“好生活”是一种卓越活动。

努斯鲍姆认为，虽然德性是“好生活”中的一个重要构成要素，但是它对于“好生活”来说是不充分的。因为如果我们想要获得幸福，我们就必须通过行动实现幸福，也就是说，幸福离不开人的现实活动。正如亚里士多德所举的例子中，那个一睡不起、“过着植物般生活的人”②，即使他在沉睡之前具有高贵的品格，可是在他一睡不起之后，我们无法把他那种缺乏实践活动的生活认为是值得过的生活。换言之，“好生活”并不是一种状态而是一种活动，这是一种合德性的实现活动。可是，不得不承认的是，因为“好生活”是一种合德性的实现活动，而不是德性本身，所以并不自足的实现活动很容易受到妨碍，灾难性事件能够从外部影响和攻击人类的品格状态。于是，在好品格和生活得好之间就存在一条裂缝，运气能够通过这条裂缝作用于“好生活”。

努斯鲍姆详细分析了妨碍好品格在行动中恰当实现从而影响“好生活”的四种情况。一是“剥夺实现这种活动的某种手段或资源”③，其中缺乏该手段或资源又涉及：完全阻止实现好生活的活动；“可能限制或者妨碍那个活动

---

① 〔美〕玛莎·纳斯鲍姆:《善的脆弱性：古希腊悲剧和哲学中的运气与伦理》，徐向东、陆萌译，译林出版社，2007，第445页。

②《尼各马可伦理学》，1176a34。

③ 〔美〕玛莎·纳斯鲍姆:《善的脆弱性：古希腊悲剧和哲学中的运气与伦理》，徐向东、陆萌译，译林出版社，2007，第451页。

的施行”[①]。二是剥夺活动对象，同样缺乏对象性的活动涉及：活动被完全阻止；活动被妨碍或者被限制。例如亚里士多德提到的财富、权力、荣誉等都属于实现“好生活”活动的工具性手段，缺乏该手段或者资源会直接影响活动的实现。同样，人是政治存在物，卓越活动的实现也需要有对象或者接收者，因此，朋友或者子女的死亡会通过剥夺活动对象而影响活动实现从而影响“好生活”。可以看出，在所有这些人类活动中，很多活动或者因为依赖外在资源而显得脆弱，或者因为依赖活动对象而显得脆弱，那么为了避免这种脆弱，柏拉图和亚里士多德都试图寻找一种安全的、自足的，不具有风险性和脆弱性的活动，他们把沉思活动看成最稳定、最自足和最值得欲求的活动。然而，虽然亚里士多德把沉思活动视为最好的生活，但他也承认人的社会性必然导致“好生活”的自足性是一种“群体的自足性”[②]，而“不是指一个孤独的人过孤独的生活”[③]，人类的“好生活”还应该是一种与他人相关的生活。努斯鲍姆认为，孤独的沉思生活因为缺乏友爱这一重要的、具有内在价值的情感而不完善，而且正如柏拉图自己在《理想国》中承认的那样，沉思生活没有预想得那样坚不可摧，而悲剧作品很可能会影响哲学沉思，并使其偏离原有的方向，因而沉思生活也不能算是最好的人类生活。亚里士多德对于这一问题表达过两种完全不同的观点，努斯鲍姆认为原因在于，虽然亚里士多德一直被柏拉图有关沉思生活的观点所吸引，但是他也意识到“我们不可能把神性与人性和谐地融合在一起”[④]，于是他选择把两种观点并列放在一起，彰显不同观点的张力。

① 〔美〕玛莎·纳斯鲍姆：《善的脆弱性：古希腊悲剧和哲学中的运气与伦理》，徐向东、陆萌译，译林出版社，2007，第451页。

② 〔美〕玛莎·纳斯鲍姆：《善的脆弱性：古希腊悲剧和哲学中的运气与伦理》，徐向东、陆萌译，译林出版社，2007，第476页。

③ 《尼各马可伦理学》，1097b10。

④ 〔美〕玛莎·纳斯鲍姆：《善的脆弱性：古希腊悲剧和哲学中的运气与伦理》，徐向东、陆萌译，译林出版社，2007，第526页。

三 外在善

可以说，很多古今哲学家都注意到了外在善与幸福的关系问题，尤为值得注意的是，古希腊时期的柏拉图和亚里士多德对于外在善持有不同的观点。虽然他们都把沉思的生活视为最幸福的生活，但是柏拉图不仅不看重外在善的价值，他甚至不承认外在善的价值，而是赞扬和鼓励那种忽略、无视外在善的行为。柏拉图在《会饮篇》中通过阿尔西比亚德斯的视角描写苏格拉底不注重穿着打扮，甚至在寒冷的冬天光着脚在冰上行走，即便是阿尔西比亚德斯的美貌也依然无法撼动苏格拉底对纯粹沉思生活的追求。柏拉图以此来证明身体、穿着、相貌、亲情和爱等这些外在善都根本无法与苏格拉底对灵魂中智慧的执着相提并论。

与柏拉图不同的是，亚里士多德在强调沉思生活是第一位的幸福之外，他还承认第二位的幸福是灵魂合乎德性的实现活动，并且把“外在善”作为一个不容忽视的问题进行讨论。亚里士多德意识到卓越活动的开展离不开外在工具性的手段和资源，如饮食、健康、财富、朋友等，这些都是幸福所必需的外在事物，也就是说，幸福离不开外在善。当然，他坚持认为适度的外在善是最好的，外在善既不是过多的也不是不足的。“只要有中等的财产就可以做合乎德性的事”[①]，因为在他看来，“有中等程度的外在善就可以做高尚的事”[②]。他认为虽然朋友、财富和权力等是手段性的，但是它们对于好生活是必不可少的。还有一些外在善，“如高贵出身、可爱的子女和健美，缺少了它们福祉就会暗淡无光”[③]。亚氏还把朋友看成外在善中最大的善，他认为人是政治动物，人不可能孤独地生活着，人要与他人交往、与他人共同生活。如果把幸福的人看成享有所有的善却唯独没有朋友，则是难以想象和不可思议的，因为幸福的人不会是孤独的。另外，人无论是实行善举、接受善举还是分享

---

①《尼各马可伦理学》，1179a3。

②《尼各马可伦理学》，1179a10-11。

③《尼各马可伦理学》，1099a33-1099b1。

善的事物，都要有对象性的存在，而朋友无疑是相对于陌生人来说更好的人选，“所以幸福的人需要朋友”[①]。努斯鲍姆认同亚里士多德的观点，外在善对于“好生活”来说是必要的，无论是住所、食物、空气、财富、健康等外在环境和条件方面的外在善，还是亲情、友情、爱情等关系性的外在善，它们都是构成“好生活”的重要因素，其中有些是实现“好生活”的必要手段，有些是直指“好生活”的目的。如果把这些外在善从人类的生活中剥离出去，那么人连起码的生存条件都不具备了，就更不用说人类繁荣或人的好生活了。努斯鲍姆认为从斯多葛学派开始外在善演变为成问题的事情，外在善的合法性需要得到确立和确认，它对于“好生活”的意义也需要得到进一步的澄清。

第二节 运气与“好生活”

运气是努斯鲍姆在伦理研究中极为关注的一个问题，她非常赞赏伯纳德·威廉姆斯关于道德运气的讨论，她还明确表示正是因为参加了1972~1973年在哈佛大学举办的“威廉姆斯‘道德运气’研讨会”，才使《善的脆弱性》这本书的写作计划中明确了具体的研究方向，因此这本书的副题名叫作“古希腊悲剧和哲学中的运气与伦理”，努斯鲍姆在该书中集中讨论了与运气相关的伦理问题。

一 运气

努斯鲍姆所要探讨的运气究竟具有怎样的内涵呢？努斯鲍姆并没有给出“运气”的明确定义，而只是说“‘运气’并不是指事件的发生都是随机的或

① 《尼各马可伦理学》，1169b21-22。

是无缘由的。由‘运气’引发的事件只是指它不是主动促成的，不是人造或是人为的，是碰巧发生的”[①]。或者，我们也可以把努斯鲍姆的“运气”理解为“人们无法通过自愿地行使自己的能动性来控制的偶然事件”[②]。努斯鲍姆对运气涵义的阐发并不太尽如人意，如果从威廉姆斯对道德运气阐释的角度切入，那么可能对理解努斯鲍姆的运气思想会更有帮助。虽然威廉姆斯和努斯鲍姆一样，也没有界定“运气”，但是威廉姆斯表示：“我将会慷慨地使用‘运气’这个概念，而且，即使我没有定义这个概念，但我认为它是可理解的。”[③]由此可见，“运气”在威廉姆斯看来是一个可理解、不晦涩的概念。威廉姆斯把运气与偶然性相联系，他把运气分为内在运气和外在运气。威廉姆斯用画家高更的例子，详细、生动、深入地阐释了内在运气与外在运气的内涵。内在运气主要指与生俱来的天赋、禀性和才能等，外在运气则主要指外在于行为者的偶然性。回到画家高更这一具体实例上，绘画天赋属于高更的内在运气，即便高更具有良好的绘画天赋，高更能否成为一位著名画家也需要有外在条件的保证。如果他在成名之前不幸身亡，或者丧失了绘画所需要的身体机能，如意外失去双手或者失明，那么这样的偶然性或者外在运气无论如何都会影响和制约人类生活。因此，在威廉姆斯看来，无论是内在运气还是外在运气都是必要的，它们都会影响到行动者最终的行为结果，运气与伦理是极为相关的，运气是伦理讨论中不可或缺的内容。从威廉姆斯对运气的诠释入手，努斯鲍姆的“运气”概念才更为容易理解和把握，她给出的“运气”表述可以分为两个层次：第一个层次是从内在运气角度来说，内在运气与先天遗传等原因有关，因此运气是有缘由的；第二个层次是从外在运气角度来说，偶然性的事件并不是人为原因造成的，它是无法预料与克服的，是碰巧发生的。

努斯鲍姆认为，关于运气这个问题，亚里士多德对两种极端的见解进行

① 〔美〕玛莎·纳斯鲍姆：《善的脆弱性：古希腊悲剧和哲学中的运气与伦理》，徐向东、陆萌译，译林出版社，2007，第 4 页。

② 〔美〕玛莎·纳斯鲍姆：《善的脆弱性：古希腊悲剧与哲学中的运气与伦理》（修订版），徐向东、陆萌译，译林出版社，2018，导读第 16 页。

③ 〔英〕伯纳德·威廉斯：《道德运气》，徐向东译，上海译文出版社，2007，第 32 页。

了探究，一种观点认为好的生活全凭运气，与个人品格、努力和付出等毫无关系；另一种观点认为好的生活不受外在运气的影响，一切尽在行动者的掌控之中。亚里士多德既反对第一种"运气至上论"观点，也反对第二种无视运气的存在与作用的看法。他认为运气与"好生活"是息息相关的，"幸福还需要外在的运气为其补充"[①]，好运和厄运都会给幸福带来影响，厄运有时甚至会威胁到幸福本身。在亚里士多德看来，那些一生都在睡觉的人因为没有合德性的实现活动不能被认为是幸福的，而遭遇不幸的人们因为生活受到了运气的干扰也不能算作幸福的。亚里士多德举了普利阿摩斯的例子，他试图说明幸福不是一朝一夕的事情，幸福"需要完全的善和一生的时间"[②]。当然，这并不是说一个人是否幸福要等到他死去时才能确定，既然幸福是合德性的实现活动，那么获得福祉的人也就是生活得好和做得好的人是不会在他的一生中做卑贱、龌龊和他所鄙视的事情的，"他总是或至少经常在做着和思考着合德性的事情"[③]，因此，幸福的人即使遭遇运气的影响，依然能够"最高尚地、以最适合的方式接受运气的变故"[④]。亚里士多德按照运气的大小和程度对运气进行了区分，并说明了不同运气对幸福的影响。在他看来，较小的好运和不幸对生活影响不大，重大的好运会让人享受更大的福祉，重大而频繁的厄运会给生活造成严重的灾难，甚至会把人从幸福中驱赶出去。亚里士多德并不认为好人要受运气的摆布，幸福是需要在德性的实现活动中努力获得的。因此，纵使人们遭受着厄运，"高尚［高贵］也闪烁着光辉"[⑤]。由此可见，一般情况下运气不会左右好人的德性和幸福，好人会以高尚的、智慧的方式应对运气带给生活的挑战，只有那种重大而频繁的灾难性事件才会带给好人毁灭性的痛苦和打击，而好人很难在短时间内从这种困境中恢复，更不用说获得幸福了。

---

①《尼各马可伦理学》，1099b4-5。

②《尼各马可伦理学》，1100a5。

③《尼各马可伦理学》，1179a3。

④《尼各马可伦理学》，1100b20-21。

⑤《尼各马可伦理学》，1100b29-30。

二　灾难性事件的影响

努斯鲍姆和伯纳德·威廉姆斯都认识到了古希腊文学作品特别是悲剧的重要性，悲剧向人们充分展现了人类是如何深受命运影响的，人类的责任、自负和需求等往往受到灾难性事件和厄运的影响，人类的幸福并不是坚不可摧的，其实，所有伟大的事物往往都有其脆弱的一面。然而奇怪的是，“古希腊的哲学，在它持续地追求理性的自足性中，却远离了古希腊文学传统中，最纯粹地表达出来的人类经验和人类的必然性”①。也就是说，哲学家在追求自足性的过程中忽视了悲剧所揭示的问题和悲剧所要表达主题的价值。另外，努斯鲍姆阐述了与威廉姆斯观点的不同之处，她认为古希腊悲剧和哲学之间存在着很大的连续性，一方面悲剧向人们展示了人类是如何在灾难性事件中追求理性的，另一方面作为哲学家的柏拉图又是怎样试图通过哲学解决悲剧中的矛盾与冲突的。努斯鲍姆运用大量篇幅讨论古希腊悲剧中的故事情节和伦理启示，通过对埃斯库罗斯的悲剧人物阿伽门农、厄忒俄克勒斯，索福克勒斯的悲剧人物安提戈涅，欧里庇德斯的悲剧人物赫卡柏实践冲突的再现，借助栩栩如生的悲剧情节把我们又一次带入了冲突的两难境地，让我们进一步反思在现实生活中存在的诸多可能性。

（一）阿伽门农

在《善的脆弱性》一书中，努斯鲍姆以古希腊悲剧《阿伽门农》为例，详细论述了阿伽门农在远征特洛伊的途中面临杀死自己亲生女儿和违背神意的两难抉择，以及他在做出选择时的挣扎、无奈、笃定和愤怒的心理变化过程。阿伽门农必须在敬神和家庭责任之间做出选择，如果他选择让远征军继续前行，就必须按照预言家所说，把他的大女儿伊芙琴尼亚献祭给女神阿耳

---

①〔美〕玛莎·纳斯鲍姆:《善的脆弱性：古希腊悲剧和哲学中的运气与伦理》，徐向东、陆萌译，译林出版社，2007，第23页。

忒弥斯，只有这样神明才不会阻止他们远征特洛伊，从而使风暴平息，舰队能够前行。如果他选择家庭责任、选择爱，那么他就没有办法带领希腊联军远征特洛伊，反击帕里斯并夺回海伦。阿伽门农要在爱与虔诚之间做出艰难的选择，如果选择虔诚，那么就要服从神旨把女儿献祭给神，如果选择对家人的爱，那么他就要承担违背神旨的后果。正如努斯鲍姆所说，人们往往和阿伽门农一样，在面对两难选择时都会经历痛苦和挣扎的心理过程，阿伽门农没有办法在灾难性事件发生时做出两全其美的选择，"但是在这一特殊处境中，尤其痛苦的是，没有哪一种选择是良性的"①。也就是说，阿伽门农明知道无论怎样选择都是错误的，却仍然要做出选择。

最后，阿伽门农做出了"好一点"的选择，就是选择牺牲女儿，因为他认为尽管哪一种选择都是罪恶，但是违背神意的后果就是不仅他的大女儿伊芙琴尼亚不能够活下来，所有的人也都是死路一条。"因此他忍心作他女儿的杀献者，为了援助那场为一个女人的缘故而进行报复的战争，为舰队而举行祭祀。"②在做出这样的决定后，阿伽门农似乎轻松了很多，他也与之前那个痛苦、纠结的自己判若两人，他不仅明确了自己应该如何选择，而且对这样的选择深信不疑，并认为这样的选择是再正确不过的了。阿伽门农在确定了自己的选择之后，他不再被冲突的双方困扰，在他看来冲突已经解决，未被选择的一方也已经无法再对他有任何的约束和限制。于是，阿伽门农让执事人像举起一只小羊一样把他的女儿举起按在祭坛上，并且不让她开口说话，防止她诅咒这个家。献祭之后希腊军在攻打特洛伊的第十个年头大获全胜，阿伽门农带着剩余的远征军回到了家乡，然而等待他的却是妻子因为大女儿祭献之事对他展开的无情杀戮，最终阿伽门农也为自己的选择付出了生命的代价。即便在

---

① 〔美〕玛莎·纳斯鲍姆：《善的脆弱性：古希腊悲剧和哲学中的运气与伦理》，徐向东、陆萌译，译林出版社，2007，第 44 页。

② 〔古希腊〕埃斯库罗斯：《埃斯库罗斯悲剧六种》，罗念生译，上海人民出版社，2015，第 251 页。

不期而遇的灾难性事件面前，阿伽门农无奈地选择了杀女献祭，他给女儿的生命带来无法弥补的后果，结果是迫不得已的行为也依然要受到严肃的惩罚。

（二）厄忒俄克勒斯

在埃斯库罗斯的另外一部悲剧《七将攻忒拜》中，厄忒俄克勒斯也面临着城邦义务和家庭责任的两难抉择。一方面，作为城邦的首领，他有义务带领勇士迎战攻城的敌人、保卫城邦的安全；另一方面，作为哥哥他有责任保护弟弟波吕尼刻斯的安全，使他免受伤害。然而，波吕尼刻斯作为家庭成员的同时，也是攻城的主帅，这就迫使厄忒俄克勒斯必须在两难之间做出抉择，或者不考虑血脉亲缘，迎战波吕尼刻斯，手足相残，又或者置城邦利益于不顾，放弃与弟弟对战。在经历了一番思想斗争之后，厄忒俄克勒斯毅然决然地选择了城邦义务，他是这样回答的：“既然我们的处境显而易见是由神来决定的，那么我们只有速战速决。”[①] 虽然他也清楚地知道无论哪一种选择都是有罪的，但是他在做出决断之后就迫不及待地付诸行动。他不仅决定以牺牲家庭责任来对城邦负责，他还为其行动找到了依据。在厄忒俄克勒斯看来，城邦的公民都是大地的后代，大地是他们的母亲，因此无论发生什么事情，甚或是任何冲突，他们都应该与城邦站在一边，他们要对城邦负责，城邦的利益高于一切。他不仅是这样想的，他也是这样做的。厄忒俄克勒斯提议由他亲自迎战弟弟，胜者为王，这样作战双方也不必再战斗，不必再付出流血牺牲的代价，然而，非常不幸的是，最后的结果是兄弟二人在战斗中双双身亡。

《七将攻忒拜》这部悲剧反映出生活中存在着灾难性事件，而且灾难性的事件往往让悲剧人物陷入两难的抉择。如果说灾难性事件对厄忒俄克勒斯来说是一种不期而遇，或者说是在他控制之外的一种“运气”，那么如何对灾难性事件引发的实践冲突做出抉择就显示出悲剧的伦理价值。这里需要注意的

---

① 〔美〕玛莎·纳斯鲍姆：《善的脆弱性：古希腊悲剧和哲学中的运气与伦理》，徐向东、陆萌译，译林出版社，2007，第 50 页。

一点是，努斯鲍姆认为埃斯库罗斯通过戏剧充分表现了厄忒俄克勒斯在面对实践冲突时是如何通过"拒绝方法"来避免冲突双方带给他痛苦的。如果仅仅作为忒拜国的国王，厄忒俄克勒斯把城邦义务置于首要地位是无可厚非的，但是他通过忽视、无视甚至践踏家庭成员的生命而成全城邦利益就成为一个值得反思的问题了。厄忒俄克勒斯通过拒绝家庭责任而只承认城邦责任就使问题简单化了，更重要的是，他不必再因为没有选择兄弟而痛苦不堪了。努斯鲍姆认为，埃斯库罗斯通过戏剧揭示了人们对城邦、城邦责任的错误理解，以及对家庭的忽视，旨在表达"不注重培养正确的家庭观念无异于是对很多家庭成员心中所潜伏的暴戾情感的鼓励"①。

（三）安提戈涅

古希腊另外一位伟大的悲剧诗人索福克勒斯创作的《安提戈涅》也引领后人思考灾难、运气、实践冲突、慎思和实践智慧等伦理问题。在《安提戈涅》这部戏剧中，对于是否应该安葬攻城的波吕尼刻斯成为事件的焦点。波吕尼刻斯和厄忒俄克勒斯兄弟二人在最后的对战中不幸双双身亡，在克瑞翁看来，虽然波吕尼刻斯是他的亲外甥，但是他作为忒拜国新国王，有权利让也应该让围攻忒拜的波吕尼刻斯暴尸城下，尸体不予安葬。对于死去的厄忒俄克勒斯，克瑞翁则要为他举行隆重的葬礼，因为克瑞翁认为，波吕尼刻斯是城邦的敌人，是引发城邦和国王厄忒俄克勒斯灾难性事件的罪魁祸首，而厄忒俄克勒斯是国家的国王，他为国家的利益战死沙场，他是国家的功臣，因此，克瑞翁颁布法令禁止任何人安葬波吕尼刻斯的尸体。然而，波吕尼刻斯和厄忒俄克勒斯的妹妹安提戈涅认为，她作为波吕尼刻斯的亲人，有责任为哥哥掩埋尸体、料理后事。之后，克瑞翁把违反禁令的安提戈涅关押了起来，即便他的儿子海蒙来为未婚妻安提戈涅求情，克瑞翁仍然坚持自己的处理方式。最后的结局是安提戈涅上吊自尽，海蒙也因为安提戈涅的死亡而痛

---

① 〔美〕玛莎·纳斯鲍姆:《善的脆弱性：古希腊悲剧和哲学中的运气与伦理》，徐向东、陆萌译，译林出版社，2007，第 52 页。

不欲生，随后自杀身亡，海蒙的妈妈，也就是克瑞翁的妻子在得知儿子的死讯后也用短剑自杀了，至此，克瑞翁才追悔莫及。

在《安提戈涅》这部戏剧中，我们既看到了克瑞翁和安提戈涅的立场，也看到了他们的行为，以及这些行为所导致的后果。在克瑞翁的世界里，只有简单、一元的正义原则，即任何事情都要以城邦的利益为准绳，他的价值观是建立在城邦利益基础之上的，因此他不仅会无视其他的美德和价值，而且这种单一的、简单化的价值观也消除了冲突的可能性。也就是说，与城邦利益相比，为亲人料理后事的义务根本就不在克瑞翁的视野之中。再看剧中的安提戈涅，虽然与克瑞翁比起来她的价值观有可取之处，但是正如努斯鲍姆所认为的那样，“安提戈涅也以一种极端的、近乎无情的方式，把世界的价值简单化了，结果也消除了相互冲突的义务和约束”①。安提戈涅对亲人的虔敬并不是完整的，她有一种任性和叛逆体现在行为之中，“她即兴发挥她的虔敬，自作主张地决定她应该尊敬谁”②，因此可以说，她对美德的理解也并不是完善的。努斯鲍姆强调和重视爱的力量，她认为克瑞翁和安提戈涅都缺乏真正意义上的爱，他们对爱的理解过于简单和片面。

（四）赫卡柏

努斯鲍姆以欧里庇德斯的悲剧《赫卡柏》作为《善的脆弱性》一书的收场白。通过描写赫卡柏——特洛伊之前的王后，在特洛伊被攻陷后沦为奴隶所遭遇的一切不幸，特别是经历了亡国、丧夫、丧子、丧失自由等之后，她还面临着女儿波吕克塞娜献祭给希腊军队，将其作为平息阿喀琉斯愤怒幽灵的牺牲品的悲惨境遇。在剧中，波吕克塞娜知道自己无法逃离死亡的命运，她选择了高贵、勇敢地赴死，她承认自己并不怕死，而是怕没有尊严的活着，

---

① 〔美〕玛莎·纳斯鲍姆：《善的脆弱性：古希腊悲剧和哲学中的运气与伦理》，徐向东、陆萌译，译林出版社，2007，第82~83页。

② 〔美〕玛莎·纳斯鲍姆：《善的脆弱性：古希腊悲剧和哲学中的运气与伦理》，徐向东、陆萌译，译林出版社，2007，第85页。

她主动露出颈项和胸脯，并在临死时保持端庄，她勇敢高贵的品格赢得了希腊军队的尊重。对于赫卡柏来说，这些灾难已经够让她心力交瘁了，然而更让她痛不欲生、气愤难平的是她最小的儿子波吕多罗斯也被她最信任的朋友波吕梅斯托害死。波吕梅斯托由于觊觎特洛伊的黄金，而选择把特洛伊国王托付给他的未成年孩子波吕多罗斯杀死，并砍去其四肢扔入大海，他把特洛伊国王让自己保管的黄金据为己有。在这种情况下，赫卡柏策划了一个复仇计划，她把波吕梅斯托和他的两个孩子骗到营地妇女住处，假意要把特洛伊宝藏的信息告诉他，然后趁其不备杀死了他的两个孩子，还弄瞎了他的双眼。

（五）古希腊悲剧中的运气与伦理

埃斯库罗斯对于悲剧性冲突的描写旨在表明，灾难性事件往往不是在人的控制范围之内发生的。阿伽门农和厄忒俄克勒斯面临的实践冲突以及他们经过慎思之后的抉择，都让我们重新审视发生在悲剧中、存在于现实生活中的复杂情境。悲剧不仅把我们再一次带入故事情节，更重要的是它向我们揭示了进入悲剧诗人视野的伦理问题。努斯鲍姆认为，埃斯库罗斯两个悲剧中的实践冲突都与人的“卓越”息息相关。无论是阿伽门农还是厄忒俄克勒斯，他们最终的选择不仅与歌队的价值观念不同，而且也违背了他们自己之前的承诺，他们的行为不仅导致了亲人的死亡，他们自己也因此付出了沉重的代价。努斯鲍姆几次提到《阿伽门农》中的一句“智慧由苦中来”，她试图表明如果我们把它理解为“（理性的）认知是通过痛苦的（经验）而得来的”①，那么显然是不够准确和深刻的。虽然“从原则上说，理性本身就可以达到对人类实践处境正确的和完整的认识”②，但这只是把悲剧体验看作手段，情感的响

① 〔美〕玛莎·纳斯鲍姆：《善的脆弱性：古希腊悲剧和哲学中的运气与伦理》，徐向东、陆萌译，译林出版社，2007，第58页。

② 〔美〕玛莎·纳斯鲍姆：《善的脆弱性：古希腊悲剧和哲学中的运气与伦理》，徐向东、陆萌译，译林出版社，2007，第58页。

应和对情境的感受本身也是认知不可或缺的一部分，“情感的响应和遭遇到的痛苦本身就是在实践上的认知和感受，就是行动者对其处境的正确理解的一部分”[①]，也就是说，仅用理性理解爱和悲剧是不够的，情感也具有很重要的分量，情感也具有不容忽视的认知作用，“受苦本身可以是一种认识，因为在这些事件中它是正确地感知人类生活的一种方式。而且总的来说，单单理性本身不足以真正地理解爱或者悲剧”[②]。这里涉及诗人和以柏拉图为代表的哲学家之间的分歧与争论。

在努斯鲍姆看来，悲剧带给我们至少两方面的启示：一是悲剧从来没有试图抹杀灾难性事件导致的实践冲突，而是正视运气特别是厄运对人类生活的冲击和影响，正视冲突本身和生活的复杂性；二是悲剧并不是要解决冲突，人类也无法找到解决的办法，“行动者可以达到的最好结局，就是直面他所要遭遇的痛苦折磨，这是他高贵品格的自然表现，而不是出于盲目的乐观而极力打压这些自然的回应”[③]。悲剧不仅向我们展示了伦理问题的多重维度，如德性、理性与情感、运气与实践冲突，还向我们展示了人类生活的多种可能性。索福克勒斯的戏剧《安提戈涅》与埃斯库罗斯的《阿伽门农》《七将攻忒拜》有所不同，《安提戈涅》在戏剧的结尾表明了索福克勒斯的立场，面对复杂的外部世界运用实践智慧应对是非常重要的，谨慎行事和好的慎思是处理生活中实践冲突必不可少的条件。固执己见、自以为是都无法解决矛盾冲突，特别是在面对灾难性事件时，学会低头和让步是更可行的选择，正如努斯鲍姆所说，“‘在刀口上的厄运’需要在有序与无序之间，在控制和让步之间做出最微妙的平衡”。[④]

---

①〔美〕玛莎·纳斯鲍姆：《善的脆弱性：古希腊悲剧和哲学中的运气与伦理》，徐向东、陆萌译，译林出版社，2007，第 58 页。

②〔美〕玛莎·纳斯鲍姆：《善的脆弱性：古希腊悲剧和哲学中的运气与伦理》，徐向东、陆萌译，译林出版社，2007，第 58 页。

③〔美〕玛莎·纳斯鲍姆：《善的脆弱性：古希腊悲剧和哲学中的运气与伦理》，徐向东、陆萌译，译林出版社，2007，第 64 页。

④〔美〕玛莎·纳斯鲍姆：《善的脆弱性：古希腊悲剧和哲学中的运气与伦理》，徐向东、陆萌译，译林出版社，2007，第 106 页。

在《赫卡柏》中，悲剧诗人欧里庇德斯集中讨论了灾难性事件给赫卡柏带来的一系列打击，以及她应对厄运的种种行为。在努斯鲍姆看来，赫卡柏原本是具有多种美德的人，如"慷慨、节制、公正，以及对其孩子的一种毫不动摇和充满爱心的关怀"①，即使是面对女儿波吕克塞娜惨烈的死亡，赫卡柏也没有动摇她的美德。然而，在得知她的儿子波吕多罗斯死后，她的品格却没有保持一贯的稳定性，赫卡柏堕落了，她的美德受到了腐化。赫卡柏对波吕梅斯托的信任，以及建立在他们之间的道德协定因为波吕多罗斯的被害身亡而终结，取而代之的是新的法则——复仇，复仇填补了赫卡柏内心新旧律法的空白。纵观《赫卡柏》这部悲剧，它以一种开放的形式让我们逐渐理解和领悟赫卡柏堕落的原因和必然性，不难看出，在运气面前，特别是在重大灾难面前，赫卡柏的好品格受到了严重影响，也就是说美德存在堕落的可能。当赫卡柏把她的美德作为追求个人安全和利益的工具时，如她想利用阿伽门农和女儿卡珊德拉的情人关系让阿伽门农帮忙为波吕多罗斯报仇，赫卡柏的美德已经缺少了高贵性。努斯鲍姆认为，被完全剥夺了共同体意识的美德，因其失去了永恒的高贵性而不能称为美德了。然而，努斯鲍姆并不是主张一种与危险和伤害相分离的生活，她更认可亚里士多德式的美德，因为死亡和伤害在危险中孕育着勇敢，不公正事件中包含着正义的可能。我们生活在一个充斥着危险、灾难和厄运的世界中，要像波吕多罗斯那样用爱和率真面对世界，而不是一味寻求安全和永恒。可以说，安全的生活本身就意味着贫乏，追求不确定和多样性是构成人类"好生活"的本质要素，规避危险和回避风险的生活不仅使绚丽的人生缺少色彩，还丧失了某些重要的人类价值。

三 理性与非理性的冲突

柏拉图通过分析灵魂中理性、激情和欲望的作用和关系，论证理性比激

① 〔美〕玛莎·纳斯鲍姆:《善的脆弱性：古希腊悲剧和哲学中的运气与伦理》，徐向东、陆萌译，译林出版社，2007，第569页。

情和欲望更具实在性，从而赋予理性以至高无上的地位，努斯鲍姆对柏拉图有关理性与非理性冲突的观点从内在价值角度上进行了质疑。

（一）柏拉图对灵魂的分类及其早期和中期主张

柏拉图在《理想国》中对人的灵魂进行了分类，他认为灵魂由理智、激情和欲望组成，他还把灵魂与城邦中的公民进行一一对应，生产者对应欲望，护卫者对应激情，统治者对应理智。在他看来，理智就像城邦的统治者，在灵魂中也具有统领作用，地位最高，作用也最大，是灵魂中的理性部分。激情是理智的同盟，它协助理性领导非理性的欲望，以免欲望因沉迷于肉体的享受，而失去灵魂的和谐安宁。据此可以看出，柏拉图在给灵魂的三个组成部分排序时引发了两个问题：一是理智的领导地位不容篡改也不容撼动；二是理智留给激情和欲望实现的空间极为有限。因此，当以理智为代表的理性和非理性的欲望发生冲突时，也就是说，在面临饥饿、口渴和爱等欲望骚动时，柏拉图必然倒向理性一边。在《理想国》开篇中苏格拉底和老人克法洛斯之间的对话就揭示出，如果把满足欲望的生活视为有价值的，那么人到老年就会因为无法再像年轻时那样吃喝玩乐而痛苦不堪，与这样的生活相比，柏拉图更推崇哲学家的沉思生活。

柏拉图是这样展开论证的，他认为有三种快乐与灵魂的三个部分相对应。灵魂中的欲望部分是与饮食和爱的欲望相关的，金钱被视为满足欲望的主要手段，因此他把欲望称为灵魂的“爱钱”或“爱利”部分；激情是人用来发怒的部分，它以追求名誉和胜利为目标，因此激情被称为“爱胜”部分；理智是人用来学习、思考和推理的部分，因此理智被称为“爱智”部分。依据灵魂所受统治部分的不同，柏拉图把人也划分为三种类型：爱利者、爱胜者和哲学家。那么，在这三类人中，哪种人的生活是最快乐的呢？柏拉图认为，一方面，哲学家有爱利者和爱胜者在获利和受尊敬方面的经验，而爱利者和爱胜者却无法体验“看到事物实在”的快乐，于是哲学家既有知识又有经验；另一方面，在评判事物好坏时要以经验、知识和推理作为标准，而哲学家掌握着推理这种工具，爱智者或者说哲学家赞许和认可的事物是最真实的，因此哲学家的生活是最快乐的生活。柏拉图进一步论证说，身体的饥渴和无知都是一种缺乏，它们是身体和心灵上的空缺，需要用食物、饮料和知识进行补充而达到充实。然而，永恒、纯粹、不变不灭的知识与变化、可灭的食物比起来具有更大的实在性，因此与之相关的灵魂也要比身体更加实在和真实。如果我们需要通过充实才能感到快乐的话，那么用来充实的东西和被充实的东西越实在，我们的快乐也就越真实。换言之，如果接近肉体层面、感性层面的需求和欲望的满足越不实在，其快乐也就越不真实；相反，如果接近精神层面、理智层面的充实越实在，快乐也就越真实。因此，那些寻求肉体快乐和欲望满足的人，他们只是在很低的层次和境界追寻快乐的影子而并非纯粹快乐，“须知，他们想用这些不实在的东西满足心灵的那个不实在的无法满足的部分是完全徒劳的”①。由此，柏拉图更加推崇由理智作为心灵引导的快乐，他认为心灵遵循理智的引导能够保证各部分的善与心灵的整体和谐。

然而，对于普通人来说，如《高尔吉亚篇》中的卡利克勒所认为的那样，人不应该限制欲望的生长，要凭借勇敢和理智最大限度地满足欲望，这才是人应该选择的生活，只有胆怯和无能的人才会因为无法满足欲望而赞扬节制和正义。在卡利克勒看来，有欲望然后满足欲望的生活才是幸福的，那种无欲无求的生活与石头的生活并无两样。可是，苏格拉底认为欲望就像一个有裂缝的水罐，即便人们努力地向水罐里装水却永远也无法将它装满。苏格拉底用带缝的水罐这个比喻表明欲望无止境，欲望的沟壑难以填平。除此以外，苏格拉底还反驳卡利克勒“有欲望然后满足欲望的生活才是幸福的”这一观点，他以搔痒和同性恋被动者（男妓）的性快感为例，说明有些欲望和需求在特定的语境下具有意义和价值，但是它们并不能作为“好生活”的构成要素，因此不能说满足了欲望就是幸福的。其实，柏拉图已经暗示，当理性与

---

①《理想国》，586B1-2。

非理性的欲望发生冲突时，由于欲望所关注的和欲之满足的东西缺少实在性，欲望满足能够带来的快乐也是虚假的，因此欲望应该听从理性的领导和指引，抛弃物欲层面的追求。换言之，柏拉图逐步剥夺了满足欲望事物的价值和情感的价值，他认为这些事物不仅是处于变化之中的，更是不稳定的和非永恒的，因此他试图否认欲望和激情的合法性，从而为理智的统治地位留下足够的空间。

（二）努斯鲍姆对柏拉图内在价值的质疑

努斯鲍姆认为柏拉图并没有很好地回答一个至关重要的问题，"所有因只满足了需要才具有价值的活动，是否仅仅因为这一原因就彻底丧失了内在价值？"① 努斯鲍姆用进餐和性活动作为批评柏拉图低估欲望价值的例证，她认为饮食男女是人们所欲求的，人们大多不会选择食用营养药片而放弃用餐，这或许与用餐本身带给人的视觉、味觉、嗅觉感受有关，又或者与人际交流的需要有关。性活动也是一个很好的例子，虽然性活动是满足人欲望的一个方面，但是真实的性活动与其他复杂的目的有关，无论是出于情感的交流、魅力的展现还是真挚爱情的升华等，我们都无法说性活动本身没有价值。此外，人们更加赞赏把进餐和性活动等欲望活动当作目的而非手段，从而体现出这些活动的内在价值。与那种为了填饱肚子而吃饭的活动相比，人们更欣赏和认同能够品尝出和鉴赏出美食、美酒中独特滋味的品鉴活动。同样，没有任何人甘愿成为性伴侣满足性需求的工具，他们更希望自己是爱人心目中独特的、完美的、无法取代的爱情对象而进行性活动。通过上述论证，努斯鲍姆试图表明满足需要不能仅因为满足欲望的事物不够稳定和非永恒而否定其内在价值。当满足需要或欲望的活动作为目的时，这些活动的内在价值是与人相关、不可剥夺和不可替代的，其存在的合法性也是不容置疑的。

---

① 〔美〕玛莎·纳斯鲍姆：《善的脆弱性：古希腊悲剧和哲学中的运气与伦理》，徐向东、陆萌译，译林出版社，2007，第 194 页。

四 价值观念的冲突

价值观念的冲突并不只是存在于古希腊悲剧之中，在现实生活中价值冲突也是真实存在的。柏拉图早期和中期对话都是通过批判欲望和激情来应对价值冲突的，可是在《斐德罗篇》中，柏拉图的思想出现了重大转变，努斯鲍姆对此进行了深入解读。

（一）价值冲突的现实存在

努斯鲍姆对古希腊悲剧的关注与她所要探讨的主题息息相关，她在《善的脆弱性》一书中用两章的篇幅透过古希腊悲剧视角阐释了实践冲突及其相关问题。阿伽门农、厄忒俄克勒斯、安提戈涅甚至包括克瑞翁在内，他们都面临着在相互冲突的价值之间做出选择的困境。古希腊悲剧中向人们展现的是比较极端的实践冲突，而我们在现实生活中不大可能会遇到在弑女和不敬神之间、在与兄弟对阵和牺牲城邦利益之间、在弃哥哥尸体于不顾和违反法令之间的两难，但我们往往需要在集体利益和个人利益之间、家庭责任和社会角色之间、学业和事业之间等相冲突的实践问题中做出选择。如果一位女性既是家庭中的妈妈，她需要有足够的时间和精力照顾刚出生不久的孩子，同时她作为一名职业女性，还需要在规定时间内上班，并保质保量完成她的工作内容，那么她必然面临着要在家庭责任和社会角色之间进行选择。要么她选择在家照顾孩子，不遵循工作单位的规章制度在休完产假后按时上班，那么她将面临失去工作的危险；要么她选择按时回到工作岗位工作，那么她的孩子就缺少了她在工作时间内的照顾和哺育。在这样的情况下，她必然对冲突的价值进行评估和判断，慎思后对现实存在的冲突做出比较合理的、合适的选择。

（二）柏拉图早期和中期对话中应对价值冲突的方式

柏拉图除了极力论证欲望不值得欲求之外，他还对激情做出了批评，他应对价值冲突的方式建立在批判欲望和激情的基础之上。《会饮篇》中探讨的一个主题就是爱，最初在场的几位发言者对爱用尽了赞美之词，其中令人印象最深、赞美方式最特别的是阿里斯托芬的发言。阿里斯托芬讲述了人类爱情神话故事：人原初具有完满的状态，即身体呈现球状，拥有四条胳膊和四条腿，一个头上有两张朝向相反方向的面孔，有一对生殖器，既能直立行走，也能滚动。后来宙斯为了惩罚人类的自以为是，便把人从中间切割开来，之后命令阿波罗把人缝合好，并把头转向切口那边。由于人总是无法忘记完整的自己，所以人竭尽全力寻找自己的另一半，想要合二为一变回原初的自己，“企盼和追随这种原初的完整性”①就被称为爱情。阿里斯托芬认为，爱情对于人的今生和来世来说都很重要，通过寻找另一半“来医治我们被分割的本性”②从而实现爱情，获得幸福。

苏格拉底在《会饮篇》中的发言颠覆了大家对爱神的认知，他不仅与其他人赞美爱神的行为背道而驰，他还通过以下推论论证出爱神是不美丽的：爱一定是有对象的，努斯鲍姆假定Y爱X，X是Y爱的对象，如果Y爱X，那么Y对X一定是有欲求的，Y如果欲求X，那么就说明Y缺乏X，因为只有Y缺乏X，Y才会欲求X，而如果Y自身拥有X，Y则不会再欲求自己满足的东西。在拥有X之前，Y爱X，一旦拥有X，那么Y由于不再缺乏X而不再爱X。如果Y爱X，那么X是美丽的。若Y爱X，那么Y一定是因为缺乏美丽才爱X的，因此Y由于缺乏美就可以断定Y是不美丽的。苏格拉底借狄奥提玛进一步讲述对爱的真知灼见，爱不拥有善和美，爱是介于神和人之间的精灵，因为爱是贫乏神和资源神的儿子，所以他与贫乏状态相关，他既无法摆脱贫乏又不会彻底贫乏，“爱也处于无知和智慧的中间状态”③，“爱企盼着善永远成为他自己的善”④。爱通过生育实现人的不朽，生命的延续使可朽

① 《会饮篇》，193A2-3。

② 《会饮篇》，193C3-4。

③ 《会饮篇》，204A1。

④ 《会饮篇》，206A11。

的人具有了不朽的性质。无论是人还是其他动物，都会为了保全后代而奋不顾身，因为人无法像神那样永恒存在着，人只有通过生育、通过后代延续个体的生命，从而填补生命终结留下的空缺和遗憾，所以追求不朽一直是人类的一种诉求。

狄奥提玛认为人类期盼不朽就像期盼善一样，对名声和荣誉的追求和热爱就是想要"流芳百世"，其实也是期盼不朽和永恒。认识美是从个别的、特殊的美开始的，但是只有逐渐提升对美本身的认识，才会收获值得过的生活，那是一种灵魂观照美本身的生活，美本身因其完善、自足、不生不灭和永恒的性质而值得欲求。人也因此不会在纷繁复杂的美之间迷惑和彷徨，不会因为对一个美的个体情有独钟而痛苦、失意，不会因为黄金、衣服、俊男所带来的美的诱惑而无法自拔，因为让人深陷其中的只是美的具体形式而非美本身，它们仅仅是美的相似物。所以人要着眼于神圣的、完满的美本身，只有在对美本身的沉思中才能获得自足。

（三）柏拉图在《斐德罗篇》中的重大转变

柏拉图在《理想国》《斐多篇》《会饮篇》中都表达出对欲望和激情的不屑，他认为它们都无法与能够成为人类行为向导的理智相提并论。在《会饮篇》中，阿尔西比亚德斯的演讲充分流露出他对苏格拉底那份真挚的爱，这种爱是一种无所畏惧、情有独钟、毫不掩饰、几近痴狂的激情，他的生活因为有苏格拉底的存在而有所不同。苏格拉底让他心潮澎湃、废寝忘食、羞愧难堪却又无法忘怀。阿尔西比亚德斯既想见苏格拉底又因为自己的逢迎世俗而羞于见他，既想不失时机地接近他表达爱意，又有些无所适从。"有好几次我甚至乐意听到他已经死了，然而我知道，他若真的不在人世，我会感到更大的痛苦。"[①] 由此可见，阿尔西比亚德斯对苏格拉底的爱完全是一种癫狂。与他的癫狂相比，苏格拉底在爱面前却是那样的从容、淡定、不为所动，他由

① 《会饮篇》，216C1-2。

于看透了美的本质而肯定那种“理智的灵魂上升为真正的见识和稳定的沉思”①生活，享受沉思生活的稳定与自足。据此，柏拉图更加赞赏和偏爱理性，并把智慧视为真正的善，而“建立在相对的情感价值之上的道德体系只是一种错觉，是一种粗俗的观念，找不到任何健全的、真实的内容”②。

努斯鲍姆认为，在《斐德罗篇》苏格拉底的第二个讲演中，柏拉图论调大变，他不仅不像之前那样否定激情，甚至还把迷狂看作比神志清醒更有价值的东西。苏格拉底用女祭司和女预言家的实例表明迷狂给人类带来了福泽，他认为这是上苍给予人的恩赐，是人在清醒状态下无法获得的。至此，柏拉图完全改变了论调，他不再像以前那样只注重理智的支配作用，似乎激情与欲望只是灵魂中的陪衬，他也不再推崇理性、清醒、冷静和自足的沉思生活，他不再惧怕冲突所带来的干扰和情人的癫狂，在他看来癫狂并不是一种恶，“迷狂是诸神的馈赠，是上苍给人的最高恩赐”③，这也是我们理解爱和善的重要来源。柏拉图对灵魂的三个部分做了形象的比喻，他把理智比作驭手、激情比作良马、欲望比作劣马，理智、欲望和激情三者是一个有机整体。虽然灵魂仍然需要驭手来把握方向并进行驾驭，但是没有这两匹马的合作与参与灵魂根本无法前行。可以说，在追求爱和理解爱的过程中，欲望和激情都发挥了重要的作用。虽然最初那匹劣马在看到爱情对象时无法控制自己，但是它对美和爱的敏锐和执着却在接近爱人和获得爱的道路上功不可没。“我们是通过追求和注意我们对美的东西那种复杂的欲望/情感回应，来一步步地达到对善的理解的；理智本身不可能达到这一目标。”④

因此，柏拉图在《斐德罗篇》及其之后的对话中所要表达的是对以前观点的修正和批评，他从攻击爱情变为了捍卫爱情，他重新论述了欲望和情感

① 〔美〕玛莎·纳斯鲍姆：《善的脆弱性：古希腊悲剧和哲学中的运气与伦理》，徐向东、陆萌译，译林出版社，2007，第271页。

② 《斐多篇》，69B3-5。

③ 《斐德罗篇》，245C2。

④ 〔美〕玛莎·纳斯鲍姆：《善的脆弱性：古希腊悲剧和哲学中的运气与伦理》，徐向东、陆萌译，译林出版社，2007，第291页。

的地位和作用。努斯鲍姆探究了柏拉图产生这一重大转变的原因及其带来的影响。她认为柏拉图用“斐德罗”暗指狄翁，因为他们两人的名字都有“灿烂”或“闪光”的含义。从年龄上看，柏拉图和狄翁的实际年龄也比苏格拉底和斐德罗的年龄更加符合爱者与被爱者在年龄差别上的传统期望。在现实中苏格拉底和斐德罗并没有走到过一起，柏拉图和狄翁之间却有共同治理叙拉古的志向和过密的交往。于是，柏拉图“那个关于爱欲的讲演，他对从前诽谤爱欲的悔过，都是通过斐德罗——即通过狄翁及其影响——表现出来的”①。柏拉图在写给狄翁的挽歌最后一行这样写道：“狄翁啊，你用爱让我的情感充满了癫狂。”② 由此可见，柏拉图对狄翁的激情挚爱使他重新认识了现实生活中情感的复杂性。在面对去世的狄翁时，柏拉图并没有像《理想国》中所说的那样，面对亲人朋友的离世能够不悲伤、不难过，他远没有达到他所谓的自足和完满。然而，爱人之间的相互吸引、真心相待，以及彼此之间的仰慕和敬畏构成了他们之间的爱，这种爱因其个人的品格、个性和渴望而独具特色，并且具有内在价值。看来，最好的人类生活应该包括“对另一个个体始终不渝的爱和奉献”③，它不仅仅涉及彼此分享的理智活动，还包括非理性的欲望和情感。

（四）努斯鲍姆的解读

努斯鲍姆通过深入研究柏拉图思想中有关理智、欲望和激情的变化，探索了柏拉图思想转变的原因，呈现了导致柏拉图前后思想不一致的可能性。努斯鲍姆从阿里斯托芬讲述的这个神话故事中得到了以下两点启发。一是人作为被切割后的被造物，他的另一半一定是具有独特性和不可替代性的。因

① 〔美〕玛莎·纳斯鲍姆：《善的脆弱性：古希腊悲剧和哲学中的运气与伦理》，徐向东、陆萌译，译林出版社，2007，第 311 页。

② 〔美〕玛莎·纳斯鲍姆：《善的脆弱性：古希腊悲剧和哲学中的运气与伦理》，徐向东、陆萌译，译林出版社，2007，第 312 页。

③ 〔美〕玛莎·纳斯鲍姆：《善的脆弱性：古希腊悲剧和哲学中的运气与伦理》，徐向东、陆萌译，译林出版社，2007，第 297 页。

为每一个人的另一半，也就是他爱的对象具有唯一性，否则他们就无法构成原初完整的人，因此另一半也就无法被他人替代。二是寻找爱的对象并通过交合达到永不分离的目的。虽然这种渴望和行动是以寻求缺失的完整性为动机的，但是人却“总是要受这种循环往复的需求的折磨”①，而性的满足却仅仅能带来短暂的欲望安宁。努斯鲍姆注意到，肉体欲望的满足以及短暂的解脱都无法满足真正人类的欲望，其实性爱有更深层次的需求，那就是对于灵魂的需求。因此，人不仅面临着与另一半的痛苦分离，无法达到永久结合的完美状态，还面临着孤独个体灵与肉的分离。肉体与灵魂的分离使人一方面试图通过身体不断地寻求和感受欲望的满足，另一方面又想达到自足。于是，柏拉图对话中的苏格拉底就试图以另外一种方式应对欲望和激情。

努斯鲍姆认为，“Y 是不美丽的”论证是存在问题的，Y 爱 X 只能说明 X 是美丽的，而 Y 缺乏的是 X 的那种美丽，依此并不能推出 Y 是不美丽的。论证的问题所在就是苏格拉底把美丽假定为同质的，所以他认为只要缺乏美丽就一定是不美丽的，在他看来美丽只有一种。柏拉图的这种做法是无视美的个体存在，他试图取消个体美的合法性，让美与美之间只具有数量上的差别，而并不存在质的不同，使一种美与另一种美不仅可以相互比较，更重要的是可以相互替代。正如《安提戈涅》中克瑞翁对儿子海蒙的劝说，在克瑞翁看来安提戈涅只是一块“耕种的地”而已，是传宗接代的工具，她不是不可替代的。然而，海蒙爱的是安提戈涅这个有血有肉的人，爱的是她这个独特的、唯一的个体，所以即便为了安提戈涅而死海蒙也心甘情愿，因此可以说，他爱的对象具有不可替代性。努斯鲍姆进一步阐释说，柏拉图把美假定为同质的，那么美的异质性带来的冲突和脆弱就都可以避免。情人是否接受爱情根本无关紧要，因为可以再找其他的情人收获爱情，对这个亲属的感情与对其他亲属的感情并无两样，对城邦的爱也完全没有必要拿自己的生命去证明等等。如果都能按照柏拉图这种思维方式来看待身边的一切，人似乎会变得平

---

① 〔美〕玛莎·纳斯鲍姆：《善的脆弱性：古希腊悲剧和哲学中的运气与伦理》，徐向东、陆萌译，译林出版社，2007，第 233 页。

静和安稳许多，没有任何激烈的冲突能够扰乱安宁的生活。其实，柏拉图就是试图通过否定美的异质性从而达到用理智控制激情的目的，因为价值冲突与人类的脆弱性都与美和善的异质性相关。

然而，阿尔西比亚德斯的出场打破了原有的平静，他不仅破坏了宴会赞美爱神的和谐氛围，他的发言还从另外一个角度表达了个体对爱的追逐和理解，这是一种脱离哲学普遍性的特殊追问。虽然他也在谈论爱的主题，但是总觉得他是宴会上一个不和谐的音符。可是随着阿尔西比亚德斯演讲的深入，他对苏格拉底那种具体而激情澎湃的爱却给人留下了深刻的印象，我们可以真切地感受到他对苏格拉底感情的变化和情感的真挚。阿尔西比亚德斯从一个骄傲的被追求者变为爱的追求者，他深深地被苏格拉底所吸引，甚至特意设局想让苏格拉底成为他真正意义上的情人。当然他的计划没有得逞，但他的那种羞耻、痛苦、无奈、敬仰之情让我们感同身受。可以说，他从个人视角对爱的理解和阐释为我们提供了某些关于爱的认识，正如努斯鲍姆所说，"有一些关于爱的真理只可能从具体的个人感情经验中领悟到"[①]。至此，我们知道还存在一种与抽象理解爱不同的方式，这是一种具体的、与人类经验相关的、依靠特殊性把握的方式。虽然在抑制激情、欲望方面它是失败的，但是与坐怀不乱的苏格拉底相比，甚至和阿里斯托芬讲述的神话故事中的人相比，阿尔西比亚德斯在情感体验上的真情实感让我们感受到他是一个有血有肉、有喜怒哀乐的现实存在的人。试问如果人被剥离了激情与欲望只剩下纯粹理智，那么虽然在应对价值冲突时能够不急不躁、应对自如，似乎一切尽在掌握之中，但是满足于沉思生活的冰冷个体是否还是真正意义上的人呢？生活中的艰难险阻的确让人应接不暇，现实生活中对美和善的追求有时也会让人感到疲惫不堪，然而在面临价值冲突和对实践冲突做出选择的过程中不仅展现了生活的多姿多彩，还体现了人类的实践智慧和人类实践的意义，让我们更加充分地体悟到获得与失去及其相关情感的价值。

---

① 〔美〕玛莎·纳斯鲍姆:《善的脆弱性：古希腊悲剧和哲学中的运气与伦理》，徐向东、陆萌译，译林出版社，2007，第249页。

第三节 脆弱性

努斯鲍姆通过论证伦理学是非科学的，批判了柏拉图推崇理性、普遍性的企图。努斯鲍姆对亚里士多德的悲剧思想进行了继承和发展，以运气和悲剧为着眼点，探讨人类生活的有限性、脆弱性，思考脆弱性与“好生活”的关系。

一 对理性规划和慎思的批判

柏拉图被可测量的技艺所深深吸引，他试图寻找一种适用于伦理生活的可测量技艺，也就是所谓的“伦理科学”，从而达到拯救人类生活脆弱性的目的。努斯鲍姆通过阐释实践特点，论证了伦理学是非科学的。

（一）拯救人类生活的尝试

在古希腊神话中，最初只有诸神存在而没有其他生物，后来包括人类在内的世间生物，被神用土和水创造出来。但由于厄庇墨透斯疏忽大意，他把所有可用的力量和装备都分配给了世间的其他生物，却唯独忘记给人类留出任何力量和装备。普罗米修斯为了挽救人类，把火偷盗来送给人类，并传授给人多方面的技艺，包括建房、识别星象、造船、驯化野兽、占卜、配药等。人类作为一种比较孱弱的被造物生活在世上，虽然有了火和一些技艺，也有能力获得生活资料，但是由于缺乏政治技艺，他们依然面临毁灭的危险。于是，宙斯派赫耳墨斯把尊敬和正义分给世间的所有人类。

以上故事就是柏拉图在《普罗泰戈拉篇》中讲述的传说故事，从这个故事中不难看出，一方面人类最初是依靠所谓的工具性技艺获取自然资源并繁衍生息的，试想如果工具性技艺被剥夺，那么人类的生活会是何等困苦和艰辛。按照古希腊神话中的逻辑来理解，如果没有普罗米修斯送来的火和技艺，没有普罗米修斯的拯救，人类的生活将难以想象，人类也必然走向毁灭。因此，是否拥有这些技艺直接关系着人类生存本身，也可以说，是技艺造就了人类的生活方式，成就了人类生活。人类在与自然的对抗和共生中，技艺起了不可估量的作用，技艺成为拯救人类生活和人类自身的制胜法宝，成为拯救人类生活的成功尝试。另一方面，人除了与自然相联系之外，人与人之间也互相联系着，随着社会的进步和人类的发展，人与人之间的联系与交往变得更为密切和频繁。如果没有政治技艺，人们之间的矛盾冲突无法解决、利益分配问题无从下手，人与人之间由于缺少社会事务和政治事务的评判标准，人类仍然有面临毁灭的可能性。政治技艺，或者说社会艺术或政治艺术是城邦秩序井然的保障。综上所述，无论是工具性技艺还是政治技艺都为人类生活带来极大的益处，不仅如此，“与我们天生的能力相比，技艺赋予我们在操作和控制外物上极大的精确性”①。柏拉图尤其被这种能够测量、计数和称量的技艺所吸引，他在《理想国》和《游叙弗伦篇》中都表达过他对数学和计算的钟爱。因为柏拉图注意到了悲剧中运气对人类生活的影响，他试图寻求一种能够让人类生活不那么脆弱的技艺，特别是在政治生活和伦理领域。在《普罗泰戈拉篇》中，苏格拉底认为测量的技艺可以使我们远离表象的困扰，度量的知识能够揭示真理，让我们获得安宁的灵魂，从而达到拯救生活的目的。

努斯鲍姆承认可测量科学的好处体现在以下两方面：一是异质的事物通过测量可以视为仅仅是量上的差别，从而能够进行相互比较，也就是说它取消了事物之间的差别；二是可通约性让价值具有单一性，消除了价值冲突，使选择简单化。努斯鲍姆认为，《普罗泰戈拉篇》的主题是关于善的慎思的技艺，“慎思是或者可以成为一种测量方式……这就相当于我们说权衡两种选

---

① 〔美〕玛莎·纳斯鲍姆:《善的脆弱性：古希腊悲剧和哲学中的运气与伦理》，徐向东、陆萌译，译林出版社，2007，第 139 页。

择，估量其可能性”[①]。对话中普罗泰戈拉认为价值是多元的，是异质的，是不可通约的，那么这种具有独特性的、极具吸引力的、无法替代的善必然使他面临意志软弱和善的脆弱性问题。而苏格拉底通过测量的技艺排除异质性和价值多样性，不给非理性（激情）留下任何发展空间，杜绝意志软弱的发生，不给运气丝毫可乘之机，让生活处在可控、安全的范围内，实现拯救人类生活的目的。因此，可以说柏拉图试图寻找一种适用于伦理生活的可测量技艺，可称它为“伦理科学”。

（二）伦理学是非科学性的

努斯鲍姆重提了亚里士多德的一个主张，即“实践慎思必定是以人类为中心的，其本身关系到人类的善，而不是关系到一般而论的善”[②]。随后，她按照普遍规则、特殊知觉、情感回应的进路对慎思进行了系统考察。努斯鲍姆认为，亚里士多德所说的“善”是异质的，是针对不同物种来说的不同的“善”。而亚里士多德曾明确表示在他的伦理学著作中，他所研究的善就是人类的“善”，是以人类为中心的善，是对于人类来说的“好生活”，这种“好生活”是一种从可能意义上来说的“好生活”，是经过慎思之后选择的一种适合我们的“好生活”，这种“好生活”能够确保我们过一种属于人类的生活。

努斯鲍姆认为，在亚里士多德生活的时代，“可通约性”几乎成为一门学科能够跻身“真正的科学”的标志，然而亚里士多德拒斥伦理学的“可通约性”。亚里士多德以快乐为例，阐明快乐是有不同类型的，它具有多样性，并且是不可通约的。努斯鲍姆指出，快乐不仅缺乏单一性还缺乏包容性，而这两点恰恰都是科学必备的要素。柏拉图式的科学概念一直推崇原则和规则，

---

① 〔美〕玛莎·纳斯鲍姆:《善的脆弱性：古希腊悲剧和哲学中的运气与伦理》，徐向东、陆萌译，译林出版社，2007，第 141 页。

② 〔美〕玛莎·纳斯鲍姆:《善的脆弱性：古希腊悲剧和哲学中的运气与伦理》，徐向东、陆萌译，译林出版社，2007，第 399 页。

但是规则如果正确，它就必须能够高度概括和包容具体事物的不同特点。然而现实是，实践问题面对的是具体的、复杂的、特殊的伦理情况，缺乏灵活性和具体性的原则或规则，根本无法把握实践问题的细节，普遍规则无法适用于具体问题，更无法给出准确的分析和判断。在这种情况下，特殊"知觉"就有了用武之地，因为它能够回应特殊事物的细节。虽然普遍规则或原则具有局限性，但它也并非一无是处，努斯鲍姆认为好的规则要比那些鲁莽的决定强得多。在实践过程中，实践智慧可以发挥规则的总结作用和指南作用，它不仅能够把握普遍性，还能够认识特殊性，这种实践智慧所要求的灵活性和睿智性需要经过经验的积累。这种洞察力和实践智慧能力的养成不是一蹴而就的，完全不同于科学知识的获得，更像所谓的感性知觉。在亚里士多德看来，伦理学和实践智慧都是非科学的，"实践智慧不是科学理解，也就是说，不是关系到共相的一种演绎式科学理解"①。

努斯鲍姆认为，柏拉图崇尚普遍性和可通约性，其实质就是要我们的生活远离诸如运气这样不可控因素的危险，避免我们对具有不可通约性的特殊事物产生爱、恨、悲伤等这样强烈的情感，降低情感带给我们的破坏力。相反，亚里士多德为情感留有余地，他把情感的回应性视为好慎思的重要组成部分。在努斯鲍姆看来，欲望和激情在儿童期和成人期对于人的美德来说都具有动机作用，它们激发儿童对美德产生兴趣，并逐渐接触和了解美德，进而在成人期践行美德。激情和欲望并不是毫无价值的非理性存在，它们是具有选择性的，人是在理智和激情的共同作用下实施选择的。另外，欲望也具有告知作用和认知作用。

努斯鲍姆指出伦理学的非科学性特征与实践问题自身的特点息息相关，实践问题具有易变性、不确定性和不可重复性，这也是亚里士多德曾经暗示过实践问题缺乏精确性的三个原因。第一，实践领域中所涉及的问题往往具有易变性，普遍性原则或规则通常情况下只是对以往所观察到和认识

① 〔美〕玛莎·纳斯鲍姆:《善的脆弱性：古希腊悲剧和哲学中的运气与伦理》，徐向东、陆萌译，译林出版社，2007，第410页。

到的事物进行归纳和总结，然而生活世界呈现给行为者的却是千变万化的实践问题，现实中的实践问题并不会按照既定原则和规则发生，它们往往会出人意料，它们是普遍性难以捉摸和把握的特殊问题和具体问题。因此，具有实践智慧的人需要具有丰富的想象力和过人的应变能力，这样才能处理好实践问题。第二，实践问题具有不确定性。实践问题发生时，一般要具体问题具体分析，需要根据特定的时间、地点和人物等因素进行具体而全面的分析。即便是此类实践问题曾经发生过，行为者也不能仅仅依赖经验和常规进行处理，因为情况的复杂性和多样性并不是普遍规则的一般性描述就能够恰当把握的。第三，实践问题具有不可重复性。正如前文所说，通常情况下，实践问题处于一个特殊的发生时间、发生地点和不同人物的伦理情境中，情况的复杂性和多样性涉及一系列的无限组合，即使组合情况可以重复和再现，复杂的整体状况却很难重复和复制。由此可见，实践问题不仅不可通约、缺乏包容性，它还需要依赖特殊知觉和情感，它是一种关注特殊性的伦理学研究内容，伦理学研究不具备自然科学所要求的那种精确性，因此伦理学必然与科学性分道扬镳，伦理学是非科学性的。

二　悲剧与脆弱性的关系

如果说努斯鲍姆伦理思想的阐发从未脱离过古希腊悲剧的影响，那么是什么原因使她把研究目光集中在悲剧中的运气、怜悯与恐惧、情感、脆弱性等问题上呢？悲剧是否具有认识功能，是否应该按照柏拉图及其支持者对诗人所持的拒斥和否定的态度来看待悲剧呢？以上这些问题都要求我们必须回到亚里士多德。亚里士多德作为与古希腊悲剧诗人同时代的人，他又是怎样理解悲剧和悲剧功能的呢？明确这些问题将有助于我们深刻理解和把握努斯鲍姆的“好生活”伦理思想。

（一）亚里士多德对悲剧的阐发

第一，亚里士多德认为，"悲剧是对于一个严肃、完整、有一定长度的行动的摹仿；它的媒介是语言，具有各种悦耳之音，分别在剧的各部分使用；摹仿方式是借人物的动作来表达，而不是采用叙述法；借引起怜悯与恐惧来使这种情感得到陶冶"①。亚里士多德不仅认为悲剧应该是内容完整、长度适宜的行动模仿，其性质还应该是严肃的，悲剧能够引发人们产生怜悯和恐惧的情感，从而起到陶冶人情感的作用。

第二，亚里士多德认为悲剧中的模仿并不是要模仿人或者人的品质，而是模仿人的行动。人物的性格和品质是通过行动显现出来的，没有行动这个载体也就无法认识悲剧人物的性格和品质，他们的幸福与不幸也取决于行动。因此，亚氏把行动看成悲剧异常重要的因素，"悲剧中没有行动，则不成为悲剧……"②。

第三，亚里士多德认为最完美的悲剧结构应该是复杂的，而不是简单的，情节复杂的悲剧也最容易引起恐惧与怜悯的情感，而且如果能在情节设计时包含存在因果关系的意外事件就是更好的选择。亚里士多德认为悲剧的最佳布局是具有那种"单一的结局"，也就是介于"好人"（指完美无缺的人）和一般人之间的人物，经历的悲剧情节是从顺境转为逆境。因为"双重的结局"一般是指善有善报、恶有恶报，然而善报的结局应归属喜剧，而恶人的恶报是恶人应得的结果，我们一般人与恶人也没有什么共同之处，我们也不会遭受恶人遭受的那种厄运，所以这两种情况都无法引发我们的恐惧和怜悯。

第四，亚里士多德认为悲剧与史诗相比，悲剧更优越。史诗是"叙述已发生的事"③，而诗是"描写可能发生的事"④。史诗叙述的是个别发生的事

① 《诗学》，1449b18-21。

② 《诗学》，1450a18。

③ 《诗学》，1451b3。

④ 《诗学》，1451b3-4。

情，是不具有普遍意义的特殊事情，而诗描写的事情却伴有可然率或必然率，因此诗更具哲学意义：一是史诗所具有的成分悲剧都具备，而悲剧所具有的成分如歌曲，史诗却不具备；二是悲剧诗能给人留下深刻和鲜明的印象，史诗却不能；三是悲剧能在较短的时间内达到模仿的目的，从而增加人们的快感[①]。

第五，亚里士多德在阐述悲剧的含义、特点、功用和优越性等问题的同时，还强调了悲剧的认知功能。在他看来，人类从小就有模仿的本能。模仿是获得知识的一个重要渠道，无论是哲学家还是一般人，他们都有求知的欲望和能力，求知使人快乐。“既然求知和好奇是愉快的事，那么象摹仿品这类东西，如绘画、雕像、诗，以及一切摹仿得很好的作品，也必然是使人愉快的，即使所摹仿的对象并不使人愉快，因为并不是对象本身给人以快感，而是欣赏者经过推论，认出‘这就是那个事物’，从而有所认识。”[②] 由此可见，亚里士多德认为悲剧诗歌和绘画、雕像一样都具有认知事物的功能。

第六，亚里士多德在《修辞学》中指出，怜悯可以定义为“一种由于落在不应当受害的人身上的毁灭性的或引起痛苦的、想来很快就会落到自己身上或亲友身上的祸害所引起的痛苦的情绪”[③]。能引起怜悯的事情包括两种：第一种是具有毁灭性的事情使人感到痛苦，如死亡、饥饿、身体上的伤害、疾病、衰老等；第二种是由于偶然性的运气而引发的具有实质性伤害的事情，如缺少朋友、相貌丑陋、残疾、没有好运、有了好运也无法享受等。

（二）努斯鲍姆对亚里士多德悲剧思想的继承和发展

可以说，努斯鲍姆的伦理思想深受亚里士多德影响。正如上文提到的，

---

① 根据罗念生版本的《亚里斯多德〈诗学〉〈修辞学〉》第 118 页注释［24］可知，此处的“快感”有两种解释：一是通过诗人的模仿而达到引起我们怜悯和恐惧情感的快感，二是指完美的布局设计所引起的审美快感。

②《修辞学》，1371b2-6。

③《修辞学》，1385b12-14。

亚里士多德认为悲剧模仿的是人的行动而非人的品质，而且人的幸福与不幸都取决于行动。也就是说，如果人们想通过悲剧认识人的品格，那么就必须通过悲剧中人物的行动来认识。品格需要通过行动显现，幸福亦然。基于此，努斯鲍姆认为亚里士多德所求证的要点是“品格状态本身对幸福来说是不充分的”①。一个人的品格是什么样的，我们需要通过这个人在悲剧中的行动和选择来判断和认识。因此，悲剧行为具有一种实践价值，让我们更加清楚具有好品格和生活得好并不是一回事，它们之间存在一条裂缝。努斯鲍姆强调，如果幸福像柏拉图认为的那样好人是完全自足的，那么我们根本就无须再向外寻求任何东西，包括悲剧行为也不会对我们寻求好生活有任何益处。然而，柏拉图和亚里士多德都注意到，人类生活当中存在着偶然条件，我们可以称为运气，它与人类活动相互作用。悲剧已经很好地向我们揭示了源于外在环境、信念系统或者激情因素影响之下存在的运气，运气的约束和限制导致好品格和“好生活”之间出现了裂缝。当然，悲剧中的人物是因为“错误判断”而出现实践错误，他们并不是因为稳定的坏品格造成了最终的结果，不得不承认的是，拥有好品格并没有让他们过上“好生活”，从这一点可以看出，非自足的品格在悲剧中运气的作用和影响下偏离了“好生活”，笼罩在运气之下的行动也愈加显得脆弱。

努斯鲍姆注意到了亚里士多德对于怜悯的论证，然而在努斯鲍姆看来，亚里士多德对能够引起怜悯事情的两种分类并不是很清楚，她认为第一种发生的使人感到痛苦并具有毁灭性的事情大概也无法摆脱运气的影响。而在第二类由于偶然性的运气而引发的具有实质性伤害的事情，比如残疾之类，也与第一类身体伤害有关。因此，尽管努斯鲍姆认为亚里士多德的这种划分并不是要形成一种重要的、充分的理论分类，但她敏锐地捕捉到了亚里士多德对运气和外在善的关注，以及亚里士多德对外在事物引起人类脆弱性的思考。

努斯鲍姆进一步论述，通过悲剧，我们比较直观地看到了主人公如俄狄

---

①〔美〕玛莎·纳斯鲍姆:《善的脆弱性：古希腊悲剧和哲学中的运气与伦理》，徐向东、陆萌译，译林出版社，2007，第529页。

浦斯、阿伽门农、赫卡柏等人并非出于自身品格的原因而遭受到不应该遭受的毁灭性灾难，如果是因为他们自己的过失而造成灾难，那么我们就不会对他们的痛苦有怜悯之情，而是会理性地责备过失者。正如亚里士多德所说，那些境况极端糟糕的人，因为已经饱尝人间的灾难和痛苦，并对生活完全绝望，他们认为不会再有什么灾祸发生在自己身上，所以这样的人不会有怜悯之情。同样，那些认为自己非常幸福的人，自认为享受着一切幸福的人，他们是安全的、自足的，他们相信不会有任何发生在其他人身上的灾难与不幸会发生在自己身上，因此他们也不会有怜悯之情。只有当人们认为类似的灾祸未来可能会发生在自己或者亲友身上时，人们才会产生怜悯之情。再有，我们害怕降临到自己身上的灾祸，如果已经降临到别人身上，那么这种情况也会引起人的怜悯之情。努斯鲍姆这样总结道："怜悯显然要求同情心，要求这样一个判断，即你所面临的可能性就类似于遭受苦难的那个人所经受的可能性。"①努斯鲍姆认可亚里士多德对“恐惧”的界定，她认为恐惧不仅意味着那些糟糕的事情是严重的，而且通常我们对于这些事情的发生无能为力，我们无法控制。多部悲剧已经向我们展示了“运气”对于那些好人来说是不可避免的，那些我们害怕降临到自己身上的灾祸，如果已经发生在他们身上，则足以引起我们的怜悯和恐惧之情。我们对于怜悯和恐惧的回应恰恰表明我们意识到了人类自身的脆弱性。在毁灭性的灾难面前，在痛苦面前，在意图追寻的“好生活”面前，人类是脆弱的。

三 脆弱性与“好生活”

努斯鲍姆认为，古希腊悲剧在表达伦理价值方面比古希腊哲学更有优势，古希腊悲剧凸显了运气在人类生活中的作用，从而揭示了“好生活”的脆弱性。

---

① 〔美〕玛莎·纳斯鲍姆:《善的脆弱性：古希腊悲剧和哲学中的运气与伦理》，徐向东、陆萌译，译林出版社，2007，第 537 页。

（一）运气是“好生活”的前提

努斯鲍姆在《善的脆弱性》这本著作的副标题中使用的是“古希腊悲剧和哲学中的运气与伦理”，由此可见，“运气”在她思考和论证有关“善的脆弱性”问题中起到了不可估量的作用。努斯鲍姆为何会把“运气”提到一个如此显著的位置，为何古希腊时期的悲剧和哲学中的“运气”值得关注，它与伦理又有怎样的关系。这还要从康德伦理学说起，因为康德伦理学的观点认为，道德价值与其他一切价值相比是最高的，而且道德价值领域是完全不受境遇影响的，这种观点导致我们长期以来忽视了古希腊伦理学中强调的“运气”问题。此外，柏拉图认为人是自足的理性存在物，人根本不会受到感情的影响和羁绊，从这一点上来说，人可以从偶然性的束缚中解脱出来。然而努斯鲍姆认为，如果运气或者偶然性真是一个不成问题的问题，那么为什么古希腊悲剧会凸显运气给伦理价值所带来的困扰，运气或者偶然性真具有古希腊时期所赋予的巨大价值吗？

努斯鲍姆从以下三个方面探讨了运气对人的卓越作用和与运气有关的活动：第一，人类的“好生活”离不开各种活动和某些关系的善，而这些活动和各种关系是经受不住厄运打击的，像亲情、友情、爱情和财富等外在的善，都是“好生活”所必须依赖的因素，但是它们本身又是脆弱的，因此，人类的“好生活”根本无法全然抛开运气的影响；第二，构成“好生活”的“善”或者价值是不可通约的，它们之间存在着矛盾和冲突，善或价值的种类越多，它们之间的矛盾与冲突就会越强烈；第三，“灵魂的非理性部分”也是一个不能忽视的问题，基于身体和感官的本能，激情等“灵魂的非理性部分”不仅自身存在多变性，还与实际的冲突甚至是德行上的堕落相关。以上三个方面也是与古希腊人深入思考“好生活”紧密相关的三个方面。

正是依据这三方面的内容，人类逐渐意识到了运气，特别是厄运对“好生活”的不利影响，而人类也希望摆脱那些不受控制的运气。柏拉图就试图把“善”定义为一种人类自身的内在品质，认为它是不受外在事件或外在环境和激情、欲望等影响和控制的，从而达到控制运气或偶然性的目的。柏拉图把“好生活”视为一种理性自足的生活，这种生活就是“哲学沉思”。事实上，虽然进行“哲学沉思”的人在不需要进行其他活动时，“哲学沉思”似乎是自足的，但是“哲学沉思”本身也是极其脆弱的。柏拉图在《理想国》中就不得不承认拥有哲学禀赋是一件相当困难的事情，他还为此精心设计了教育体制，他提醒那些哲学家要警惕悲剧作品，因为悲剧作品是极容易导致偏离方向的。显而易见的是，“哲学沉思”根本算不上一种稳定的、自足的活动，它离不开对于外在善的依赖。即便人类有理性慎思的能力，但是在面对古希腊时期所关注的上述三个方面的问题时，理性慎思也显得无能为力。第一，具有理性的行动者有时会受到外在的不可控因素的影响；第二，理性行动者也存在着多种价值追求，而这些价值之间却存在着不可避免的冲突和矛盾；第三，有时在理性行动者内部，他的理性慎思和非理性的激情或欲望等也会存在冲突。努斯鲍姆通过对古希腊三部悲剧和柏拉图、亚里士多德伦理思想的分析，生动有力地论证了上述问题。努斯鲍姆引用古希腊悲剧阐述她的伦理思想，主要是因为古希腊悲剧具有它自身的优势，而且古希腊悲剧和伦理还具有内在的关联性。

（二）用古希腊悲剧诠释“好生活”伦理思想

在为什么一定要通过古希腊悲剧来思考伦理问题上，努斯鲍姆认为，一方面，古希腊文学作品特别是悲剧，深刻地表达出人类会受到命运影响、幸福具有脆弱性这样的看法。另一方面，悲剧诗人重视情感的作用，他们认为人类的情感，包括怜悯、同情和恐惧等是构成人类“好生活”不可或缺的因素。然而古希腊哲学偏离了这个传统，它只一味地追求自足性，试图把运气和情感这种不受控制、极不稳定的因素与理智划清界限。柏拉图想要尽量避免理智受运气、感觉和情感的干扰，可是古希腊哲学完全忽略了悲剧所要表达的伦理问题和伦理价值。哲学家与诗人之争由来已久，在努斯鲍姆看来，诗人和哲学家并不是对立的、毫无瓜葛的两个群体，他们之间存在关联性，古希腊悲剧和哲学之间也具有连续性。努斯鲍姆认为，“现代生活中的职业分划已经向我们遮蔽了一个明显的真理，即在公元前5世纪和前4世纪的雅典，悲剧诗人被广泛地看作是伦理见解的主要源泉”①。

努斯鲍姆通过对古希腊悲剧和亚里士多德伦理著作（能与悲剧见识结为同盟的哲学著作）的分析，在《善的脆弱性》中向人们揭示了道德哲学容易忽略的有关价值追求的三个方面内容。第一，“有些人类价值只是在采取冒险行为的情况下才对我们人类开放”②，一个人一旦对所关爱的人、所关注的政治事务和行动等有所期许和追求，他必然会对相关的人或事带有情感，而这些情感会把这个人带入受运气支配的境地。哲学家力图限制这种冒险或运气，而追求一种生活的稳定性，悲剧诗人也承认适度稳定性的价值和意义，但是他们没有把稳定性放在第一位。第二，有价值的事物是多种多样的，它们也是不可通约的，这就使得不同价值之间存在冲突的可能性，暴露在运气面前的道德行动者就会变得脆弱，悲剧对这种情况下的冲突进行了细致的描写与深入的研究。第三，情感是构成“好生活”的基本要素，它本身是有价值的，却因为被赋予外在不可控事件的价值判断而变得脆弱。

古希腊悲剧展现给人们的往往是一种矛盾逐渐显露和逐渐尖锐的完整过程，在此过程中，读者或观众不仅能够感受和体会人物心理，还能够设身处地的将自己放置到悲剧情境中，与悲剧人物同呼吸共命运，从而思考自己在价值冲突中的选择。悲剧带给人们的不只是曲折离奇的故事内容，它还教会人们探究人生意义和伦理价值。悲剧向人们表明即使是好人也会遭遇不幸，好人的生活也会遭受厄运的打击，但关键的问题是，当面对具有脆弱性的人生时，我们应该如何应对，而不是一味地认为“好人不会受伤害”，这就是古

① 〔美〕玛莎·纳斯鲍姆：《善的脆弱性：古希腊悲剧与哲学中的运气与伦理》（修订版），徐向东、陆萌译，译林出版社，2018，序言第4页。

② 〔美〕玛莎·纳斯鲍姆：《善的脆弱性：古希腊悲剧与哲学中的运气与伦理》（修订版），徐向东、陆萌译，译林出版社，2018，序言第25页。

希腊悲剧带给我们颇有价值的伦理思考。当然，努斯鲍姆在用古希腊悲剧诠释伦理思想的同时，还突出了悲剧与正义的关系，她不仅从伦理角度思考了个人的正义问题，还注意到很多悲剧的发生不是不可避免的。换言之，“人类很多脆弱性并不是来自人类生活本身的结构，不是来自某种神秘的自然必然性，而是来自无知、贪婪、恶意以及各种其他形式的癫狂”[①]。努斯鲍姆认为，人类很多不必要的死亡，如战争导致的死亡、完全可以避免的饥饿死亡和疾病死亡等都不是必然发生的，这种情况所引发的悲剧与社会政治息息相关。因此，从古希腊悲剧中，努斯鲍姆意识到了悲剧与社会正义的关联性，她也试图从建构正义的社会制度和社会秩序入手，寻找解决价值冲突的良方，于是，努斯鲍姆的“好生活”伦理思想必然会出现政治哲学转向。

本章小结

努斯鲍姆认为德性是“好生活”的内在要求和构成要素，然而仅仅具有德性是不充分的，因为幸福或“好生活”是合德性的实现活动，即“好生活”需要通过卓越活动获得现实性。然而人的活动极易受到外在因素的干扰和影响，也就是说，在德性和“好生活”之间存在一条裂缝，运气可以通过这条裂缝作用于“好生活”。外在善也是“好生活”中不可或缺的因素，它与德性和卓越活动一起构成了“好生活”。努斯鲍姆通过证明柏拉图推崇理性的失败和伦理学是非科学的，不仅为激情和欲望留下了空间，也为阐释悲剧、运气、脆弱性和“好生活”奠定了基础。

---

① 〔美〕玛莎·纳斯鲍姆:《善的脆弱性：古希腊悲剧与哲学中的运气与伦理》（修订版），徐向东、陆萌译，译林出版社，2018，序言第 27 页。

第三章　努斯鲍姆“好生活”思想的实践探索

幸福不仅仅是灵魂合乎德性的实现活动，也是人应该在其一生之中努力追求的，人是政治动物，个人的生活和幸福与城邦密不可分，个人的幸福应以城邦幸福为目标。拥有好品格对于“好生活”来说并不是充分的，好品格需要在行动中彰显和体现，而“人的行为恰恰是政治学的前提与题材”[①]，“最高的善即人的好生活或幸福，亚里士多德认为，应当由最高的科学即政治学来把握”[②]。在《善的脆弱性》之后，努斯鲍姆“好生活”伦理思想出现了政治哲学转向，我们也可以将她之后的思想归结为对“好生活”的实践探索，包括教育探索和正义探索。“好生活”离不开德性，如何培养德性和人性是努斯鲍姆教育思想探讨的核心问题，教育探索把努斯鲍姆伦理思想和政治哲学思想紧密地联结起来，并为正义探索开辟了道路。尽管努斯鲍姆的“诗性正义”思想并不成熟和完善，但是“诗性正义”是努斯鲍姆对正义实现进行的早期有益探索，“诗性正义”为基于能力理论的社会正义思想奠定了基础。

---

① 《尼各马可伦理学》，1095a4。

② 〔古希腊〕亚里士多德:《尼各马可伦理学》，廖申白译注，商务印书馆，2009，译注者序第 13 页。

第一节 教育探索：培养“世界公民”

深受古希腊罗马时期“世界公民”思想的影响，努斯鲍姆结合当代教育实际，对功利主义教育进行了深刻的批判，她从通识教育的目的、能力要求和培养世界公民的建议等问题入手，试图阐明教育在培养人性和人类能力等方面应该发挥的作用。

一 “世界公民”

努斯鲍姆追溯了古希腊罗马时期的“世界公民”思想，并阐发了培养当代“世界公民”的教育理念。

（一）古希腊罗马时期的“世界公民”思想

“世界公民”说法最早是由犬儒学派的第欧根尼提出来的。第欧根尼绝对算是一个行为怪异之人，柏拉图称他为“发疯的苏格拉底”，他言辞犀利，其中比较著名的就是他与亚历山大大帝之间的对话，当时第欧根尼正在晒太阳，“亚历山大大帝对他说：‘你可以向我请求你所要的任何恩赐。’他说：‘走开，别挡住我的阳光。’”[①] 他也有许多令人大跌眼镜的行为，例如在大庭广众之下吃早餐，在当时的文化中只有狗才会在众人面前进食。他的很多疯狂举动都表明他公开和传统作对，也就是说，他对传统不是一味地认可和遵守，而是对传统一直持有批判和质疑的态度，他能够跳出自己的传统和习俗之外，站在旁观者的角度审视自己的生活方式。他主张顺从自然，并希望人与自然能

① 汪子嵩等:《希腊哲学史》第2卷，人民出版社，2010，第573页。

连成一体；他还主张人不应该受到国家界限的限制，并称自己为“世界公民”。塞涅卡在总结老一辈斯多葛学派思想时认为，每个人都从属于“两个世界”，一个世界是超越国家边界的人性社会，另一个世界是每个人的出生之地。“两个世界”的观点对努斯鲍姆颇具启发意义。努斯鲍姆认为我们的出生之地是极具偶然性的，因此同样具有偶然性的国籍、种族、民族和性别等不应成为人与人之间的障碍，人们应该摆脱狭隘的民族和国家观念束缚，给予人性最大的尊重，对人性社会、道德社会负责。西塞罗尊重人性的思想具体体现在，对待外邦人和敌人时也要做到尊重和不欺诈，西塞罗把与外邦人的关系看成兄弟关系，他认为不能因为自己的利益而损坏其他人包括外邦人的利益。他所主张的正义是全球范围内的正义，他没有狭隘的地域和城邦观念，他的思想进一步发展了“世界公民”思想，并对西方很多知名哲学家产生了重要影响。

努斯鲍姆认为，斯多葛学派在主张“世界公民”思想时并不是要否认人们与本土之间的紧密联系，而是建议人们把自己设想为身处一系列的同心圆中，最里层的是自己，然后从里往外依次是小家庭、大家庭、邻居或当地团体、同城居民、本国同胞、整体的人性。也就是说，我们应该从大处着眼，放弃出于民族、宗教和种族的偏好，尊重人性，以“世界公民”的身份审视本国，包括世界的政治、经济和文化问题。当然，努斯鲍姆特意澄清的是，斯多葛学派的观点并不是无视人们应对本国履行的义务，每个人在具有“世界公民”身份和视野的同时，更要做好本国所要求的分内之事，如在教育方面要求学好本国的语言、历史、地理和其他学科。

（二）培养当代“世界公民”的教育理念

努斯鲍姆从开始时间、多元文化教育和课程设置三方面论述了培养当代“世界公民”的教育理念，为各国培养和教育公民提供了有益参考。

1. 开始时间

努斯鲍姆认为“世界公民”教育开始的时间应该尽量早一些，如从孩子能听懂故事开始，家长就可以选择讲解一些其他民族和国家的故事。也就是说，不要把孩子的早期教育限制在自己民族和自己国家的范围之内，让孩子从小接触世界不同国家和民族的优秀传统和文化是十分有必要的。孩子不仅能够了解和掌握本民族的神话和民间传说，还能了解外国经典的童话故事和寓言等，在多元文化的熏陶和影响之下，会慢慢学会用不同的思考方式看待不同传统和文化之间的差异。努斯鲍姆建议“世界公民”课程应从小学一年级就开始开设，这样孩子不仅能够了解自己熟悉的宗教以外的其他宗教，还能逐渐了解和理解不同的思维方式和文化传统。通过这样循序渐进的教育教学，随着学生们年龄的增长，理解能力、辨识能力的提高，他们对人类多样性的认识也会随之深化、提高。但是需要注意的是，因为孩子的认知水平有限，对孩子的教育要注重与日常生活的联系，让他们了解现实生活和学校所学知识之间的延续性，应多采用他们容易接受的教学方式开展教学活动，如“实物教学”，从而激发孩子的好奇心和兴趣，促进他们进行主动学习。

2. 多元文化教育

努斯鲍姆所指的多元文化教育既包括学习不同国家、不同群体的历史和文化知识，也包括学习本国不同种族、宗教、性别和性倾向群体的相关知识。不难看出，这种多元文化教育必将涉及语言、历史、文化、宗教和哲学方面的学习。认识到人类之间存在文化差异有利于开展在互相尊重基础上的对话，正视不同文化之间的差异有利于人们正确看待自己文化和异己文化，其中包括既能看到自己文化的不足和局限，又能看到异己文化的优势和进步，而不是盲目夸大自己文化的长处，贬低和看轻其他文化的价值和贡献。正确认识文化差异还有利于开展平等的交流与合作，来自不同文化的人们因为了解而相互尊重，也因为了解和信任求同存异，并为促进人类的发展和共同进步不懈努力。努斯鲍姆还特别强调对性别和性行为的关注，在她看来，“跨文化研究以及性别和性行为研究之间有复杂的联系”[①]。作为世界公民，在进行跨文化研究时经常需要对有关性别和性行为问题进行批判性思考，这就

① 〔美〕玛莎·努斯鲍姆：《培养人性：从古典学角度为通识教育改革辩护》，李艳译，上海三联书店，2013，第56页。

不仅需要掌握多元文化知识，还需要对存在的相互对立观点进行正确分析和评价。

3. 课程设置

应该明确“多元文化”教育或“跨文化”教育的目的是让学生能够超越文化的界限，通过文化差异的表象认识人类深层次的共同需求和目标，接触和了解其他文化不仅有助于质疑我们自己的文化，也有助于反省我们习以为常的生活。在努斯鲍姆看来，成为一个世界公民似乎也伴随着孤独，因为我们不会再满足于把一切看得理所当然，不再满足于对传统和权威俯首帖耳、拍手称赞，这似乎让我们显得有些格格不入。可是，只有通过质疑和批判，通过研究人性的复杂性、多样性，通过意识到世界的和他人的美好，我们才能体会到前所未有的快乐和愉悦。

努斯鲍姆认为，课程设置可以从以下四方面入手：一是设立“多元文化”的必修课程，二是多种视角贯穿整个课程教学，三是“在有关人文多元性的方面开设更专业的选修课”①，四是加强外语教学。当然，各个学校可能会因为资金、师资、学校规模、学生人数和人文学科传统等方面的差异而进行不同的课程设置。不同学校有不同的设置方法，如有的学校在业已成熟的课程中加入多民族、宗教和性别视角等，这种做法不仅能够丰富原有课程内容，还能把“世界公民”理念渗透到学习中。还有一些有条件的大学会根据教师专长重新设计标准的学科课程，通过课程的学习让学生深刻体会到自己作为具有多元性的世界公民的真实感，例如阿马蒂亚·森在哈佛大学开设了一门饥饿与饥荒课程，学生跟着森学习印度饥荒的相关知识就要比没有重点的世界通史或者世界文化概论这样的课程收获更多。努斯鲍姆极力鼓励开设这些目标明确、重点突出、由专家讲授、效果良好的课程。

努斯鲍姆把圣劳伦斯大学设置的跨文化通识教育课程视为“世界公民”教育的典范，其成功之处可以归纳为以下几点：一是透过种族、宗教和性别

---

①〔美〕玛莎·努斯鲍姆:《培养人性：从古典学角度为通识教育改革辩护》，李艳译，上海三联书店，2013，第56页。

等多元视角研究外国文化，并进行美国多元性问题和全球文化多元性的比较研究；二是具有跨学科研究特色，研究涉及生物学、经济学、哲学、文学等领域；三是教师亲自进行为期一个月的文化体验。这门课程对学生的要求是：要学习一门外语，在有条件的情况下访问一种外国文化，参与课堂上有关文化和价值观问题的批判式讨论。不难看出，这样的教育带给老师和学生的是一种身体和心灵上双丰收的文化体验之旅，无论学生们在求学期间还是毕业之后，“世界公民”思想将给他们的学习、工作、研究、生活、交际等方面带来无法磨灭的影响。

二 培养“世界公民”的教育

长期以来，政治哲学中的教育问题是一个涉及范围广、影响面大，并对国家和社会发展具有深远影响的一个问题，因此它也是从事高等教育工作的努斯鲍姆极为关注的一个问题。如果说培养“世界公民”可以算是努斯鲍姆伦理实践的目标，那么究竟如何能够培养出优秀的“世界公民”就是一个极为重要的实践问题，它不仅仅是努斯鲍姆关注教育的原因，它更为实现正义做好了充分的主体准备。

（一）非功利主义教育

努斯鲍姆认为，人类正处在一场严重的教育危机之中，努斯鲍姆通过分析印度和美国的教育现状，表达了对功利主义教育的忧虑。

1. 对功利主义教育的忧虑

努斯鲍姆意识到人类正处在一场比全球经济危机更为严重的危机——教育危机中。当今世界，各国竞相以经济增长为目标，教育领域也随之发生了变化。在决策者们看来，人文学科和艺术因为无法在促进国家经济增长方面发挥直接作用而被视为“无用”的学科，人文学科和艺术面临着逐渐被取消的形势，这种现象既发生在中小学校，也发生在高等教育院校。很多学校把为经济服务、为加速 GDP 增长作为培养人才的目的，在课程设置上也经常以“有用”和“没用”作为是否开设某门课程的标准。在这种背景之下，文学、历史、哲学和语言这样的人文学科经常处于极其尴尬的境地，这样的专业不仅因为不具有实用性而备受冷落，作为通识教育学科的正当性也面临着严峻的挑战。这些学科或者由于学时数太多而在与专业课程冲突时被彻底取消，或者被无情地删减学时而不去顾忌学生的学习效果。这种极端功利主义的做法不仅严重影响了学生们的专业选择、课程学习，还在学生的素质培养、道德引导、批判反思精神等方面存在重大缺陷。如果教育的目的就是培养为经济服务的人才，如果教育仅仅是推动经济的工具，那么在这种教育体制下培养出的公民会有怎样的人生观、价值观和世界观，他们作为未来的主人又会把人类引向何方呢？

2. 印度和美国的教育现状

以赢利为目的的职业和技能教育培养的学生是能为经济增长服务的会说话的工具，受教育者只要通过技能培训和职业教育就可以掌握识字、计算和一些基本技术能力，这些技能可以帮助受教育者胜任绝大部分基础性工作。由此看来，功利主义教育根本不需要学生掌握历史、文学和艺术等对国民经济增长毫无帮助的人文学科和艺术课程，学生们只要知道与未来工作相关的实用科学就足够了。

近年来，努斯鲍姆认为印度和世界上许多其他国家都以赢利为导向，印度的学生家长以孩子能考取经济、金融和管理等专业为光荣，而如果孩子考上的是文史哲或者音乐和舞蹈等艺术专业他们就觉得脸上无光。在这种国家政策和大众舆论影响之下，印度的应试教育愈演愈烈，学习变成了死记硬背知识要点，教师为了这种被动教学例行公事般的组织教学。很多中小学教师为了获取补课报酬而不能较好地完成日常教学工作，他们填鸭式地将各种知识塞满学生的头脑，并期望学生在国家考试中取得好成绩。甚至由泰戈尔一手创建的维斯瓦－巴拉蒂大学也因为资金短缺而不得不向印度政府求助。遗憾的是，由政府资助的这所大学逐渐丧失了文科教育的特色，蜕变成了与其他大学性质一样的学府。这样说来，阿密塔·森（阿马蒂亚·森的母亲）昔日就读的这所学校已经无法与从前相提并论，在阿密塔·森的记忆里，这个由泰戈尔创办的学校给她和很多学生留下了深刻的印象和美好的回忆。她们一起跳舞（由泰戈尔编导）、演戏剧、唱歌、读诗，她们不仅在学校汲取知识，更重要的是她们还收获了艺术和艺术作品带给她们的情感能力和想象能力。

与此相反，应试教育则为国家培养的是所谓“应声虫”式的人才，他们只懂得全盘接收知识信息，只会服从和顺从权威，而且因为没有获得良好的人文学科和艺术教育而缺乏想象力和批判能力。在努斯鲍姆看来，虽然美国有着悠久的大学人文学科教育传统，但是如果美国继续“沿着狭窄的、只以赢利为目的的教育之路走下去”①，那么后果将不堪设想。在美国教育部2006年发表的《美国高等教育状况斯佩灵斯报告》中，努斯鲍姆只看到教育对为经济增长服务方面的关注，几乎没有提及人文学科和艺术以及它们与培养良好世界公民素质之间的关系。甚至美国前总统奥巴马也在多次讲话中肯定了一些国家如新加坡在技术和科学教育方面的成绩。奥巴马还指出了美国在“重要的事情”上花的时间比那些国家少，而在“不重要的事情”上浪费了不必要的时间，他所指的“重要的事情”就是与就业准备相关的事情，言外之意就是美国浪费了太多的教育时间在人文学科上。努斯鲍姆认为，这种缺少民主目标、狭隘、短见、功利的教育正在把美国推向与印度教育观念相同的方向，这是极其危险的。

（二）通识教育

努斯鲍姆以培养“世界公民”为目标，并承认这种培养“世界公民”的教育是一种以培养人性为目的的非功利主义教育，努斯鲍姆提出了培养人性所应具备的三方面能力要求，并为培养“世界公民”提出了自己的建议。

---

①〔美〕玛莎·努斯鲍姆:《告别功利：人文教育忧思录》，肖聿译，新华出版社，2010，第162页。

1. 目的——培养人性

正如前文所述，功利主义教育给人类的现在及未来带来了极大隐患，因此我们培养的“世界公民”教育一定是一种非功利主义的教育，具体来说，这是一种以培养人性为目的的教育，这种教育是通识教育。简单说，通识教育的目的是培养具有全局眼光的人，以能够形成正确世界观、人生观、价值观为目标。这样的公民不会因为心中只有“小我”没有“大我”而无视集体利益、国家利益和全球利益。实际上，从努斯鲍姆通识教育的目的不难看出，她的教育思想与她的伦理思想一脉相承。前文详细论述了努斯鲍姆关于“好生活”伦理思想的主张，即“好生活”是德性的实现活动。虽然德性对于“好生活”来说并不是自足和完满的，运气也可以通过德性与“好生活”之间的裂缝进入“好生活”，但是德性在“好生活”的实现过程中依然发挥着极为重要的作用。拥有德性的人会充分发挥实践智慧的作用，让脆弱的“好生活”变得不那么脆弱，德性的光辉无处不显示着它对于“好生活”的价值和意义。由此可见，德性至获问题不仅关系到个体的“好生活”，更关系到群体的“好生活”。于是，伦理学中的德性至获问题在政治哲学领域变为教育问题。

在全球化趋势越来越显著的今天，我们不仅需要正确认识“世界公民”思想，我们更需要为培养“世界公民”而付诸努力，因此如何培养“世界公民”就成了一个亟待解决的问题。通识教育是努斯鲍姆倡导的对抗功利主义教育的方式，同时通识教育也是培养“世界公民”的有效措施。虽然在短期之内通识教育仍然无法完全取代职业教育，但是努斯鲍姆希望通过在大学教育阶段开展文史哲通识教育，从而使受教育者“至少可望在专与博之间保持一种适度的紧张”[①]，那么即使大学教育的职业化格局无法得到根本改变，我们也力图为大学生们能够凭借广博知识做整全的人开辟道路。

我们赋予文史哲如此高的地位，并把文史哲通识教育作为培养“世界公

---

① 〔美〕玛莎·努斯鲍姆:《培养人性：从古典学角度为通识教育改革辩护》，李艳译，上海三联书店，2013，导读第2页。

民”的途径是否合理呢？通识教育是人文教育，它是与实用学科的教育相对的教育。阮炜在《〈培养人性〉导读》中向我们澄清了人文学科不等于文科，它们是两个完全不同的概念，可是在中国，人们经常会把经济学、金融学、管理学和法学等误认为是文科，其实这些学科只是实用型学科，“即马上能产生经济效益和社会效应的学科”①，它们致力于解决实际问题，属于职业教育的范畴。相对来说，文学、历史学、哲学和语言学才是西方视域下的人文学科，这些学科是与数学、物理和化学等学科更接近的学科，因为它们都重视纯粹知识的学习，它们都是非实用学科。这样说来，在各国以经济增长为目标的大环境下，各国教育更钟爱经济学、金融学、管理学和法学这样的实用学科也就很容易理解了，因为这些学科能更快更直接地产生经济效益和社会利益。

那么，文史哲存在的合法性体现在哪里，文史哲的通识教育是否能够承担起顺应历史、扭转局面的重任？这需要从文史哲的作用说起，文史哲主要的作用和意义在于它能够帮助人们解决价值观和精神层面的问题。不得不承认的是，西方发达国家一直很重视本科生的人文学科教育，他们的大学生几乎没有人不知道荷马、柏拉图、亚里士多德等人物，更鲜有人未读过《理想国》《社会契约论》《资本论》等西方经典著作。可以说，这些经典作品中蕴含着西方文化精神，它们让西方大学生了解自己的文化出身和精神传统，通识教育在帮助西方人逐渐成为具有西方精神、西方价值观的完整的人、全面的人方面发挥了重要作用。文化包含了大量的人类精神财富，这些有关人生意义和人生价值的人类瑰宝大部分都蕴含在文史哲学科之中，因此，通识教育不仅担负着传承人类文化遗产的重任，它还为人类社会培养有理想、有抱负、有责任、有担当、有全局意识的新型人才发挥着不可替代的作用，即它还以培养人性为目的。

2. 培养人性的能力要求

在努斯鲍姆看来，当今世界培养人性有三方面的能力要求：一是苏格拉

① 〔美〕玛莎·努斯鲍姆:《培养人性：从古典学角度为通识教育改革辩护》，李艳译，上海三联书店，2013，导读第8页。

底式批判反思的能力；二是超越狭隘群体限制，承认与他人紧密联系的能力；三是叙事想象的能力。具体来说，正如苏格拉底所说“未经反省的生活是不值得过的生活”，现今，这种对传统和现实的批判反思能力在培养人性方面仍然适用。可以说，西方悠久的人文学科教育传统一直把苏格拉底式的批判质疑放在重要地位，在他们看来，人文学科基于思考和辩论的方式方法有助于学生形成自己的判断标准和产生自己的思想，这是一种不笃信权威、敢于挑战传统的思维方式，它有利于民主制的发展和进步。其实，苏格拉底式的辩论和反思能够让人们更具有问题意识，更加明确论点和论证所引领的问题方向，有利于人们在辩论和思考过程中明确问题的真正内涵、作用范围和影响因素。苏格拉底式的辩论让人们不屈从于权威和权贵，而是通过逻辑推理检验自我和他人观点，这不仅确定了辩论面前人人平等的地位，还有助于人们在互相尊重的基础上寻求认同和一致。此外，苏格拉底式的论辩方式能让学生们形成批判反思的习惯，这不仅有利于保持清醒的头脑提出质疑和批评，还有利于创新。当代是一个科技和信息高速发展的时代，国家与国家之间的竞争与差距越来越体现在创新能力上，当然人才创新能力的培养不是一朝一夕的事情，创新人才的培养更需要与时代发展相适应的教育理念与教育体制。具有创新能力的人才必须是具备独立思考和多种应变能力的复合型人才，因此，各国教育制度和教育效果与人才培养密切相关。努斯鲍姆认为，“文科教育能增强想象和独立思考的技能，这些技能对保持一种成功的创新文化至关重要”①。

培养“世界公民”目标与身份认同的政治理念是完全不一样的，“世界公民”应该具有超越国籍、种族、民族、宗教和性别群体的限制，能够摆脱狭隘群体忠诚的禁锢，真正把其他国家、其他民族和其他宗教群体中的成员看成与我们平等的人，了解异己文化和其他群体的价值观，认清人类具有的共同需要和目标，广泛承认自己与世界上其他公民之间的联系，关心其他人的

---

①〔美〕玛莎·努斯鲍姆:《告别功利：人文教育忧思录》，肖聿译，新华出版社，2010，第61页。

疾苦，明白气候、人权、饥荒等问题必须依靠全世界人民的共同努力予以解决。显然，这种能力需要学生们掌握相当丰富的文化知识和跨文化知识，只有视野开阔、见多识广，学生们才不会以为自己的生活方式和行为方式是世界上唯一正确的和高级的。学生们不会因为自己的无知而把其他群体“妖魔化”，更不会因为自己的无知而对他人做出错误的决定和错误的行为。

想象力对于“世界公民”来说也至关重要。作为一名合格的“世界公民”，他/她还需要具有站在他人角度想象和体会其情感、希望和欲望的能力。努斯鲍姆建议通过文学和艺术培养学生们的想象力。虽然文学不是培养公民想象力的唯一方式，但是文学的确在培养想象力方面做出了突出贡献。在努斯鲍姆看来，文学作品特别是小说能够通过翔实的情节引人入胜，读者通过阅读文学作品而与其中的人物同呼吸共命运，体会他们的情境、感受他们的情感。实际上，文学作品是我们了解他人命运和内心世界的一个重要窗口，与其说读者和作者通过文学作品中的人物进行思想交流，毋宁说这种交流是一种读者与自己内心的交流，这种交流以人性为基础，读者通过文学作品看到了自己内心深处的恐惧、迟疑、快乐、无助、悲伤和气愤等情感。公民通过阅读文学作品可以充分发挥他们的想象力，他们可以突破国籍、人种、宗教、性别、群体甚至物种的界限，把自己想象为一个和现在生活境遇完全不同的人，体会他们的喜怒哀乐和内心世界。因此，想象力不仅有利于培养他们具有健全的情感，还有利于帮助他们以更加公正、客观、合理、合适的方式处理他/她与家人、朋友、同事、同胞以及外国人的关系及其相关问题。由此可见，想象力是培养人性所应具有的能力之一，也是作为“世界公民”必不可少的内容。

文学和艺术都可以培养学生的同情心。“培养同情心，这是最现代的民主教育理念的关键部分，在西方国家和非西方国家，都是如此。”[①] 悲剧和小说都以它们特有的文学形式向人们表达着这样一些思想，即每个人都可能遭遇悲

---

① 〔美〕玛莎·努斯鲍姆：《告别功利：人文教育忧思录》，肖聿译，新华出版社，2010，第106页。

剧和小说中人物那样的不幸，无论现在多么富有和多么幸福的人都无法逃离贫苦的命运，这是具有同情心所需的一个条件，另外一个条件就是读者意识到与自己具有某些相似处的人物遭受重大的灾难和痛苦，但是产生这样的结果又不是他们自己的错误所造成的，最典型的就是努斯鲍姆在《善的脆弱性》中提到的阿伽门农的例子。通过文学作品，人们感同身受地体会命运无常、造物弄人，深刻了解和体会文学作品中人物的痛苦，从而向受苦之人表达同情。具有同情心的人是能够真正站在对方角度考虑问题的人，具有同情心并不表明一个人软弱，也并不表明他们是毫无原则、毫无立场、人云亦云的人，相反这种同情心是在思考和批判基础上建立起来的同情心。

3. 培养“世界公民”的建议

不难看出，全球化的进程把人类历史带入了一个新的阶段，人与人之间、民族与民族之间、国家与国家之间互相依存、紧密相关，人们已经成为真正意义上的“世界公民”。如果人们只把自己看成某个小群体中的一员，只狭隘地对自己的小群体负责，而忽略或者无视对其他地区、其他民族和其他国家人民担负的责任，又或者各个国家和政府只把公民们看成经济赢利的工具，而无视个体生存状况、情感的发展和能力的培养，那么违背历史发展规律的结局只会给人类带来灾难和不幸，这是世界上任何人都不想看到的结果。因此，各国在培养合格“世界公民”方面应该顺应历史、制定符合现实的制度和计划，并确定切实可行的通识教育方法，从而为培养人性开辟道路。

鉴于人文学科在培养“世界公民”方面的重要性，努斯鲍姆在培养“世界公民”问题上的建议可以归纳为以下几点：第一，从小开始对儿童进行通识教育，并培养他们有意识地从不同的角度观察世界；第二，为大学生们设立文科公共课，培养他们具有较好的文科知识背景和批判反思能力；第三，重视艺术教育，充分发挥艺术在培养公民想象力和民主公民素质方面的作用。

第一，从小开始对儿童进行通识教育，并培养他们有意识地从不同的角度观察世界。可以说，培养“世界公民”应该从小抓起，孩子们从很小开始就对我们生活的这个世界具有强烈的好奇心，他们不仅应该学习一些必要的算术和读写知识，更应该具有想象、理解、移情等能力；他们不仅要学会基本的生存能力，还应该懂得事物的意义和价值。因此，无论是从培养人性的角度来说，还是从培养合格“世界公民”的目标来说，人文学科都发挥着其他学科无法替代的作用。在学习内容方面，教师应该多向儿童提供不同民族、不同文化背景下的诗歌、散文、童谣、戏剧等文学作品，儿童们在掌握自己国家的文学、历史知识的同时，还应该了解符合他们认知能力的其他国家的文学和历史知识。在学习方法方面，对儿童进行“世界公民”教育应该选择适合儿童的方式和方法，教师们可以让儿童通过游戏逐渐提高认知能力，鼓励儿童主动提问和积极探索，培养苏格拉底式的质疑和批判能力，而不是仅把儿童看作知识的容器。只有他们主动寻求学习，努力成为自己思想的主人，学习活动才能顺利进展下去。努斯鲍姆认同杜威的教育理念，特别是他们都认识到传统教育方式中鼓励学生被动和顺从的危害，“这种顺从态度，不但对人生极为不利，更是对民主的致命威胁，因为没有警醒的、积极主动的公民，民主制度就不能生存”①。苏格拉底式提问教学法可以完全与儿童的生活紧密结合起来，教师引导儿童通过观察、体会和解决现实生活中存在的问题，从而鼓励学生们针对这些实际问题提出疑问。可以说，儿童通过自己的观察、反思、批判和质疑等能力获得知识是完全不同于被动接受知识的，这不仅有助于提高他们的知识水平，还有助于培养他们的批判反思能力，让他们养成质疑权威和传统的习惯，从而为成为民主公民和“世界公民”奠定基础。

第二，为大学生们设立文科公共课，也就是说，无论学生们在大学阶段所学专业是什么，都应该给学生们设置文史哲公共课，扩大他们的知识面，让他们掌握更多的文科知识内容，培养他们具有较好的文科知识背景和批判反思能力。与小学和中学阶段的文科教育相比，大学阶段文科公共课更具有批判性和研究性。学生们在接受高等教育时，他们的认知能力、分析能力和理解能力都有了进一步的提高，也为在高等教育阶段接受更复杂、更全面的

---

① 〔美〕玛莎·努斯鲍姆:《告别功利：人文教育忧思录》，肖聿译，新华出版社，2010，第74页。

课程做好了准备。高等教育阶段是人生中重要的学习阶段，历史和经济学课程不应该再局限于传授孤立的、碎片化的基本原理和入门知识。相反地，大学通识教育应该注重历史的研究方法和证据的评估，全面、深入、客观地研究历史问题，培养大学生们站在全人类的高度，以“世界公民”的身份和视野分析和解决相关问题。努斯鲍姆认为，在经济学教育方面，大学通识教育应该在传授经济学原理课程的基础之上，把全球化和人类价值相关知识列为辅助课程，也就是说，应该从多种视角开设经济学课程，包括历史和政治理论视角，这样才能让学生们从经济学课程中受益更多。换言之，文科课程均可以从多角度和深层次进行讲授，例如对于有关全球公正的课程，教师完全可以从哲学、政治、历史和经济角度引入，通过这种教育方式培养出的公民才会具有全球视野和全局观念，他们不仅能够更好地理解全球事务，还能够肩负起全球责任。在努斯鲍姆看来，没有经过人文学科训练的公民虽然也能通过教科书和其他资料获得历史或经济方面的知识，但是他们无法获得对历史证据和相关材料的判断能力、批判能力和思考能力，他们很难区分真话和谎言、谬误和真理。因此，合格的“世界公民”不仅应该具有知识，还要具有智慧，而智慧的获得需要依赖于人文学科的批判思维、公共辩论和相关知识的深入研究。

第三，重视艺术教育，在中小学和大学阶段开展多种形式的艺术教育，积极推进政府和非政府组织的艺术活动，充分发挥艺术在培养公民想象力和民主公民素质方面的作用。努斯鲍姆指出，英国儿科医生和心理分析学家唐纳德·温尼科特非常重视游戏对儿童发挥的重要作用。游戏与直面他人相比具有较少的威胁性，因此儿童更喜欢通过游戏的方式学习，而且儿童能通过游戏与别人换位思考，从而体会到他人的内心世界和情感变化，游戏还让儿童学会与人相处。步入成年之后，艺术在保持和发展成人们的游戏能力方面发挥了至关重要的作用。努斯鲍姆认为诗歌和艺术有助于人们探究灵魂、探索自我和他人的内心世界，这种后天形成的能力主要是通过诗歌和艺术实现的。努斯鲍姆认为，虽然苏格拉底式的提问教学法有其不可比拟的优势，但是这种教学法有些冷漠和无情，“其对逻辑辩论的不懈追求有可能打击个性的其他部分”①，泰戈尔意识到了这个问题，他用艺术加以弥补。泰戈尔认为，艺术在促进个人内心的自我修养和与他人共鸣方面起到了关键作用，所以泰戈尔创办的学校从儿童入学伊始就把音乐、戏剧、舞蹈、诗歌等作为其核心课程。通过“角色扮演”、舞蹈和歌唱等方式，泰戈尔学校的学生们体验到了丰富的情感，他们的想象力、理解力和感知力也得到了提高，特别是他们逐渐能够理解不同的文化，这是非常具有价值和意义的。艺术不仅能够给人们带来欢乐，还具有强大的凝聚力，例如合唱团，它会把不同肤色、不同阶层、不同国籍和不同文化的人们聚集在一起，大家为了共同的艺术目标而通力合作，在艺术团体彼此接触的过程中，团体成员可以毫无拘束地交流和沟通，他们不仅通过艺术活动了解彼此的文化和个性，还会因为接触到不同民族和文化的艺术形式而了解他人和尊重他人。由此可见，艺术在促进受教育者成为合格的“世界公民”方面发挥着无比重要的作用。

（三）教育理念

努斯鲍姆认为，教育不应该沦为服务经济增长的工具，教育的职责不能局限在为学生的职业做准备，教育应该根植于培养公民的批判能力和反思能力，为社会培养有知识、有道德的世界公民，这种公民完全不同于单纯职业教育所培养出来的公民。以职业教育为目标的教育，只会求“专”而不求“博”，它只能培养出视野狭窄、麻木不仁、人性压抑的单向度的人。相反，努斯鲍姆提倡全面开展通识教育，无论学生的专业方向是什么，也无论他们未来将要从事什么类型的工作，都应该把通识教育贯彻到教育中去，应该为学生开设除专业课之外的文科公共课，培养学生成为善于思考、具有批判意识的民主公民，成为具有全局眼光、人格健全的“整全的人”。我们现在生活在一个专业分工日益细密的时代，这不仅体现在职业分工方面，还体现在教

① 〔美〕玛莎·努斯鲍姆：《告别功利：人文教育忧思录》，肖聿译，新华出版社，2010，第116页。

育等方面。虽然日益细密的专业分工对促进经济增长和社会进步具有积极作用，但是它也使人们被局限在相对狭窄的领域和空间内，人性受到了极大的压抑。越来越多的人成为国家和社会培养出来的赢利工具，他们不关心文学、历史、艺术、体育等，成为只知道专业领域有限知识的“单向度的人”。东方国家和西方国家都出现了这样的趋势，学生和家长会为学生能够考上管理类和技术性强的专业而感到骄傲和自豪，相反，如果学生选择的是文学、哲学或艺术类专业方向，他们就会感到脸上无光。

正是基于这样的原因和现实，努斯鲍姆对具有功利倾向的教育体制展开了猛烈的攻击与批判。她认为，世界各国因为只看重经济发展和国家利润，而让教育沦为实现 GDP 增长的工具，这使全球面临严重的危机，这种危机将直接影响到民主制度所依赖的技能，“科学和社会科学涉及人文的方面——它们关系到想象力和创造力，关系到严谨的批判性思维——便失去了存在的基础”①。努斯鲍姆建议应该将教育和人文学科紧密结合起来，因为人文学科担负着解决学生人生观和价值观问题的责任，有助于追寻人生的价值和意义，人文教育的目的是培养人性，而不是培养冷漠、自私的机器或者工具，她呼吁教育应该告别功利，为培养具有批判能力、想象能力和同情能力的世界公民而努力。在努斯鲍姆看来，仅仅学习专业技术知识是不够的，只有通过学习人文学科和艺术教育课程才能培养学生的批判能力、想象力和同情心。文学作品和不同的艺术形式能帮助人打开另外一个世界，可以让人通过非经验的方式体会他人的情感和境遇，培养想象能力和移情能力，并对弱者的遭遇感同身受，从而产生怜悯和同情。另外，努斯鲍姆还着重强调了悲剧对道德所具有的影响力，因为悲剧向人们展示了痛苦和不幸，让读者和观众深入思考悲剧产生的原因。悲剧往往能够引导读者或者观众认同主人公，理解主人公在错综复杂的矛盾和冲突中不得不面临的困境，即便是他为之付出了巨大的努力，但是仍然无法扭转悲剧的结局，从而让读者或观众同

① 〔美〕玛莎·努斯鲍姆:《告别功利：人文教育忧思录》，肖聿译，新华出版社，2010，第3页。

情主人公的苦难。

总之，人文学科和艺术使人类的生活更加丰富多彩，不仅情感体验和情感表达更加人性化，完善了人的精神世界，还使人们能够同情和尊重他人，能够抛开种族、民族和地域的束缚，成为"整全的人"。在努斯鲍姆看来，只有让教育从功利化的禁锢中挣脱出来，以培养人性和"整全的人"为目标，才能培养出具有全球视野、对全世界有责任心和爱心的"世界公民"。努斯鲍姆主张培养人性即通过文史哲通识教育培养公民的德性，其中的德性是具有丰富内涵的，它不仅包括公正、温和、友善、慷慨、诚实、节制等传统意义上的德性内容，还涉及一系列的人类能力，如苏格拉底式批判反思的能力，超越狭隘群体限制、承认与他人紧密联系的能力，叙事想象的能力等。因此，努斯鲍姆早期的"好生活"伦理思想为她后来的政治哲学思想提供了稳固的形而上学基础，她的教育思想是政治哲学思想中的一个方面，是"好生活"思想的具体体现，努斯鲍姆的教育思想是以德性为基础的"好生活"伦理实践。

第二节　正义探索：诗性正义

努斯鲍姆在培养"世界公民"的伦理实践中一直强调文学的重要作用，她意识到文学在"世界公民"的教育中发挥着不同于技术和纯粹知识的作用，可以说情感与文学密切相关，读者经常被文学作品如戏剧、小说和诗歌等带向快乐、悲伤、愤怒和恐惧。读者们充分体验着这些不同情感所带来的震撼、冲击、无奈、愉悦和释然，因此文学作品在丰富人们的内心世界和完善情感方面发挥了积极作用。然而情感是否与理性完全对立，这些情感是否具有促进人性发展和实现正义的公共作用，努斯鲍姆对此进行了一番颇具启发性的讨论。

一 情感

情感往往作为非理性的存在而备受质疑，努斯鲍姆梳理了四种主要反对情感的意见，并对其进行回应，试图证明情感并不总是非理性的。努斯鲍姆从亚当·斯密“明智的旁观者”概念中受到了启发，为诗性裁判和诗性正义开辟了道路。

（一）四种主要的反情感意见

情感作为人类拥有的能力之一，经常与理性同时出现并被讨论，可是情感往往作为非理性的存在而无法与理性拥有同等地位，它的合法性也常常受到质疑。努斯鲍姆把四种主要反对情感的意见进行了归纳和总结，具体意见可以概括为以下内容。一是情感是盲目的、不可信赖的，情感中不包含或者很少包含理性推理和判断，它更接近人“动物性”的一面，属于不完善的、应该被拒绝的人类天性元素。二是情感把重要价值赋予外在事物，包括外在的人和外在的事，而这些外在之物是无法完全由理性和美德控制的，因此情感是不稳定的、不完备的、脆弱的。根据前两种反对意见可以看出，情感与人类的脆弱性、不稳定性有千丝万缕的联系。前文论述柏拉图拒斥情感的原因也正是情感经常陷于尴尬境地的原因。如果人们能够把理性置于至高无上的地位，非理性情感带来的不稳定和不完整就能够被克服。情感在公共理性、慎思和良好的判断面前显得不堪一击，无论是作为明智的受教育者、合格的公民还是审慎的法官，情感似乎都无法成为可靠的力量。三是认可情感在私人生活中的重要作用，却质疑情感的公正性和公平性，怀疑它们在公共审议中的作用。这种意见认为，情感多与家庭相连，主体的情感带有倾向性和偏好，主体通常会把重要价值赋予与他 / 她密切相关的人，因此情感主体很难公正、公平地看待人类价值，情感也就无法达到公共审议中公共理性规范的要求。四是情感与特殊性关联过大，而与更大的社会单位如阶级关联不够，这种批评意见认为小说因为“太过信奉中产阶级的个人主义，以至于它不适合批判性的政治思考”①。

（二）对反对意见的回应

努斯鲍姆对以上四种比较集中和主要的反对意见进行了回应，尽管她无法为情感做完整的、完备的辩护，但是她希望通过自己的努力能够确认一些值得信赖的公共情感。她对反对情感的意见回应如下：

第一，情感并非是一种盲目的、非理性的力量。情感是有对象性指向的，情感中包含着针对对象的意图。例如愤怒这种情感一般不是一个人毫无来由的冲动，而是指向另一个给这个人带来伤害的对象。情感中蕴含着信念成分，而且信念是比较稳定的，信念对于情感的发生具有重大意义。也就是说，信念具有促进或抑制愤怒、恐惧、怜悯、感激等情感产生的作用，如果一个人的信念发生改变，那么可能从前让他 / 她异常愤怒的事情现在却不再让其气愤。虽然在规范意义上情感是非理性的，但是情感也需要基于信念或判断进行评定。无论信念是出于理性还是非理性，理性不代表信念一定正确，非理性也不代表信念一定错误，或许未加批判、仓促形成的信念恰巧是正确的，但信念需要得到评判，因此，“情感不可能是在和认知与判决隔绝的意义上非理性”②。由此可见，情感作为人品质的一个方面，它并不是盲目的，它和信念一样不应该从审议中被排除。

第二，情感具有认知维度，它能帮助主体感知某一特定类型的价值和意义。正如前文所述，情感是建立在一定信念基础之上的，某些特定情感也往往是有确定评判的，例如，同情（怜悯）的发生通常需要有这样一种信念，即某人遭受痛苦并不是出于他 / 她自身的过错或者原因，那些产生同情之心

① 〔美〕玛莎 · 努斯鲍姆：《诗性正义：文学想象与公共生活》，丁晓东译，北京大学出版社，2010，第 92 页。

② 〔美〕玛莎 · 努斯鲍姆：《诗性正义：文学想象与公共生活》，丁晓东译，北京大学出版社，2010，第 97 页。

的人相信他们自己或者他们爱的人也可能遭受同样的痛苦。相反，如果一个人拒绝同情（怜悯），那么他/她或者具有冷酷与吝啬的倾向，或者至少缺乏完整的伦理洞见。任何无视或者拒绝情感的人都无法引发其情感所驱动的行为，如果在仁慈和怜悯等情感下驱动的行为无法发生，那么不仅行为动机值得怀疑，道德评价也会随之发生变化。虽然与情感相连的对象往往是脆弱的，情感的活动对象包括孩子、父母、朋友、健康和运气、偶然性力量等，它们能够剥夺人类的"好生活"，但是人类正因为自己的脆弱和苦难才更加关心彼此、体谅彼此。情感中也包含着对价值的正确观察和判断，情感欠缺意味着信念欠缺或者信念不充分，更意味着社会理性的不完善，任何人都无法真正脱离情感而只运用理性进行思考和判断。

第三，没有情感的认识是空洞的，脱离情感的思维是缺失价值维度的。功利主义的数字计算和事实分析并不能体现那些弱势群体和受伤害群体的人性价值。计算思维起初看起来是公正和严格的，相比之下情感似乎缺少了严谨性，因为情感总是偏向主体的家庭和与其相连的社会关系，可是深入研究就会发现计算思维无法体察那些被排除在外的少数群体的利益和价值感受。情感具有培养健全和稳定人格的作用，人类从出生开始就需要依赖父母、亲人或抚养人的精心照顾，这种照顾不仅仅指生理方面的照顾，还有心理方面的照顾。婴儿和儿童都需要体验和感受来自周围世界的关爱和情感互动，只有人类幼年时期对情感的需求得到满足，人才能健康成长，"相反，压抑儿童时期的情感可能只会重新带来更具破坏性和真正非理性的情感"①。

第四，虽然小说中的情感要素的确更关注具有差异性和独立性的个人，但是这并不能说明个人与阶级相比就缺少价值。小说在体现人与人之间相互联系和相互依赖的同时，也尊重每一个独立的个体，尊重他们作为情感主体的感受和体验。小说中反映出来的个人生活质量情况比对人类整体生活质量的描述更清晰、更直观，个人生活质量状况更容易引发制度性批判和政治性

---

① 〔美〕玛莎·努斯鲍姆:《诗性正义：文学想象与公共生活》，丁晓东译，北京大学出版社，2010，第105~106页。

批判，因此，在揭示集体行动的目的和意义时，个体的描述发挥了重要的作用。另外，任何形式的集体行动都承担着“它对个体需求和特殊处境的完全责任”[①]，如果集体行动不是以改善个体生活为目的，那么它也就失去了存在的价值和意义。

（三）明智的旁观者

努斯鲍姆通过一系列的论述证明了情感是人类天性中不可或缺的元素，但情感也并不总是非理性的，如果我们不知道如何区分哪些是可信赖的情感，哪些是不可信赖的情感，那么我们就没有办法信任和利用情感。努斯鲍姆从亚当·斯密“明智的旁观者”概念中获得了重要启示，她认为它可以提供合适的筛选工具。斯密的理论出发点是理想的理性应该包含情感，“他相信某种情感的指引是公共理性的必需要素”[②]，他所谓的“明智的旁观者”包括以下特征：一是他 / 她是旁观者而非参与者，他 / 她可以毫无私心和偏见地使用自己的经验，他 / 她并不缺少感情，他 / 她具有想象和移情的能力；二是明智的旁观者所具有的情感是一种旁观者的情感而不是参与者的情感，除了要对情境和参与者进行反思性评估，还要摒弃与自身利益相关的情感。斯密十分看重文学读者身份或戏剧观众身份，读者或观众虽然关注文学作品中的人物和他们的命运，但没有关涉特殊的、与己相关的强烈情感，于是读者或观众能够以一种比较客观、公正的姿态和身份运用他们自己的经验信息对别人的事情进行判断。努斯鲍姆承认她并不主张未经反省地信赖文学作品，她强调要对文学作品进行反思和批判，不仅要对作品中的情感进行检验，看它们是否符合人们的经验和道德标准，还要对文学作品导向的结论进行进一步的政治审查和道德检验。读者身份或者观众身份不仅有利于培养公民具有丰富的情感，

① 〔美〕玛莎·努斯鲍姆:《诗性正义：文学想象与公共生活》，丁晓东译，北京大学出版社，2010，第 108 页。

② 〔美〕玛莎·努斯鲍姆:《诗性正义：文学想象与公共生活》，丁晓东译，北京大学出版社，2010，第 109 页。

还为正视独特的个体价值发挥了积极作用，更为人们成为符合公共理性规范的明智旁观者提供了根基。

二 文学想象与畅想

努斯鲍姆主要从文学的贡献、小说的特征和作用等方面对文学想象进行了论述，并界定了畅想的含义，突出了畅想的意义，提供了一种与传统哲学范式不同的文学想象与畅想思路，为确立诗性正义奠定了基础。

（一）文学想象

努斯鲍姆多次以狄更斯的小说《艰难时世》作为案例，试图说明文学并不是可有可无的，她通过分析小说的特征，强调文学在推动公共推理、构建理解与同情方面所发挥的重要作用，并对文学想象进行了补充说明。

1. 文学的贡献

文学阅读可以带给人们丰富的想象力，从葛擂硬的立场来看，文学及文学想象是极具颠覆性的，它让完美的科学理性化为泡影，而这也是葛擂硬无法容忍的，因此他认为文学是危险的和可怕的。正如亚里士多德所认为的那样，与历史相比，文学更具有哲学意味，因为历史是叙述已经发生的事情，而文学是向人们展示在一个人的一生中"可能会发生的事情"。历史记述的事情是既成事实，无论是否具有普遍意义它都已然发生了，而"文学则集中关注可能性，引起读者对自身的好奇"[①]。读者通过文学作品中人物的不同情境去体会和感受他们的情感和经验。文学作品传达了在读者和角色之间具有联系的可能性，从而激发出读者活跃的想象和情感。文学作品特别是小说往往内容独特、新颖，它采用的叙事体裁也格外引人入胜，从而引发读者进行文学想象。良好的文学作品具有一定程度的刺激性。文学作品能够通过其极具

① 〔美〕玛莎·努斯鲍姆:《诗性正义：文学想象与公共生活》，丁晓东译，北京大学出版社，2010，第16页。

吸引力的内容和形式激发读者想象和召唤人们的情感，使人们产生欣慰、憎恨、怜悯、鄙视、忧虑、失望等情感，并有意识地质疑、正视和反思一些习以为常的事情。文学作品（主要指小说）与音乐和舞蹈相比具有更大的确定性，它在公共审议中更能发挥作用。上述是努斯鲍姆谈到的文学为人类生活所做的贡献，虽然她把文学作品作为概括性的说明对象进行探讨，但是她更注重的是小说的特征和作用。

2. 小说的特征和作用

小说的特征可以概括为以下几点：具有生命力、普遍性、具体化、吸引人、道德严肃。小说与其他文学体裁相比更具生命力，无论从它的内容还是形式来看，小说在叙说故事情节方面具有绝对的优势。它既反映着人类共性的东西，又展示了具体化的人物和情节，它在吸引读者眼球的同时又具有严肃的道德教化功能。小说集中反映了人类的普遍渴望和人们特殊生活之间的互动，读者在小说描写的具体情境中能够深刻体会和感悟人类存在的普遍需求和渴望，理解环境的变迁如何对人类生活产生作用和影响。通过阅读小说读者可以发现小说中的人物和情境与自己的现实生活及其价值观的差异，从而积极反思产生这些差异的原因、条件、结果和影响等。虽然小说面对的读者千差万别，但是小说体裁结构本身却促进了读者与小说在普遍性和特殊性之间的交流。小说构建了一种“伦理推理风格的范式”[①]，它在推动公共推理和构建理解与同情方面发挥了重要作用。当然，并不是所有的小说在推进公共理性和公共事务方面都具有积极作用，因此，努斯鲍姆对此进行了补充说明。

3. 补充说明

尽管努斯鲍姆强调文学特别是小说的价值，但是她并不是在一种极其狭隘的立场上提倡文学和文学想象，她就这个问题做了以下补充说明。读者要审慎地判断小说的内容及其伦理价值，因为并非所有的小说都能作为道德审议和政治判断的来源，对于那些包含变态、有害内容和价值倾向的小说要坚

---

① 〔美〕玛莎·努斯鲍姆:《诗性正义：文学想象与公共生活》，丁晓东译，北京大学出版社，2010，第21页。

决拒绝。文学研究既不反科学也不否定经济科学，努斯鲍姆从来没有否认经济科学带给人类的实用价值，经济学在降低失业率、提高工作效率和人们生活质量等方面做出了积极贡献。她只是建议经济学家以更加复杂和恰当的哲学向度展开研究，建议经济学家采用包含文学洞见的进路，从而为政策制定和人类繁荣贡献力量。文学想象和情感并不能取代道德和政治理论。无论是文学想象还是文学阅读引发的情感，它们都需要经过道德和政治理论的审慎检验，其中既包括读者自己深刻的内在反省，也包括读者之间的交流与检验。其实，努斯鲍姆很清楚文学及小说能够发挥作用的限度，她只是揭示小说能够在道德和政治理论建构中发挥洞识作用，以及小说在促进公民发展道德能力和实现道德理论方面的作用，从而为推进社会正义提供良好的指引。

（二）畅想

努斯鲍姆通过论述畅想的内涵和小说的特点，进而阐明畅想在形成丰富和完善的内心世界、感受有益情感和反思理性方面具有积极意义。

1. 畅想的含义

"畅想是小说设定的一种能力，一种能够把一件事物看做是另一件事物，能够从一件事物中看到另一件事物的能力"①，努斯鲍姆也把它称为"隐喻性的想象"。要说明小说的畅想能力需要先从小说的特点说起，在努斯鲍姆看来，小说注重人的个体独立性和其丰富的内心世界，主张从内在视角展现和诠释人的生命意义和价值，它反对用外在的孤立视角看待人和人的生命，尤其反对经济学那种过于简单化和量化的方式，强调质性方面存在的差别。从这个意义上说，我们就更能深刻体会《艰难时世》中葛擂硬反对他的学生们接触小说、拒绝让学生们拥有畅想能力的原因了。在葛擂硬看来，他和他的学生们只需要看重事实，他们精于算计，随身带着尺子、天平和乘法表，任何东西包括人性在内都可以称一称、量一量、算一算，这些都是简单的数字

---

①〔美〕玛莎·努斯鲍姆:《诗性正义：文学想象与公共生活》，丁晓东译，北京大学出版社，2010，第60页。

问题，与其他无关。在这样的人生观和价值观的指引下，小说和畅想就显得极其多余。换言之，葛擂硬认为这些东西是无实用性、无价值的，与他的教育理念格格不入，所以他对小说和小说具有的畅想能力予以否认。然而，我们是否应该思考一下，真的只有实用的东西才对我们有意义吗？是不是那些不具有实用价值的东西就都应该弃之不顾呢？亚里士多德曾经阐释过相关问题，虽然有些事情如学习、锻炼身体不能给我们带来快乐，但是它们还会因为自身所具有的价值和意义备受青睐。同样道理，虽然畅想并没有什么“实用价值”，却因其自身之故而值得肯定。

2. 畅想的意义

不只是小说，儿童时期的故事、童谣、儿歌甚至包括游戏都在培养人们的畅想能力方面发挥了积极作用，很多成年人的想象力和畅想能力都是通过儿童时期的教育培养形成的。概括来说，人类具有畅想能力有以下几方面的意义。第一，畅想有助于形成丰富和完善的内心世界，面对同样的事物时，具有畅想能力的人能够发现一个事物与其他事物的联系，防止人们孤立、片面地看待问题，更容易产生对事物丰富的理解，从而形成对道德生活积极的影响。第二，畅想是超越了事物表象的一种能力，畅想中包含了多种有益的情感，包括仁慈、同情、慷慨、宽容等。畅想中往往充满了对自然、生命和死亡的敬畏之心，充满着人性的光辉，通过小说引发的畅想让人们体会和感受到的有益情感通常会带来更多的仁慈、同情、慷慨和宽容。第三，畅想为理性反思注入更多的活力。阅读小说和培养畅想能力并不等于要抛弃理性，理性和畅想是相辅相成、相得益彰的。缺乏理性的畅想是无根基的、不完整的，缺乏畅想的理性更是盲目、无情和冷漠的。畅想是一种具有创造性和能动性的活动和能力，它扩大了理性反思的视域，并为理性反思提供了更多具有生命力和与人性相关的因素。总之，努斯鲍姆在探讨小说阅读、畅想、经济功利主义和生活质量等问题时，明确表示经济功利主义的世界观无法为人们提供一种衡量生活质量的标准，而小说能够展现给人们个体人物的痛苦与快乐，引发人们对他人生活、自己生活以及生命的畅想和深刻思考。

三　诗人作为裁判

惠特曼曾经在他的诗中将诗人称为“各种事物的仲裁人”，还说“他是他的时代和国家的平衡器……他不是辩士，他是裁判 | 他不像法官那样裁判，而是像阳光倾注到一个无助者的周围，……他看出永恒就在男人和女人身上，他不把男人和女人看的虚幻或卑微”①。努斯鲍姆从惠特曼的诗中得到启发，她试图讨论具有诗人特点的“文学裁判”或“诗性裁判”及其作为复杂事物仲裁人的合法性。

（一）复杂事物的仲裁人

努斯鲍姆认同惠特曼在诗中关于诗人的观点，她还对诗人的地位和作用进行了解读，诗人对于一个时代和一个国家来说至关重要，诗人并不是能言善辩之人，诗人是裁判，而且是不同于法官的裁判，他像阳光一样给无助者带来温暖和力量。然而这并不表明诗人偏袒特殊者和无助者，诗人作为裁判仍然具有司法中立性，只是这种中立性不是冷漠和狭隘的，而是具体的、历史的、与人相关的。努斯鲍姆清楚地表明诗人作为仲裁人是有条件限制的，即作为复杂事物的裁判需要多方面的能力和知识，如法律知识、法律推理等，因此纯粹的诗人是无法达到复杂事物仲裁人要求的，在这一点上努斯鲍姆也表达了她与惠特曼的不同观点。其实，与其说努斯鲍姆借鉴惠特曼诗中诗人作为裁判的主张，不如说努斯鲍姆力图为现实的法律裁判融入适当的文学视角，在她看来，文学中的想象、畅想和同情都在辅助司法推理方面具有积极作用。诚然，法官在运用文学中这些有益因素时并不能超越合理的范围和限度，而是要做一名“明智的旁观者”。

① 〔美〕玛莎·努斯鲍姆:《诗性正义：文学想象与公共生活》，丁晓东译，北京大学出版社，2010，第 119 页。

（二）司法的中立性

努斯鲍姆强调法律并不仅仅归属于科学领域，它还属于人文领域，正如努斯鲍姆在《善的脆弱性》中所论证的那样，亚里士多德的一个重要观点就是“伦理是非科学的”，尽管科学性、普遍性和确定性有很多优点，但伦理学和政治学以一种更关注历史和现实的复杂性、多样性和变化性而独具特色。同样，无论法律条款有多么完备，法律先例的数量有多么众多、种类有多么齐全，现实发生的法律案件仍然需要具体问题具体分析。文学裁判或诗性裁判在中立性要求方面与司法中立性具有一致性，也就是说，在法律领域的裁判必须要有基于理性实践而形成的标准，这就要求法官的裁判不能是任意的和武断的。努斯鲍姆试图表明虽然法律要求中立性，但是这并不等同于法律裁判是冷漠的和不近人情的，不等于法律裁判中不能涉及想象和情感。文学裁判或诗性裁判要求具有一种旁观者的畅想、移情和情感，当然这需要完全抛开与旁观者有关的利益和得失，从一种普遍人性的角度对情况进行评估。“文学的中立性就像惠特曼的阳光，就像阅读一部小说，它贴近人们和人们的实际经验。”①

（三）诗性裁判

事实上，努斯鲍姆推崇文学裁判或诗性裁判，她都是在强调通过阅读文学作品培养人们感同身受的能力，只有能够感受到别人的痛苦和悲伤，感受到文学作品中人物们真正经历的一切，他/她才能成为一名“明智的旁观者”。小说更关注个体和个体的独特性，这种看重个体价值的方式有利于防止群体仇恨和群体压迫。种族主义和性别歧视问题的发生往往是因为没有看到群体中个体之间的差异，没有把个体具体化，小说的这一特征在消除群体仇恨的僵化形象方面具有一定的作用，它对促进社会公平和寻求社会正义具有积极

---

①〔美〕玛莎·努斯鲍姆：《诗性正义：文学想象与公共生活》，丁晓东译，北京大学出版社，2010，第132页。

的意义。努斯鲍姆赞成一种基于法律专业技术的诗性裁判，她通过具体的司法案例展现了法官具有情感和想象的重要性。可以说，不同的案件都有其自身的特殊性，即使是同样的案件类型在不同的时代、不同的场合、不同的人身上发生也不一样。因此，努斯鲍姆一方面一直强调法官必须具有极高的专业素质，包括掌握法律知识、历史知识和先例知识；另一方面还需要具有畅想和同情的能力。换言之，成为一名优秀的裁判还需要拥有想象能力和完善的情感，这种能力要依靠人文学科的教育和培养，这也就是努斯鲍姆强调培养人性的原因。这里需要进一步澄清的是，虽然文学想象使法官更好地体会和理解案件中不同涉案个体的伤害、耻辱和愤怒等感受，诗性裁判也在把握事实全貌、关注历史语境和社会语境方面发挥了良好的作用，但是那种无视法律制度约束和法律德性约束的诗性裁判不仅不是充分的，更是有害的。

本章小结

"人是政治动物"，个人的幸福要在城邦中得到实现，因此努斯鲍姆"好生活"思想也必然要探讨政治哲学视野下的"好生活"问题。随着经济的发展和全球一体化进程的深入推进，"地球村"的形成更加预示着各国公民已经成为真正意义上的"世界公民"，努斯鲍姆不仅追溯了古希腊罗马时期的"世界公民"思想，她还对非功利主义的"世界公民"教育提出了人文学科通识教育和艺术教育的建议。除此之外，她还对实现正义进行了初步探索，她赞成一种基于"明智的旁观者"的诗性裁判。

第四章　努斯鲍姆“好生活”思想的内在要求：实现正义

作为政治动物的人，德性的实现即人的政治性体现，政治性的德性即正义，努斯鲍姆“好生活”伦理思想转向政治哲学研究之后，她在寻求一种有尊严的生活过程中必然要积极探讨正义问题，对于个人来说，“公正常常被看作德性之首”[①]，正义和公正问题异常重要，对于政治共同体来说，人与人之间的交往也离不开公正问题，公正是“交往行为上的总体的德性”[②]，所以正义问题的研究也是努斯鲍姆政治哲学研究的重点，实现正义是“好生活”思想的内在要求。虽然努斯鲍姆在早期进行了“诗性正义”的探索，但是正如她自己所意识到的那样，“诗性正义”并没有很好地解决社会正义问题，努斯鲍姆在借鉴和吸收当代正义理论优秀成果的基础之上，阐发了颇具影响力的正义思想。在20世纪的所有正义问题研究中，罗尔斯的正义理论影响最大，努斯鲍姆的正义理论则是在批判和继承罗尔斯正义理论基础之上展开的。努斯鲍姆不仅直面罗尔斯三个悬而未决的正义问题并进行讨论，她还试图把能力理论作为实现正义的进路。可以说，努斯鲍姆的方法和崭新的理论结构为正义的实现提供了与众不同的思路。

①《尼各马可伦理学》，1029b28-29。

②《尼各马可伦理学》，1029b31。

第一节 三个悬而未决的正义问题

努斯鲍姆注意到虽然罗尔斯的正义理论与以往的契约论和功利主义相比具有明显的优势，但是正如罗尔斯在《政治自由主义》一书中所说，他的正义理论也有难以解决的问题[①]，它们是：①不健全和残障人士（既包括精神方面和生理方面残障，也包括临时和永久残障）的正义问题；②超越国家边界的正义问题；③非人类动物的正义问题；④能留给后代什么的正义问题。虽然罗尔斯认为他的正义理论可以解决②和④，但是努斯鲍姆却认为罗尔斯的正义理论只能对最后一个问题做出解答，因此努斯鲍姆的正义理论没有涵盖④。然而，努斯鲍姆并不认为罗尔斯最后一本著作《万民法》给出了针对跨国正义问题合理和令人满意的解释。努斯鲍姆认为，契约论和罗尔斯的正义理论都没有解决前三个问题，努斯鲍姆把这三个问题作为悬而未决的正义问题提出来并进行了深入探讨。

一 不健全和残障人士的正义

努斯鲍姆通过分别阐述“不健全”“残障”“残疾”的含义，试图说明“正常人”的生命阶段也包含不健全状态，从而凸显不健全和残障人士的正义问题是一个具有相对普遍性的正义问题。努斯鲍姆不赞同罗尔斯把不健全和残障人士排除在契约主体之外的社会基本结构设计。此外，康德片面强调理性和道德不仅无法正确理解人的动物性的基础性作用，还会让人忽略自身的脆弱性。

① 〔美〕罗尔斯：《政治自由主义》（增订本），万俊人译，译林出版社，2011，第18~19页。

（一）不健全和残障

努斯鲍姆认为不健全和残障人士的正义问题与我们的生活不可分离，他们的正义问题并不像大多数人所想象的那样离正常人群的生活很遥远。她在《正义的前沿》一书中列举了三个需要关怀的不健全和残障儿童，他们中有的患有先天性脑瘫和唐氏综合征，有的患有阿斯伯格综合征，有的生活完全不能自理，有的在与人交往方面存在障碍。显而易见的是，这些生理和精神不健全者和残障人士也是公民，他们也应该享有其他公民所享有的权利。与正常人相比，他们需要得到更多的关怀和照顾，因此，不仅这些人群面临着正义问题，他们的照顾者也往往因为需要付出大量的时间和精力而承担着巨大的负担。可是，照顾者的付出往往并不被社会承认和认可，因此照顾者群体也面临着正义问题。

努斯鲍姆对“不健全”、“残障”和“残疾”进行了区分，她认为“不健全”（impairment）指的是“一种正常身体功能的丧失”[①]，“残障”（disability）主要指不能够做某事的结果，“残疾（或缺陷）”（handicap）是指“作为结果的竞争性的不利”[②]。其实，它们之间的区别并不十分明显，特别是“不健全”和“残障”之间的界限更不是很容易划分。努斯鲍姆通过对这些术语的使用试图区分在她看来有误导性的“精神疾病”和“认知不健全”（或“智力残障”）。她认为，把“精神疾病”视为一种情感无序以及把“认知不健全”看成基于理性都是不妥的，在她看来，情感和认知是无法截然分开的，她坚持认为“情感包含认知”[③]。

此外，努斯鲍姆还认为不能因为残障人群和照顾者人群是少数人群而被

---

①〔美〕玛莎 · 纳斯鲍姆：《正义的前沿》，陈文娟、谢惠媛、朱慧玲译，中国人民大学出版社，2016，第 301 页。

②〔美〕玛莎 · 纳斯鲍姆：《正义的前沿》，陈文娟、谢惠媛、朱慧玲译，中国人民大学出版社，2016，第 301 页。

③〔美〕玛莎 · 纳斯鲍姆：《正义的前沿》，陈文娟、谢惠媛、朱慧玲译，中国人民大学出版社，2016，第 302 页。

社会忽略，他们的正义问题更不应该被推迟解决。努斯鲍姆还把残障者、不健全者与老年人的境况进行了类比。老年阶段是从盛年时期的相对独立走向一种逐渐需要他人照顾、依赖他人的人生阶段。他们和残障儿童相比更难得到较多的关怀和关注，无论是从生理角度还是从精神角度来说，照顾易怒和防御性强的老年人要比照顾生活不能自理的儿童更加艰难，从老年人身上获得的快乐感和满足感也更少。即便是壮年时期，很多人也都经历过短期或者长期依赖别人照顾的特殊时期，如生病、手术住院，包括精神压力过大等。因此，现实生活中"正常人"的生命阶段也与不健全状态不可分割，无论是我们的父母、子女，还是终有一天年老体衰的自己，都无法与作为照顾对象的不健全者或者照顾者完全区分开来。于是，"如果我们意识到终生不健全者的情形与'正常人'之生活的各阶段具有连续性"①，那么我们就会认为与不健全者和照顾者相关的问题至关重要，而且这些问题应该被纳入社会正义问题视野之内，因为它们对每一个家庭都有或多或少的影响。努斯鲍姆承认，虽然她也讨论生理不健全和精神不健全问题，但是她会更关注精神不健全，因为在她看来精神不健全"以一种更本质的方式挑战了疑窦丛丛的理论"②。她还集中讨论了极具代表性的儿童教育问题，她认为她的论证对于生理不健全、残障以及成年人群体同样适用。

（二）非契约主体

在努斯鲍姆看来，虽然罗尔斯的正义论对社会正义问题的解决要比功利主义好得多，但是具有契约论性质的罗尔斯正义论仍然存在一定问题。罗尔斯的正义论需要得到进一步的审查和检验，他的正义论也应该继续补充和完善。罗尔斯曾经明确表示签订契约的主体不包含一些特殊群体，他们因为不

① 〔美〕玛莎·纳斯鲍姆:《正义的前沿》，陈文娟、谢惠媛、朱慧玲译，中国人民大学出版社，2016，第71页。

② 〔美〕玛莎·纳斯鲍姆:《正义的前沿》，陈文娟、谢惠媛、朱慧玲译，中国人民大学出版社，2016，第69页。

会带来更多的共同利益而无法成为社会合作者，他说：“就我们既定的目的而言，我暂时不考虑那些临时伤残者和永久伤残者或精神错乱者，这些状态使他们不能成为通常意义上的社会合作成员。”[①]（罗尔斯所谓的“伤残者”就是努斯鲍姆提到的“残障者”）罗尔斯认为，虽然像健康、理智和想象力等都属于自然赋予的“基本品”（primary goods）范畴，它们受到社会基本结构的影响，但是不受社会基本结构的直接控制，他只把权利和自由、权力和机会、收入和财富（包括自尊）视为社会的“基本品”，并把分配某些“基本品”——“即分配预计每个有理性的人都想要的东西”[②]假定为社会的基本结构。正如努斯鲍姆所认为的那样，罗尔斯是“蓄意”把残障和不健全群体排除在社会基本结构设计之外的，罗尔斯把那些没有合作能力的特殊人群的问题暂时搁置在一边，并把与他们相关的“紧迫实践问题”推迟到立法阶段，他只讨论能够覆盖基础性情形的理论，并认为随后再扩展上述困难情形是合情合理的。不健全和残障人士因为无法满足“大致平等”和“互利”这两个社会契约式条件，而被无情地划归为非契约主体，他们的利益无法通过自己表达，他们的权益也很难通过社会契约保障，除非契约主体中有人对这些特殊群体的利益感兴趣，他们的利益才有可能被涉及。

努斯鲍姆认为如果只像罗尔斯那样把收入和财富这类“基本品”作为社会地位排序的参照，那么它是相对简单和明晰的，然而它也是有缺陷的，因为社会生活的实际状况要远远复杂得多。具有同样收入水平的两个人，他们会因为是否具有暂时或永久性残障而导致生活处境完全不同。有严重精神不健全的人们对以互利为社会合作首要基础的社会契约理论提出了巨大的挑战，他们这一群体中的大部分人是不具有经济生产能力的，即便少数幸运个体能够进行社会生产，他们也会在成为“生产性的”公民之前面临其所在家庭需要支付高昂医疗和教育费用的境况。至此，努斯鲍姆认为对以严重精神不健全为代表的特殊群体，社会应该给予特殊的支持和关怀，重新审视不健全和残

---

①〔美〕罗尔斯：《政治自由主义》（增订本），万俊人译，译林出版社，2011，第18页。

②〔美〕罗尔斯：《正义论》，何怀宏等译，中国社会科学出版社，1988，第62页。

障人群本身及其与社会关联的价值。尊重和接纳这一特殊群体与他们是否能够成为社会合作成员，是否能够带来经济效益以及他们的收入水平都没有关系。努斯鲍姆认为，把与不健全和残障群体相关的问题推迟到立法阶段并不充分，也并不可取，这些特殊群体的利益问题是与社会正义直接相关的，他们不是慈善的对象而是社会正义问题的主体。

（三）康德个人观与残障

在努斯鲍姆看来，罗尔斯理论中存在着康德主义和契约教义之间的紧张关系。康德把每一个人都当作目的，即使是从总体社会福利角度考虑也不应该侵犯任何人，其中也包括不健全和残障人士。康德主义对人的正义问题也进行了广泛而深入的思考，"把正义视为内在善"①，并且"关于社会合作利益的概念是丰富的、价值多元的"②。最重要的是，虽然康德式公民在事后能够对不健全和残障人士给予认可和尊重，但是社会契约框架在事前进行原初状态的设计时把这一特殊群体拒之门外。

康德个人观与罗尔斯的正义理论具有千丝万缕的联系，因此要弄清罗尔斯理论所面临的问题就要从"康德式分离"的个人观着手。努斯鲍姆认为，康德个人观中把人划为自然必然性领域和道德自由领域，即把人性和动物性分离开来是存在问题的，主要概括为以下两点。一是人的动物性本身具有尊严和价值，离开动物性的需要和能力仅仅让理性发挥作用是不现实的，理性和道德都要以人的物质性和动物性为前提基础，否则我们无法把自己与真正意义上的人联系在一起，更无法正确理解人与其他动物的关系。二是片面强调理性和道德会让人忽略自身的脆弱性，忽视疾病、老龄和意外等这类动物性问题，从而影响和阻碍人类生理机能和理性功能发挥

① 〔美〕玛莎·纳斯鲍姆:《正义的前沿》，陈文娟、谢惠媛、朱慧玲译，中国人民大学出版社，2016，第 89 页。

② 〔美〕玛莎·纳斯鲍姆:《正义的前沿》，陈文娟、谢惠媛、朱慧玲译，中国人民大学出版社，2016，第 89 页。

作用的范围和程度。片面强调理性还会忽略人的动物性具有生长、发育、成熟、衰老的自然过程，把不受时间影响的、貌似自足的理性与一生中存在多次需要别人照顾和依赖他人的情况截然分开，这些特殊依赖时期的生活与终生不健全和残障人士的人生是极为相似的。努斯鲍姆认为严重精神不健全者是不具备道德能力的人，他们根本没有资格也没有可能享受与他人一样的平等。正如康德和罗尔斯所认为的那样，人类与动物之间不存在互惠和正义关系，同样，基于康德个人观而言，正常人与严重精神不健全者之间也不存在互惠关系。但努斯鲍姆相信精神不健全者能够通过不同的方式，如拥抱、微笑、跳舞、问候等与家庭成员、亲属、邻居或者其他人表达他们的友善、快乐、喜爱和思念等复杂情感，并能够给他人带来互惠。虽然这种互惠是意义上完全不同的互惠，而且似乎不具有政治意义上的重要性，但是努斯鲍姆认为忽视残障者和不健全者是具有极大缺陷和漏洞的。

二 全球正义

罗尔斯在《正义论》中的正义观建立在与其他社会相隔绝的条件下，是一种封闭的社会结构之下的正义理论。然而问题是，我们全世界的人们都生活在一个联系日益紧密的“地球村”中，交通、通信的发展和变化使人与人之间的沟通与交流，国家与国家之间的经济、政治与贸易往来变得快捷和频繁。一个国家很难达到与其他国家隔绝，更难达到与其他国家保持毫无接触的封闭状态。世界上存在着比较富裕的国家和比较贫穷的国家，虽然它们的经济状况、政治影响和国际地位不同，但它们都是全球正义的对象和主体。那种以互利为目的，以契约方“大致平等”为条件的契约进路能否把较贫穷国家及其国民纳入全球正义问题的视野，能否解决富裕国家和贫穷国家之间的资源分配不平等问题，这一系列问题都是经济全球化之后亟待解决的正义问题。

（一）全球一体化

人类进入21世纪之后，随着新科技革命的推动特别是信息技术的发展，国与国之间的联系比以往更加紧密。任何一个单一的主权国家都无法仅仅通过一己之力发展经济，能源、资金和技术成为各国发展经济的重要因素，没有哪一个国家拥有全部的资源与技术，因此各国之间的交流与合作也就愈加重要。越来越多国家和民族被卷入经济全球化的浪潮之中，人们的生活也随着科学和技术的进步、国际分工的进一步深化和贸易全球化而发生重大变化。无论是发达国家还是发展中国家，在经济全球化的背景下都面临着机遇和挑战。对于发达国家来说，经济全球化更符合它们的利益和经济发展要求。发达国家的经济生产已经不再局限于本国之内，它们拥有雄厚的经济实力，它们掌握着先进技术和管理经验，在世界市场中具有核心竞争力。全球一体化，特别是经济全球一体化也给发展中国家的发展带来了不小的冲击。从积极方面看，发展中国家打开国门之后，可以充分利用外来资金和技术的有利条件发展本国经济；从消极方面看，发展中国家在国际竞争中处于不利地位，面临着资源被掠夺和环境被破坏的危险，与发达国家的贫富差距也逐渐扩大等。总之，无论是发达国家还是发展中国家，无论是富裕国家还是贫穷国家，各国都已经或者逐渐成为相互联系、相互依赖的“地球村”的成员，各国不仅不是固定不变的，更不是封闭的。因此，罗尔斯把国家理想化地设计成“同其他社会隔绝的封闭社会”是不正确、不真实的，他无法很好地解决全球一体化背景下的全球正义问题。

（二）全球不平等

自从人类进入20世纪以后，国家与国家之间的收入不平等情况达到了前所未有的状况，《2000年人类发展报告》明确指出，最富裕国家与最贫穷国家的收入之比在1820年、1950年、1973年、1992年分别为3：1、35：1、44：1、72：1，由此可见全球的贫富差距越来越大。此外，不同国家之间的预期寿命、人均收入水平、受教育程度等方面也存在着较大差距。例如，瑞典公民的预期寿命为79.9岁，而塞拉利昂公民的预期寿命却只有34.5岁。在人均国内生产总值方面，美国为34320美元，而塞拉利昂仅为470美元。在成人识字率方面，受联合国开发计划署调查的175个国家，排名在前20的国家中，成人识字率为99%，而塞拉利昂只有36%。然而，出生在哪个国家是一个包含极大偶然因素的事件，一个国家新生儿的生活状况和水平、发达程度等密切关系着这个新生儿的生长发育和生活质量。可以说，国家与国家之间、国民与国民之间的不平等现象日益明显。在全球一体化的今天，不同的种族、民族、国家、阶层、性别等方面的差异使人们面临着不同的健康状况、受教育程度、工作机会和收入水平等，无论是国家内的不平等还是国家间的不平等都向全球正义提出了严峻的挑战。

努斯鲍姆认为，贫穷的国家在世界舞台中的角色类似于残障人士在单一国家中的角色，它们在整体中处于弱势和劣势地位。如果按照契约原则的要求来看，贫穷国家不符合“大致平等”和“互利”的签约前提假设。贫穷的国家由于自身在经济上处于不利地位，它们与富裕国家存在着明显的经济、政治方面的不平等，而且它们也无法实现互利。它们似乎是世界体系中的“累赘”，可是它们包括它们的公民享有平等的人类尊严，因此它们的正义问题也应该在正义体系的设计之初就被考虑进去，而不是作为一种特殊情况在正义原则设计出来之后才予以解决。

三 动物正义

在努斯鲍姆看来，正义问题不仅仅是与人有关的问题，其主体还应该包括有尊严的存在物——动物。可是动物正义往往因其主体的特殊性而成为极易被忽视的议题，因此，动物正义不仅是正义问题的一个方面，而且还是一个极其紧迫的正义问题。人类生活已经越来越多地与地球上的动物发生交集，也就是说，完全生活在人类影响之外的动物越来越少，不只是很多动物的栖息地受到了人类生活的干扰和破坏，还有很多珍贵稀有的动物也面临灭绝和已经灭绝的危机。即使是那些数量众多的家禽、家养宠物和野生动物等，它们的生存状况、生活条件、死亡时间和死亡方式等一系列问题都与正义有关，作为有尊严的动物，它们也和人类一样追求属于它们的繁荣。

（一）非人类动物的境遇

可以说，目前地球上的动物与人类的联系比以往任何时候都更加紧密。人类从蒙昧时代经过野蛮时代到达文明时代的整个过程中，动物在人类文明进程中发挥了不可或缺的作用，动物的角色、地位和影响也发生着微妙的变化。动物的价值不再局限在食用方面，而且具有了观赏、陪伴、科学实验、研究等方面的作用。动物已经越来越成为人类生活中不可缺少的角色，无论是因为我们需要食用它们的肉、利用它们的皮毛、对其进行科学实验，还是需要它们作为观赏、陪伴、情感寄托的对象等，动物从来都没有脱离过人类生活。然而，很多动物出生之后就被限制在狭窄的空间内，居住在肮脏的环境中，在盛年时被残忍地杀害。还有一些动物被关在笼子里，经受着饥饿、恐惧、劳累的折磨，它们的存在只是为了博得人们一笑，它们是马戏团里的动物。另外一些动物是科学研究的实验品，它们的活动场所、居住空间、营养和死亡方式等都不尽如人意。动物园的动物在捕食方式和营养摄取方面也存在一系列问题，如在动物园经费开支不足的情况下，食物短缺的动物不得不受到饥饿、生病和死亡的威胁，还有一些动物即使有充足的食物，却无法在动物园有限的空间内锻炼捕食能力等。上述这些动物是否也有尊严和权利，它们的繁荣又应该怎样保证呢？

（二）无痛苦的方式

当然，我们一直探讨的动物是包含所有动物在内的，无论它是一只蚊子还是一头牛或者一只黑猩猩，只是在努斯鲍姆看来，“具有更复杂感知能力的动物，会比具有不怎么复杂感知能力的动物，要遭受更多的、不同的伤害”[①]。虽然能力进路不是只关注感知能力，具有最低感知能力的动物的非正常死亡也表明了某种善的剥夺和伤害，但是这种剥夺和伤害似乎没有那么严重。也就是说，如果从能力角度看，一种生物所能遭受的痛苦与伤害及其程度因生物的生命形式不同而不同。因此，对于是否具有感知能力的动物也应该区别对待，虽然无缘无故地杀死任何动物都是不对的，但是从给它们带来伤害的后果考虑，还是应该采取不同的方式去对待它们的生命。

大量研究表明，动物并不是完全没有理性的存在，针对动物的类似研究不胜枚举，而最应该引起人们反思的是“理性并非人类独享”，理性只是生物能力之中的一种。由此可知，动物也和人类一样，人类身上具有的尊严和追求繁荣的本性也适用于动物，也就是说，动物不仅具有尊严，还会追寻属于它们自己物种的繁荣。例如，运动能力对于像猫和狗这样的家养宠物来说是至关重要的，即使它们自己并不觉得丧失运动能力有什么痛苦可言，可是在努斯鲍姆看来，可活动性仍然是这些动物有尊严生活的重要前提。还有一些与人类有过密切接触甚至天天生活在一起的动物，它们可能会因为疾病、衰老等情况而遭受病痛、运动障碍等方面的痛苦和折磨。换句话说，它们没有办法自己或者通过人类的帮助过上一种有尊严的生活，那么在这种情况下，人类对其实施安乐死经常被视为一种允许和更好的选择。这样看来，如果以动物个体的能力和尊严为着眼点似乎能够得到与其他进路不同的解决方式，对于不同动物和不同情形也会有不同的解决路径。努斯鲍姆认为，“无论是活着还是死去的时候，不造成痛苦都是很重要的”[②]。也就是说，在动物活着的时候应该保证它们没有痛苦，且有尊严地发展该物种的能力，在它们死去的时候也尽量不让它们遭受痛苦和折磨。当然，努斯鲍姆认为，在有的情况下，如果动物并不是处于痛苦而老朽的生活状态时，人类无痛苦地杀害一些动物

---

① 〔美〕玛莎·纳斯鲍姆：《正义的前沿》，陈文娟、谢惠媛、朱慧玲译，中国人民大学出版社，2016，第 273 页。

② 〔美〕玛莎·纳斯鲍姆：《正义的前沿》，陈文娟、谢惠媛、朱慧玲译，中国人民大学出版社，2016，第 274 页。

也是一种伤害。如果我们不得不进行人为干预，如老鼠数量的剧增给人类健康带来了极大的威胁，那么我们可以考虑选择绝育手术这样道德上更可取的方式达到控制老鼠数量的目的。

第二节　实现正义的进路：能力理论

努斯鲍姆阐述了罗尔斯所面临的三个悬而未决的问题，并指出在其正义理论路径内这些问题无法得到很好的解决，努斯鲍姆建议选择其他进路对罗尔斯的正义理论进行扩展和补充，她认为能力理论或许是一个不错的选择。努斯鲍姆强调，能力进路并不是要完全取代罗尔斯的正义理论，相反，能力进路与罗尔斯的进路具有不可否认的亲缘关系，至于能力进路是否能够更好地解决社会正义问题则需要时间的检验。

一　功利主义、契约主义与能力

努斯鲍姆认为，以人均国民生产总值作为衡量人们生活质量标准的功利主义，根本无法体现出财富和收入是如何分配的，功利主义缺乏对每个人类个体的辨别与尊重，没有把每一个人当成目的，是一种极其糟糕的进路。罗尔斯的契约主义在正义的环境方面是有规定和限制的，是一种程序正义进路。努斯鲍姆分析了功利主义的弊端和罗尔斯契约主义的局限，强调了能力进路的优势，为实现经由能力路径的正义奠定了坚实的理论基础。

（一）功利主义的弊端

可以说，最早的能力理论是在反对由经济占主导地位的功利主义背景下产生的。功利主义过去甚至包括现在仍然对人类社会的政治和经济产生着重要影响，特别是在对人类生活质量评估方面，功利主义那种推崇按照人均国民生产总值（GNP）对国家进行排序，并以此作为标准来衡量人们生活质量的倾向仍然有一定市场。然而，需要注意的是，这种强调平均效用的功利主义并不能真正反映人们的实际生活状况，特别是人均国民生产总值（GNP）甚至根本无法体现出财富和收入是如何分配的，也就是说，具有相同 GNP 的不同国家完全可能会因为分配不平等、经济发展不平衡和政策不完善等原因造成寿命、营养和健康、性别与社会地位、教育机会等很多方面的差异。由此可见，功利主义最大的弊端在于它并没有把每一个人当成目的，个体仅仅作为增加国民生产总值的一股力量，功利主义并不辨别为国民生产总值包括人均国民生产总值做出贡献的个人具有怎样的身份、地位、种族、性别，是否在生理和精神方面健全等；功利主义也并不对这样的个人信息抱有什么兴趣，甚至允许在提高全社会利益的前提下牺牲少数个别人的利益。因此，功利主义缺乏对每个独立个体的尊重，它在解决社会正义问题方面并不是一种令人心仪的进路。以阿马蒂亚·森为代表的当代经济学家最早提出了能力理论，并将其作为反对和替代功利主义的理论，努斯鲍姆在哲学领域对能力理论进行了拓展。

（二）契约主义与能力

罗尔斯的社会契约理论是假设社会成员因为利益一致而选择社会合作，社会合作会使每个社会成员过上比依靠他们一己之力更好的生活。然而社会成员都有其各自的生活计划和生活目标，他们在利用资源方面就会产生利益冲突，在分配利益时他们中的每一个人都希望得到更大份额而非更小份额，因此他们就需要签订一份协议作为分配利益的指导原则，罗尔斯称这些背景条件为正义的环境。正义的环境包括客观环境和主观环境。概括来说，客观环境是指大致平等和适度缺乏。签订契约的各方在身体和精神方面具有大致相似的能力，另外他们也不会因为资源丰富或匮乏而无法进行社会合作。主观环境则是指各方对别人的利益漠不关心，他们相互冷淡。

然而能力进路却没有这样的条件限制，无论处于什么样的状况之下，人们都是自愿生活在一起的"类存在物"，人们不仅生活在一起，人们还想更好地生活在一起。人类无论是在极度匮乏还是极度繁荣的情况下，都关涉核心善物品的分配问题，如财产和政治权利等，这些都是社会现实中存在的有关正义的问题，不应该因为契约主义假设的剥离而拒绝考虑这些问题，能力进路在这方面做得更好。努斯鲍姆认为，能力进路与罗尔斯契约主义的最大区别是基本理论结构的不同。能力进路是一种以结果导向正义的进路，这与罗尔斯的程序正义进路差异很大。程序进路侧重于公平程序的设计，设计者认为只要程序设计得足够正确和公正就会产生充分正义的结果。而能力进路更像是刑事审判，努斯鲍姆以此比喻想要表明能力进路是一种从结果出发的进路。可以说，政治程序如一种社会保障制度、一系列法律法规等都只是实现正义的途径，程序可以随着时间和具体情况的变化而变化，可是它所指向的结果仍然是正义的实现。努斯鲍姆反对程序进路源于如果程序不能让我们获得"一个与我们关于尊严和公平的直觉相一致的结果"①，那么再精致的程序也无法博得人们的厚爱。

努斯鲍姆认为，亚里士多德强调人是"政治动物"意味着人不仅仅是道德上和政治上的存在物，更是具有动物身体的存在物，这表明人不应该反对和敌视动物性，而应该正视以动物本质为基础的人性尊严。努斯鲍姆认为非典型的残障状况并不是一种特殊状况，人的婴儿期、老年期、短暂的和特殊的依赖期都属于非典型残障状况。因此，能力进路在自由观方面不仅与契约主义有相同之处，如人对政治原则的选择有兴趣；能力进路还具有与契约主义不同的自由观，"它强调人类自由的动物性和物质性基础，并且它认可一种更宽泛的、能够获得自由的存在者类型"②。另外，能力进路与契约主义不同之

① 〔美〕玛莎·纳斯鲍姆:《正义的前沿》，陈文娟、谢惠媛、朱慧玲译，中国人民大学出版社，2016，第58页。

② 〔美〕玛莎·纳斯鲍姆:《正义的前沿》，陈文娟、谢惠媛、朱慧玲译，中国人民大学出版社，2016，第62页。

处在于它并不认为人们在权利和能力方面具有相同点，人们也并不是独立的。努斯鲍姆指出，不同的人对资源和关怀有不同的需求，同一个人在不同时期的需求也会不同，能力的多样性具有与众不同的价值。人是政治动物，意味着人要生活在与他人的密切联系之中，不仅他们的利益和目标相互联系着，他们一生中的部分时间或者全部时间甚至都需要依赖他人，需要得到他人的照顾和关怀。

二　能力理论和十种核心的人类能力

努斯鲍姆的能力理论与森的版本不同，努斯鲍姆更强调能力的多元性。努斯鲍姆发展了森的能力理论，并创造性地提出了十种核心的人类能力，她认为人类要想过上有尊严的生活，政府就应该保证全体公民的能力在十种核心能力所要求的最低限度水平之上。

（一）能力

一种新的理论范式在世界范围内产生了广泛影响，它就是“人类发展理论”或“能力理论”或“多元能力理论”。“能力理论”最早是由阿马蒂亚·森提出的，并经由努斯鲍姆等人对其进行进一步发展。人类能力理论对世界经济和政治产生了重大影响，特别是对促进人类福利问题的研讨发挥了重要作用。努斯鲍姆在《寻求有尊严的生活：正义的能力理论》中解释了她的“多元能力理论”与阿马蒂亚·森的“能力理论”的区别。努斯鲍姆更倾向于使用“多元能力理论”这个词，主要有以下两个原因。一是人类生活中存在着多种善，而不是单一的善。不同的善意味着善在数量和性质方面多种多样、各不相同，善与善之间不可通约。这些不同的善是构成人类生活品质的重要元素，如健康、身体完整和情感等，因此应该对应使用复数的“能力”（capabilities）而不是单数“能力”（capability）。二是努斯鲍姆理论中的能力不仅限于人类能力，她还关注动物的能力，把非人类动物的正义问题也纳入研究视野。因此，从这个意义上来说，"人类发展理论"没有"多元能力理论"更能准确表达她的理论旨趣。当然，虽然阿马蒂亚·森也同样承认和强调它的多元性和不可通约性，但是他更多地是要把能力框架确立为"作为生活品质之比较的最佳坐标系，论证能力理论要优于功利主义和罗尔斯式的方法"①。因此，可以说努斯鲍姆和阿马蒂亚·森分别持有关于能力理论的两个版本，努斯鲍姆力图建构一种有关基本社会正义的理论，她更关注人性尊严、最低限要求和政治自由主义等概念，并详细列出了能力目录，将政治自由主义设定为研究目标。而阿马蒂亚·森则把"能力理论"视为综合评估生活品质的最佳比较指标，他并没有提出有关基本正义的理论观点。

能力理论是出于对"每一个人可以做什么，又能成为什么？"这一问题的回答。森认为，"一个人的能力就是指她所可能实现的可替换的功能组合"②。森把能力看成一种自由，"实现可替换的功能组合的实质性的自由"③，他把这种自由称为"实质性自由"。努斯鲍姆在此基础之上区分了内在能力、混合能力和基本能力。虽然它们之间的界限并不是很明显，但是她认为还是有必要进行逐一说明。她认为内在能力并不是指人天生的禀赋，而是在一个人的特质（包括智商情商、身体健康状况、个性特征、受教育情况等）基础上通过人为训练和发展而获得的能力。因此，内在能力与先天因素有关，也与社会政治、经济制度和政策等外在因素密切相关。混合能力又与内在能力相互关联，"混合能力可理解为内在能力与自由实践能力的社会/政治/经济条件的总和"④，混合能力除了要以内在能力作为基础，它还需要具有选择和行动的机会，也就是说社会除了提供和支持人们内在能力发展的条件和资源，

① 〔美〕玛莎·努斯鲍姆：《寻求有尊严的生活：正义的能力理论》，田雷译，中国人民大学出版社，2016，第13页。

② 〔美〕玛莎·努斯鲍姆：《寻求有尊严的生活：正义的能力理论》，田雷译，中国人民大学出版社，2016，第15页。

③ 〔美〕玛莎·努斯鲍姆：《寻求有尊严的生活：正义的能力理论》，田雷译，中国人民大学出版社，2016，第15页。

④ 〔美〕玛莎·努斯鲍姆：《寻求有尊严的生活：正义的能力理论》，田雷译，中国人民大学出版社，2016，第16页。

社会还要保证“机会通道”的畅通无阻。例如，虽然许多人具有发表自己想法的内在能力，他们也有这样的意愿想向政府和社会表达自己的言论，但是如果政府压制和限制民众言论表达的自由，即言论自由的通道是关闭的，那么民众言论自由的混合能力也就无从谈起。基本能力与内在能力、混合能力既有联系又有区别。基本能力是“个人固有的内在潜能，它让后期的发展和训练成为可能”①。努斯鲍姆认为，不能把基本能力与先天遗传和基因作用等同起来，外在环境如孕期妈妈的营养、家庭和社会的影响和塑造都与其相关，也就是通过人为训练和发展的内在能力也与基本能力有关，因此不能把基本能力仅仅理解为先天固有的潜能。至此，努斯鲍姆提醒人们注意基本能力概念的引出并不是主张一种精英统治，她不是建议社会权益的分配要与智能或技能成正相关，相反她认为应该给予那些落后者以更多的帮助，从而达到超越最低线能力水平的目的，这是一种社会目标面向所有人的目的所在。

除此以外，努斯鲍姆还比较了能力和运作，在她看来“运作指一种或多种能力的积极实现”②。虽然能力的目的往往是运作，但是能力并不等同于运作，可以说能力为自由选择留有空间，如果政治的目的在于运作而非能力，那么政府就剥夺了人们对自己生活方式的选择权。选择意味着自由，而自由本身是具有价值和意义的，因此，我们就应该赋予选择和能力以相应的地位和重要性。这就好比一个吃不上饭的穷人和正在节食的富人，虽然他们在运作方面具有相同的结果，但是明显可以看出富人在吃饭与不吃饭之间具有选择的机会，而穷人没有这样的机会。当然，努斯鲍姆还特意强调并不是所有事宜都可以放任民众去选择，在尊重、平等问题上是毫无商量余地的，因为此类问题处于能力清单的核心地位，是绝对不能撼动的。

无论是努斯鲍姆还是森，他们都确信不同能力之间的重要程度是不同的。

---

① 〔美〕玛莎·努斯鲍姆：《寻求有尊严的生活：正义的能力理论》，田雷译，中国人民大学出版社，2016，第 17 页。

② 〔美〕玛莎·努斯鲍姆：《寻求有尊严的生活：正义的能力理论》，田雷译，中国人民大学出版社，2016，第 18 页。

哪些能力最重要，哪些能力经过培育之后能够促进开展有价值的活动？虽然森关注的是人类生活品质，但是他把能力放入评估生活品质的比较框架之内，所以他并没有给出人类核心能力的清单。与此不同的是，努斯鲍姆认为在构建一种民主和正义的理论时，列出核心的人类能力清单是有必要和有意义的。因此，她列出了十种核心的人类能力清单。她认为要过一种人性尊严所要求的生活，政府就要保证全体公民的能力至少在这十种核心能力所要求的最低限度水平以上。当然，努斯鲍姆也承认她的清单并不是一成不变的，这个清单是具有开放性的，它需要不断地完善和补充。

虽然能力理论强调个人能力的充分发展和实现，但是个人在很多方面却无法改变国家政策、法律法规甚至是风俗习惯。世界上的一些人包括一些群体仍然无法享有与他人一样平等的和有尊严的待遇，有些国家和地区的女性、残障人士、受歧视的种族人群和受歧视的民族人群等，虽然他们是一些受排斥和边缘化的群体，但是他们也应该是社会正义关注的对象。因此，努斯鲍姆反对把人均 GDP 作为生活品质的指标，她认为人均 GDP 并不能真实反映每一个独特个体的生活品质和生活状况，经济增长只能仅仅代表国家和社会发展进步的一个方面，它并不是一个衡量人们是否过上平等有尊严生活的有效指标。她认为人类的发展才是发展的真正目标，能力理论作为一种新的理论范式不同于以往的主流理论，它致力于实现所有人寻求的那种平等有尊严的生活，“它重视民众所追求的目标的复杂性和质的多元性”①。努斯鲍姆呼吁国家和国际社会对能力理论进行比较、辩论、分析和检验，如果该理论能够经受得住检验，那么它就应该被采纳和付诸实践。

（二）十种核心的人类能力清单

努斯鲍姆承认一定存在一些具有普遍意义的人类能力，这些能力不会因

① 〔美〕玛莎·努斯鲍姆:《寻求有尊严的生活：正义的能力理论》，田雷译，中国人民大学出版社，2016，第 129 页。

为种族、民族、性别、出生地和受教育程度等而不同，她把它们称为十种核心的人类能力[①]，具体内容如下：

（1）生命。能够活到正常的生命长度；不会过早死亡，或者一个人由于不值得活而提早结束生命。

（2）身体健康。能够拥有良好的健康水平，包括生殖健康、营养充足、有适当的居所。

（3）身体完整。能够自由地迁徙；免于暴力攻击，包括性侵犯和家庭暴力；有机会得到性满足和进行生育事宜选择。

（4）感觉、想象和思考。能够运用感官进行想象、思考和推理——以一种“真正意义上人”的方式进行上述活动，这是以一种通过充分教育而获得告知和培育的方式，包括但不限于读写、基础数学和科学训练。在体验和从事自己选择的工作和事情时，如宗教、文学和音乐等，能够运用想象和思考，能够通过保证政治和艺术演讲的表达自由和宗教活动自由得到保护的方式运用心智，能够拥有愉快的经历和避免无益的痛苦。

（5）情感。能够爱我们之外的人和物；能够爱那些爱我们和关心我们的人，为他们的离世而感到悲伤。总的来说，可以去爱、去悲伤，去体验渴望、感激和正当的愤怒，不让恐惧和焦虑毁坏一个人的情感发展。

（6）实践理性。能够形成一种善的观念，并且能够对人生规划进行批判性反思。

（7）归属。

A. 能够与他人共同生活在一起，能够认可和关心他人，能够从事多种形式的社会交往，能够设身处地地想象他人处境。

B. 享有自尊和不被羞辱的社会基础，能够被当成与其他人具有平等价值的、有尊严的存在来对待。这需要禁止基于种族、性别、性取向、民族、种姓、宗教和原初国籍的歧视。

---

① Martha C. Nussbaum, *Frontiers of Justice: Disability, Nationality, Species Membership*, Cambridge: Harvard University Press, 2006, pp.76-78.

（8）其他物种。能够与动物、植物和自然界共存，并关心它们。

（9）娱乐。能够欢笑、游戏、享受娱乐活动。

（10）控制环境。

A. 政治方面。能够有效参与、控制个人生活的政治选择；享有政治参与的权利，保护言论自由和结社自由。

B. 物质方面。能够拥有财产（包括土地和可动产），拥有在与他人平等基础上的财产权；拥有在与他人平等基础上寻求工作的权利；拥有免于未经授权的搜查和追捕自由。在工作中，能够作为一个人而工作，并运用实践理性与其他工作者建立有意义的相互认同关系。

（三）核心能力的特点

第一，能力理论是以每一个人作为目的的理论，具有普世价值。能力理论的目标是培养每一个人的能力，让归属于每一个人的能力有所发展和提高。这里的"每一个人"不分国家和种族，适用于每一个国家的每一位公民。把每一个人作为目的意味着不能以任何理由和借口把一部分人当作实现另一部分人目的的手段。此外，努斯鲍姆还认为以个体为导向制定的政策会与不是以个体为导向制定的政策不同。例如，许多国家把家庭作为政策关注和支持的对象，而并没有区分家庭中不同成员的能力，这将容易使政府疏忽和遗漏对那些生活在最低限度水平以下个体的能力培养，政府按照团体制定政策也会面临同样的问题。虽然个体的存在离不开家庭、种族或者国家等团体，但是能力是属于个人的，并体现在每一个个体身上，所以能力是先归属于个人，然后才能在此基础上扩展至团体的。

第二，"核心能力具有不可通约的异质性"①。十种核心能力中的每一种能力都与其他能力不同，每一种能力也不能被其他能力替换和取代。每一种能力都在不同方面体现了人人享有的平等权利和尊严，如生命、健康、财产、

① 〔美〕玛莎·努斯鲍姆：《寻求有尊严的生活：正义的能力理论》，田雷译，中国人民大学出版社，2016，第26页。

工作、休息和闲暇的权利等。每一种能力都是独特的，也是不可通约的。一种或几种能力的保障和实现并不足够，只有超过十种核心能力的最低限度，才能被认为是过上了一种符合人性尊严的生活。

第三，“核心能力还以多种方式相互支持”[①]。在努斯鲍姆看来，在这十种核心能力中有两种能力具有“架构性”，这两种能力分别是归属和实践理性。也就是说，其他能力是在这两种能力的基础之上扩展和延伸出来的，如果其他能力符合人性尊严的要求，那么这两种能力也就已经蕴含于其中了。

第四，核心能力的内容借鉴了人权运动和《世界人权宣言》。努斯鲍姆承认她的能力进路是一种人权进路，可以看出，她的能力理论也受益于世界人权运动和《世界人权宣言》。核心能力所涉及的方面，包括生命、人身安全、接受教育、参与政治、工作和休闲等，都可以看到《世界人权宣言》内容的影子，只是对能力内容论述的角度和方式不同。

第五，能力清单中蕴含着门槛或阈值（threshold）理念。努斯鲍姆把政府对公民十种核心能力的培育作为实现社会正义的一项必要条件。她承认其所提出的能力进路并不是一种完全的社会正义理论，“它并不打算解决所有的分配难题，它只是指定了一个相对充足的社会最低限度”[②]。因为每个国家和民族的历史和国情不同，所以最低限度以上所涉及的平等和底线设定问题等也要求政府应该对每一种能力展开详细的考察，然后具体问题具体分析。有些方面的平等是毫无商量余地的，如投票权和宗教信仰自由等，有些方面却因为明显的机会不均等而导致一个国家的公民所享受的权益不同，即使他们的能力均已超过社会规定的最低限度，也仍然涉及社会正义问题，这类能力就不能按照充裕的最低限度执行，这就要求政府应该考虑制定合理和恰当的最低限度标准。

---

① 〔美〕玛莎·努斯鲍姆：《寻求有尊严的生活：正义的能力理论》，田雷译，中国人民大学出版社，2016，第28页。

② Martha C. Nussbaum, *Creating Capabilities: The Human Development Approach*, Cambridge: Harvard University Press, 2011, p.40.

三 能力与正义的实现

可以说，能力进路对人类的发展和进步起到了积极的促进作用，从最近十年的《人类发展报告》中能清楚地看出森和努斯鲍姆等众多经济学家和哲学家对人类发展和社会进步所做出的努力和贡献。特别是从2015年的《人类发展报告》中能够看出，联合国开发计划署（The United Nations Development Programme, UNDP）已经明确把提高人类能力和为人类发展创造良好条件作为人类发展的新维度，并在致谢中感谢以阿马蒂亚·森为代表的专家为报告所做的工作。从对人类发展问题的探讨和研究中可以发现，人类能力已经成为众多国家持续关注的重点，包括努斯鲍姆一直呼吁的残障人士正义、跨国正义、女性平等问题在报告中也多次出现。特别需要注意的是，2015年的《人类发展报告》把工作与职业进行了区分，并赋予看护工作、创造性工作和志愿工作一定的地位和价值，可以说，这是对人们生活和人类发展的新认识和新见解。

（一）残障与能力进路

努斯鲍姆认为，对于残障人士的正义问题不能简单地从分配更多资源的角度入手，长期以来能力进路更为关注残障人士的能力实现，因此，努斯鲍姆建议政府在宪法制定和制度设计时以能力为转移，并在监护、教育和看护工作的公共政策问题上给出了建议。

1. 为什么选择能力进路

森和努斯鲍姆都认为资源（收入和财富）并不能表明一个人的生活是否健康和快乐，也就是说一个人生活得是否幸福与他或她的收入情况和富裕程度没有必然联系。森认为每一个人的需求不同，因而每一个人把资源转化为能力的方式就存在差异。例如孕期和哺乳期的女性需要摄入更多的营养，她们与非孕期和哺乳期的女性相比需要把更多的资源转化为身体健康方面的能力。然而，在努斯鲍姆看来，森在这个问题上并没有切中问题的实质，罗尔斯拒绝接受森给出的建议有部分原因是他认为可以通过确定收入和财富的数额解决森的诘问。也就是说，可以通过分配给有特殊需求的特殊群体如儿童、残障人、孕期和哺乳期女性等更多的资源，来解决他们有不同需求的难题，在这一点上，森没有提出反对意见。可是，努斯鲍姆却认为，问题的实质并不在于是否能够给予特殊群体特别是残障和不健全人士更多数额的钱，而在于政府是否关注他们的能力，即他们能够做什么和他们能够成为什么。公共设施在设计时如果不考虑残障和不健全人士的权益，如设计方便残障人群的无障碍通道、电梯、盲人专用通道等，那么即使给予他们再多的钱也依然无法让他们自如地行动和活动。相比较而言，能力进路则更关注能力的实现。据此，政府在宪法制定和制度设计时应该以能力为转移，特别是关注对人类来说至关重要的核心能力。简言之，“使不健全者融入公共场合是一项公共事务，它需要政府进行规划与公共使用资源”①。

2. 公共政策

残障人士的权益保障离不开政府和社会公共政策的支持，努斯鲍姆以与残障者和不健全者息息相关的监护、教育和看护工作为切入点，提出了具有启发性和可操作性的公共政策建议。

（1）监护。很大一部分残障和不健全人士特别是精神不健全者无法通过自己，而是需要通过监护人保护和行使他们的权利。虽然在一般宪法层面都会规定精神不健全者具有同健全者一样的权利，但是仍然存在残障和不健全者无法行使权利或者权利行使不充分的情况。努斯鲍姆认为，最新的瑞典法案中有一个极具创意的方法可以解决残障者监护的社会服务和法律结构等问题。最优先的形式是导师制，被指导者的权利不会因为顾问的介入而有所改变，顾问类似于代理人，他只有在征得被指导者同意的情况下才可以行动。

---

① 〔美〕玛莎·纳斯鲍姆：《正义的前沿》，陈文娟、谢惠媛、朱慧玲译，中国人民大学出版社，2016，第 117 页。

“这些导师的服务费用由国家支付。有导师的人大多是上了年纪的人。”① 如果导师制无法解决残障者问题，那么可以通过管理者或受托人代替残障者做出保护其权益的决定。另外还包括“联络人”“个人助理”“社会陪伴者”分别提供不同的服务和帮助，服务者工资由政府支付。努斯鲍姆只是以最新的瑞典法案为例来说明能力进路可以参照其灵活结构进行实际的立法工作和政治尝试。监护作为公共政策的一个方面是以让残障者享有与正常人平等的权利为目的的，监护不仅能够满足残障者需求，而且是帮助残障个体最大限度获得和发展人类重要能力的有效途径。因此，监护政策的设计和法律法规的保障就显得尤为重要。

（2）教育。努斯鲍姆认为把精神残障儿童排除在教育之外是不正确的。无论是把他们看成与正常孩子不同的个体，还是有意将他们隔离在常规教学体制之外，又或是禁止他们进入某些公共场所等行为都是对他们的躲避和侮辱。然而，精神残障者有平等获得教育的权利，任何体制和机构都不能以任何理由阻碍和剥夺精神残障儿童的合法权益。国家和政府在制定政治原则和标准时以推进每一个体获得尊严和幸福为目的，即使帮助这些特殊群体需要花费高额费用也应该毫不吝惜。

随着时间的推移和人们认识的深入，特别是1997年美国国会通过了《残疾人教育法》，人们对残障者及其教育问题有了新的思考。努斯鲍姆认为，《残疾人教育法》中“个性化”的观念意义重大，它使人们认识到残障者是存在不同需求的个体，他们不是无差别的存在，更不是“残障”标签下无特征、无个性的一类人。在这种观念的影响之下，美国各州和各地方开始担负起识别残障儿童的任务，并把他们的权益保障落到实处。此外，该法律还致力于满足残障儿童“最少限制环境”的教育，并让他们与其他健全儿童一起接受教育，即融合教育。努斯鲍姆认为，这种融合教育对精神残障儿童和健全儿童都有益处，残障儿童会得到更多的鼓励和发展认知，并受到较少的侮

① 〔美〕玛莎·纳斯鲍姆：《正义的前沿》，陈文娟、谢惠媛、朱慧玲译，中国人民大学出版社，2016，第137页。

辱，健全儿童也会在与残障儿童的接触中学会仁慈和反思。当然，如果残障儿童在认知水平和受尊重方面不适合回归到主流教育中去，那么特殊教育与融合教育相比就是更好的选择。在努斯鲍姆看来，尊重个体性对于能力进路的目的实现是极为重要的，特别是对于残障儿童来说，它不仅体现了对个体平等权的尊重，也体现了对他们的包容。因此，残障儿童不仅是彼此区别的个体，更是具有平等受教育权利的个体。虽然《残疾人教育法》还存在诸多不尽如人意的地方，但是它在解决残障儿童教育问题方面确实取得了不小成绩。

（3）看护工作。努斯鲍姆在著作中曾多次表明她不认可把家庭视为不需关照的私人领域，她认为家庭内部成员的资源分配和机会分配都与正义问题直接相关，特别是涉及看护工作的正义问题更加凸显。通常看护工作涉及的人员主要包括被看护人（残障儿童或成人）和看护人，看护人一般以成年女性居多，她们大多是被看护人的亲属或非亲属，既包括有薪酬的也包括无薪酬的。一般来说，女性在家庭中所付出的劳动往往并不被家庭其他成员和社会认可，更不用说把她们的看护劳动视为工作了。努斯鲍姆指出，在伊娃·基太看来，认可看护工作价值的最好办法就是直接给看护者薪酬，这也是赋予看护者尊严的最佳途径。此外，公共教育也应该在转变人们特别是男性对看护工作认知上下功夫，强调看护工作对生活的重要意义，打消男性对看护工作的偏见和顾虑，打破具有男子气概的传统观念，通过公共教育让人们逐渐尊重和重视看护工作。能力进路建议“公共政策的一个主要目的应该是，通过新的灵活性和新的伦理规范来改变工作场所”①，也就是说，人们对僵化的看护工作和职场工作的认识都需要转变。当看护者需要兼顾看护和职场工作时，那种具有灵活工作时间和兼职性质的工作会更受青睐。

---

①〔美〕玛莎·纳斯鲍姆：《正义的前沿》，陈文娟、谢惠媛、朱慧玲译，中国人民大学出版社，2016，第150页。

（二）超越国界的能力

在经济全球化背景下，国与国之间、人与人之间的联系更为紧密。努斯鲍姆认为，富裕国家有责任帮助贫穷国家，国家的界限不能成为人类权益保障和能力实现的障碍。国家仍然是促进人类能力发展的首要主体，制度在促进能力发展方面具有重要作用。

1. 对贫穷国家负有责任

前文已经提到，世界各国的人们生活在一个彼此密切联系的共同体之中。虽然世界上一些落后国家国民的种族、民族、宗教信仰、受教育程度、健康状况、语言甚至肤色等可能都与我们不同，但我们还是应该把其他国家人们的生活机遇和生活状况看作是与我们相关的。有些人可能不理解为什么富裕国家会对那些与他们国民素不相识、素未谋面的贫穷国家及其国民负有责任。概括来说，努斯鲍姆认为原因有以下几点：

第一，国家间和国家内基本生活机会的不平等并不符合基本的正义要求。从母亲怀孕开始，不同国家的国民就面临着不同的营养、健康状况、预期寿命、教育水平和工作机会。这种国民之间的差异会因为出生地区、出生国家的不同而不同，还会因为性别和民族的不同而在一国之内也有所区别。然而，出生地、性别和民族等都是偶然的、随意的因素，可是人们的权益往往受到这些因素的影响和限制，国民间的不平等还呈现出不断扩大的趋势，这种不平等导致很多人无法超越能力底线，“而只是不平等的存在就已构成了行动起来的充分理由”①。

第二，当今世界经济的主动权主要掌握在富裕国家手中，贫穷国家仍处于不平等的竞争地位，因此纠正经济发展的不平衡需要在国家之间进行再分配。可以说，富裕国家在全球竞争中以获得最大利益为主要目的，它们在资金、技术和政策制定方面具有绝对优势，其通过跨国公司和一切有力手段控

---

① 〔美〕玛莎·努斯鲍姆：《寻求有尊严的生活：正义的能力理论》，田雷译，中国人民大学出版社，2016，第 80 页。

制着世界经济体系，因此贫穷国家是在一种极为不平等的情况下参与世界经济竞争的。贫穷国家常常以牺牲本国的环境和资源为代价，在国际贸易交换中处于不利地位，粗放型经济增长方式也为可持续发展带来极大困难。

第三，个人的行为和选择构成了一部分不公正的全球经济，并影响其他国家国民的生活。一个人的简单消费行为，如购买一件衣服或者一个面包都会影响到远方居民的生活，特别是在经济全球一体化的背景下，人们彼此之间相互依赖、相互影响，"蝴蝶效应"发生的范围更广、影响力更大。即使我们的所作所为并没有对贫穷国家的经济造成不公正的对待，但是我们仍然有责任思考与他们之间的紧密联系及其联系应如何维系。

由此可见，贫穷国家的经济困难以及国民能力低于最低线问题并不是这些国家的私事，而其他国家特别是富裕国家有责任帮助贫穷国家。无论是历史原因还是现实原因造成贫穷国家国民生活水平低下，都需要世界其他国家和国民认真思考人类不平等的原因、结果和解决方式。国家的界限并不能阻止人类权益和能力的实现，以培养超越国界的人类能力为目标才符合正义要求。

2. 义务主体

努斯鲍姆并不赞同世界政府代替国家承担起为国民提供核心能力支持的义务，在她看来世界政府无法应对来自不同历史和文化的多元观念，因此她自始至终都不赞成成立一个独立于各国之上的世界政府。相比较而言，国家具有不言而喻的优势。国家具有赋予本国传统和文化正当地位的可能性，从世界范围看，保持世界文化的多样性对人类文明具有重要的价值和意义，可是一个世界政府的存在极有可能会抹杀正当的多元性。此外，世界政府不仅很难对其公民负责，而且多元的文化和语言也使世界政府内部的交流变得困难。据此，努斯鲍姆认为能够承担全世界公民享有体面生活权益义务的主体首先应该是自己的国家，然后才是富裕国家、跨国公司、国际机构和协议、非政府组织等。

国家在道德上具有极为重要的作用，大多数良性运转的民主国家都为保证国内人民能力高于最低水平而付诸努力，国家成为人们保障权益和践行能力的基本单元，国家也对本国公民负有不可推卸的责任。在这种意义上，努斯鲍姆也更强调国家主权的重要地位，在她看来只要一个国家具有相当程度的民主正当性，就应该让其政府发挥作用。强制性的军事干预在极为特殊的情况下才具有正当性，经济制裁也需要谨慎使用。相比较而言，"劝说"是一个更加恰当的举动，能够通过劝说使国家签署有关人类能力的国际协议，也说明国际协议对签署国具有一定的约束力。

全球所有国家不仅需要对本国人民承担促进国民各种能力提高和发展的义务，富裕国家还需要承担对贫穷国家的义务。努斯鲍姆认为，"富裕国家有责任将自己的一大部分 GDP 赠送给贫困国家"①，在她看来 GDP 的 2% 是一个比较合适的援助程度，虽然具体的援助支出可以再进行详细论证和探讨，但是对外援助的原则是确定无疑的。富裕国家对贫穷国家的援助形式也应该根据具体的情况而定，如果被援助国家是运转良好的民主国家，那么就可以直接通过贫穷国家政府进行援助，这是在充分尊重被援助国家主权的基础之上，针对核心能力进行有效援助；如果被援助国家不能很好地发挥政府职能，那么援助国有必要绕过被援助国家政府，选择可以通过非政府组织进行援助，从而达到促进人类能力发展的目的。此外，跨国公司也有责任在其所在地区促进人类能力发展。虽然跨国公司具有不容置疑的逐利性，但是它们为了能够拥有教育良好的劳动力、稳定的政治环境等，也应该使用部分利润对其所在地区进行教育投资和环境改善，从而提高公司的市场竞争力和促进公司的良性发展。

3. 制度

努斯鲍姆认为，"制度能够以较为公平的方式，给每个人都分配那种在最低限度上、让所有人具有能力的责任"②，也就是说，每一个人应把制度规定

① 〔美〕玛莎·纳斯鲍姆:《正义的前沿》，陈文娟、谢惠媛、朱慧玲译，中国人民大学出版社，2016，第 222 页。

② 〔美〕玛莎·纳斯鲍姆:《正义的前沿》，陈文娟、谢惠媛、朱慧玲译，中国人民大学出版社，2016，第 217 页。

的必须承担的义务履行好，至于如何使用资源完成自己的目标就交由他本人去决定。因此，制度也是帮助他人促进能力的最好方式。这里需要注意的是促进国内人类能力的制度与促进国际人类能力的制度有所不同。努斯鲍姆认为，现代国家中的一些制度结构在促进人类能力方面发挥着重要的作用，如恰到好处的联邦制度和分权制度、独立的行政机构、普法教育和对执法人员进行培训的机构。另外，在设计整个公共秩序时应该防止发生恶性的机会和权利不平等现象，所有这些都在不同方面保护着人类的能力。在全球性的制度安排问题上，努斯鲍姆认为建立世界政府是不可行的，全球性结构应该由多部分构成，包括国家的基本结构，跨国公司，全球性经济政策、机构及协定（如世界银行、国际货币基金组织和各种贸易协定等）、国际团体（如联合国和国际法庭等）。当然，这一结构的组成与历史性因素极为相关，它并“不是经过标准审议性反思的结果”①，而是每一部分的责任分配都具有暂时性和非正式性，需要经过不断的反思进行调整和变化。

在全球存在不平等现象的情况下，努斯鲍姆认为应该通过制定一些全球性结构的原则来促进人类的能力，她暂时提出了十大原则，可以概括为以下几个方面。①国家仍然是促进人类能力的首要主体，应该尊重国家主权，并让国内结构发挥积极作用。②富裕国家和跨国公司有责任促进人类能力发展，富裕国家通过赠予 GDP 的方式援助贫困国家，跨国公司则用自己的利润发展教育和改善政治环境。③要精心设计全球性经济秩序的主要结构，保证贫困国家享有公正、平等的发展权。④“应当培育一种薄的、分散的但却有力的全球性公共领域”②，如全球性管理体系。这一体系应当包括一系列全球性贸易规则、全球性税收制度、世界法庭、国家性协议或协定、全球性制度等。⑤各国、各地区的弱势群体包括残障、老人、儿童、妇女等，他们及其相关的问

① 〔美〕玛莎·纳斯鲍姆：《正义的前沿》，陈文娟、谢惠媛、朱慧玲译，中国人民大学出版社，2016，第 221 页。

② 〔美〕玛莎·纳斯鲍姆：《正义的前沿》，陈文娟、谢惠媛、朱慧玲译，中国人民大学出版社，2016，第 224 页。

题应该成为全球制度和大多数个体关注的对象。⑥重视并支持教育，教育是弱势群体获得能力的有效途径。

（三）超越物种的能力

正如前文所述，动物是与人类共同生活在地球上的生物，人类也逐渐意识到动物与人类共存的意义和价值。虽然动物不能够像人类那样为争取自己的权益而努力，但是动物的权益及其正义问题的确是一个现实存在并亟待解决的问题，这不仅需要人类超越自身物种的限制，站在一种客观、公正的角度，而且还需要以一种正确的路径对动物正义问题加以把握。努斯鲍姆尝试以能力进路解决动物正义问题，并希望为与动物相关的法律和公共政策提供些许借鉴，她根据核心能力清单逐一展开论述。

（1）生命。每个生命个体都有延续自己生命的权利，无论它的感知能力强还是弱，除非该生命体无法享有一种无痛苦的、有尊严的生命，否则即便是无痛苦的死亡也会对动物造成某种伤害，人类在动物盛年时期杀害它们即是妨碍它们自身能力的发展、享受和活动的机会。很多动物的生命终止于一些不必要的人类活动和人类行为，如以残害、杀死动物为目标的运动，以穿着动物皮毛为时尚的杀戮和买卖行为，以获得食物为目的的残忍杀害行为等都应该被明令禁止。一些不可避免的杀害动物行为也应该以动物遭受最低痛苦和无痛杀害为首要选择方式。例如在控制麋鹿数量的方式问题上，对麋鹿实施无痛杀害要比让麋鹿饿死或者被狼群吞噬更好。当然，选择对麋鹿实施绝育手术则是一个最好的选择。

（2）身体健康。动物也拥有健康生活的权利，这意味着人类在与动物相处时不能残忍地对待动物，人类作为动物的监护者，有必要参照父母对子女责任的法律规定来对待与人类生活在一起的所有动物。

（3）身体完整。动物有权保护自己的身体完整且不受暴力攻击、虐待和伤害，无论受到侵犯的方式能否使其产生痛苦。例如，剪去猫爪和剪短狗尾巴等行为都应被禁止，因为这样做不仅破坏了猫和狗的身体完整性，也不利于它们按照自己物种的方式发展能力。在条件允许的情况下，保护动物繁殖和性满足的能力是正当的。但从长远角度来看，有时人类对雄性动物进行阉割是有利于动物繁荣的，因为这样可以防止暴力行为的发生，防止对其他雄性动物及自身造成痛苦和伤害。对雌性动物实施绝育手术会防止动物数量激增及其导致的一系列问题，从而保证动物未来享有更好的生活。

（4）感知、想象和思考。与动物物种相关的能力是动物有获得快乐和避免痛苦的权利。人类不仅有必要建立严格的法律以防止动物受到折磨和虐待，还应该保证动物拥有足够的活动空间，"使得所有动物都能被养在宽敞的、有光照的、有遮阴的地方"①，并能够给动物提供展示其特性活动的机会。对于那些生活在野外的动物来说，保护它们赖以生存的环境也就意味着为它们的繁荣提供了条件。

（5）情感。动物也拥有感激、愤怒、悲伤和快乐等情感，它们有权利与其他动物建立联系。这就要求人类爱护和关心其他动物，不让孤独和恐惧充斥它们的生活，尤其需要关注那些野外动物、动物园动物和实验用动物的情感需求。

（6）实践理性。动物并没有与人相对应的这种重要能力，每种生物在构建目标和规划生活方面的能力需要具备能力（4）中所指向的内容，即足够的活动空间和活动机会。

（7）依存。正如能力（5）所指出的那样，动物有权利与其他动物建立各种关联，动物也有权利与人类建立良好的关系。在世界公共文化共识中，动物有权利被视为有尊严的存在，受到尊重并不被羞辱。当然，在动物世界中动物之间的角逐、较量和等级制度无法贴上人类社会"不平等"的标签，人类更不应该介入动物活动，除非有些动物行为会对弱势个体造成极大伤害，否则人类不必扰乱它们的生活秩序。

（8）其他物种。动物有权与其他物种包括人类和自然界共同生活在一起。

① 〔美〕玛莎·纳斯鲍姆：《正义的前沿》，陈文娟、谢惠媛、朱慧玲译，中国人民大学出版社，2016，第281页。

（9）玩耍。要求有足够的活动空间和光照，还需要有其他动物存在。这种能力对拥有感知能力的动物来说意义重大。

（10）对某种环境的控制。在政治方面，动物能够拥有一席之地，能够被有尊严地、公正地对待，并成为权利的主体，即便它们需要由人类作为监护人代表它们维护权益。在物质方面，与财产权相对应的是保证它们的栖息地或生活居所完整、不被侵占和剥夺；与工作权相对应的是"让动物在有尊严的、能获得尊重的环境中劳作"①。

综上所述，能力进路进一步表明，动物权益的维护是一个极为紧迫的正义议题。动物正义的伸张和实现都需要人类的在场，无论人类作为监护人、受益人还是责任人。世界各国有必要联合起来，制定宪法和法律，将动物纳入政治正义的主体，充分保护动物权利，保障它们能力的发展和成为有尊严的存在，从而寻求适合它们物种繁荣的发展方式。

本章小结

正义问题是政治哲学中最为重要的议题，努斯鲍姆通过对罗尔斯正义思想中三个悬而未决的问题——不健全和残障人士的正义问题、全球正义问题和动物正义问题进行讨论，从而试图以一种与契约论完全不同的"能力理论"进路对罗尔斯的社会正义思想进行补充和完善。能力进路以"每一个人可以做什么，又能成为什么？"为理论旨趣，它更为关注每一个人能力的获得和现实的发展。"能力理论"在国际社会中受到越来越多人的关注和认可，可以说，"能力理论"为社会正义的实现和人类的发展做出了积极的贡献。

① 〔美〕玛莎·纳斯鲍姆：《正义的前沿》，陈文娟、谢惠媛、朱慧玲译，中国人民大学出版社，2016，第283页。

第五章　努斯鲍姆“好生活”伦理思想的分析与评价

努斯鲍姆“好生活”思想包含以运气为着眼点的“好生活”伦理思想，以培养人性为目的的教育思想，以能力进路为核心的正义思想等理论内容。虽然努斯鲍姆的“好生活”思想内容翔实丰富、学科覆盖面广，但是她的“好生活”思想并不是杂乱无章的学术堆砌，而是具有内在的逻辑统一性，即以伦理思想为根本出发点，以政治哲学为实现路径，以“好生活”为思想旨归。努斯鲍姆的“好生活”思想引发了国内外学者的热烈讨论，因此，对其思想进行客观和公正的评价尤为必要。

第一节　努斯鲍姆“好生活”思想的逻辑线索

如果说努斯鲍姆早期关注的是运气对“好生活”的影响，或者说是讨论一个好人是否必然过上“好生活”这样的伦理问题，那么在此之后她开始更多地关注政治生活的现实问题，如人类发展、社会正义和教育问题等，可是努斯鲍姆为什么会有这样的理论诉求，这是一个值得深思、具有理论意义的问题。努斯鲍姆研究的所有问题是杂乱无章的个人偏好，还是具有某种内在的理论关联呢？

一　以伦理思想为根本出发点

努斯鲍姆的“好生活”思想是以伦理思想为出发点展开论述的，努斯鲍姆在《善的脆弱性》中集中探讨的德性、运气、脆弱性、外在善等问题都是“好生活”思想的核心问题，其中她对于运气和脆弱性的讨论尤为引人注目。努斯鲍姆和绝大多数的当代哲学家不同，在《善的脆弱性》这本伦理著作中，她用大量的篇幅探讨了古希腊悲剧，通过展现古希腊悲剧中阿伽门农、厄忒俄克勒斯、安提戈涅、赫卡柏的悲剧命运，凸显了运气在人类生活中的意义和作用，批判了“好人不会被伤害”的观点，认为具有好品格的好人未必就能过上“好生活”。古希腊悲剧揭示的人类命运是一种包含运气和价值冲突在内的人类生活，努斯鲍姆把古希腊悲剧诗人试图表达的观点作为伦理见解的来源和依据，她试图呈现一种与传统古希腊哲学家（主要指柏拉图）不同的伦理洞见。努斯鲍姆不仅不认为古希腊悲剧不具有伦理价值，相反她极力强调古希腊悲剧诗人是“伦理见解的主要源泉”，她还澄清了在现实生活中我们也无时无刻不受到运气和价值冲突的干扰和影响，古希腊悲剧在生动、直观地揭示运气与“好生活”关系方面比古希腊哲学更具有优势。努斯鲍姆在《善的脆弱性》中一直凸显运气的重要地位，运气是其伦理思想的一个核心范畴。一方面努斯鲍姆受到伯纳德·威廉姆斯的影响，另一方面她注意到在人类的好品格与“好生活”之间是存在一条裂缝的，运气可以通过这条裂缝达到影响“好生活”的效果，也就是说，做一个好人与拥有“好生活”不是一回事。当然，努斯鲍姆并不是推崇运气至上论，更不是要赞许运气和脆弱性。在努斯鲍姆看来，每当我们进行伦理实践时，每当我们进行慎思、选择及争辩实践决策时，我们都会用到如生活得好、志愿行动和选择等伦理信念，包括我们进行伦理研究时，如果一个人的生活全靠运气，那么这种伦理探讨和研究也就失去了意义，努斯鲍姆坚信，大多数人都会同意“好生活”至少不是没有好运的生活。

在探究“好生活”的过程中，古希腊悲剧诗人和古希腊哲学家走的是不同的道路，悲剧诗人用生动和感性的方式为人类提供了有关脆弱性和“好生活”的伦理启示，哲学家则用抽象和理性的方式论证了“好生活”的可能性。努斯鲍姆认为，虽然柏拉图也意识到了运气的存在和它对人类生活的影响，但是他试图拒斥运气和运气带来的影响而寻找一种具有确定性、稳固性和普遍性的事物克服和超越人类生活中的运气，因此他推崇理性和沉思的生活，他认为沉思的生活是最好的人类生活，这种自足的生活可以不用受到不确定性和特殊性的影响和控制。柏拉图认为伦理学应该发展成为拯救生活的技艺，这种技艺是排除异质性和价值多样性的技艺，排除异质性意味着事物只有量上的不同而无质上的差别，事物能够被测量和相互比较，排除价值多样性则意味着不同事物具有可通约性，彼此之间可以相互替代，这样也就消除了价值冲突的可能性，据此，伦理学就成了一种可测量的科学，可以称之为伦理科学。然而，努斯鲍姆敏锐地觉察到理性沉思远没有柏拉图所认为的那样自足和完满，柏拉图自己也承认沉思生活具有脆弱性。其实，柏拉图力图找寻具有确定性、普遍性、稳定性和完满性的人类生活是行不通的，亚里士多德和努斯鲍姆都论证了伦理学是非科学的，伦理生活是具体的、特殊的、不可通约的、不可控的、不完满的，是与运气结伴而行的，人类生活也是脆弱的。需要明确的是，虽然努斯鲍姆主张人类的价值在运气或偶然性面前是脆弱的，但是这并不等于说人类的这种脆弱性是值得赞扬的。

在努斯鲍姆的“好生活”伦理思想中，她一直没有否认“好生活”需要稳定的优良品格，也就是所谓的“德性”，但是努斯鲍姆强调只有稳定的品格是远远不够的，还应该有活动，而她所说的活动“就是那种良好条件从其隐蔽的状态或者单纯的潜力中的出现，就是其繁荣或繁盛”①。简单

---

①〔美〕玛莎·纳斯鲍姆：《善的脆弱性：古希腊悲剧与哲学中的运气与伦理》（修订版），徐向东、陆萌译，译林出版社，2018，第447页。

来说，努斯鲍姆认为“好生活”不是一种状态，而是一种从潜能变为现实的实现活动，即“好生活”是通过“活动”实现出来的，它不是某种确定的状态，而是活动性的。既然它具有活动性的特点，那么与确定的、完结的状态相比，“好生活”就更容易在其实现过程中被打断和阻碍，因此，努斯鲍姆特意提到了亚里士多德的“受到阻碍的活动”的思想内容。努斯鲍姆认为，亚里士多德注意到了疾病或者其他灾难等都能阻碍“善”的实现，正是在这个意义上，努斯鲍姆强调运气不是可以置之不理的因素，即使人类具有稳定的优秀品质，外在未受控制的事件也仍然能够对“好生活”起到促进或者阻碍作用。因此，按照美德行动的“好生活”既不是坚持运气至上的生活，也不是完全无视运气存在的生活，而是一种依照美德行动，并能在不利的环境中运用实践智慧体现自身卓越的一种生活。努斯鲍姆同意亚里士多德的观点，即在极端不幸的情况下，一个好人的“好生活”也可能被无情地夺走，但是一般情况下，好人的“好生活”是很难受到外在运气破坏的。于是，我们应该承认包括运气在内的外在善的价值和意义，因为仅有内在的美德和优秀的品格无法保证人类的“好生活”，外在善不是一个能够被忽略和轻视的因素，外在善也是“好生活”的主要构成要素之一，对于“好生活”具有十分重要的意义。那么，外在善是什么时候被排斥在“好生活”之外的呢？努斯鲍姆认为这要从斯多葛学派说起，斯多葛学派认为“生活的‘外在善’——包括财富、荣誉、金钱、食物、住所、健康、身体完整、朋友、孩子、所爱的人、公民资格和政治活动——没有真正的价值”①。在这一点上他们与苏格拉底持相同的观点，他们都认为好人不可能被伤害，内在的美德对于“好生活”或者说生命的繁盛就足够了。换言之，外在善不是必要的，而且认为外在善也似乎变成有问题的事情了。康德把人类归属到两个王国，即自然王国和道德王国，并认为它们是相对独立的，道德王国可以不受自然王国的影

①〔美〕玛莎·纳斯鲍姆:《善的脆弱性：古希腊悲剧与哲学中的运气与伦理》(修订版)，徐向东、陆萌译，译林出版社，2018，序言第15页。

响。可是，在努斯鲍姆看来，亚里士多德的理论能更好地揭示运气、外在善与“好生活”的关联，“我们只是居住在一个王国即自然王国中，我们的一切能力，包括我们的道德能力，都是世间的，都需要世间的善来为它们的兴盛提供条件”①。由此可见，努斯鲍姆肯定了亚里士多德赋予外在善以价值和意义。

事实上，努斯鲍姆强调运气、偶然性和外在善等都在试图说明人类的“好生活”是具有脆弱性的，承认脆弱性而不是抹杀脆弱性是正确认识“好生活”的一个重要前提，因为只有我们承认脆弱性之于“好生活”的合法性，我们才能够从脆弱性入手去探寻“好生活”。如果我们依然坚持“好人不会被伤害”，好人必然过上“好生活”，那么人只需要具有德性就足够了，好人必然会有“好生活”。可是实际情况是，在人的一生中，不仅运气是如影随形的，人类还需要依靠外在善来生存和发展，需要具有德性并践行德性，也就是说，需要通过德性的实现活动即卓越活动彰显德性，我们称一个人终其一生做合德性的事成了有德性的人，拥有了一生的幸福或“好生活”。这样看来，幸福或“好生活”并不是人们原以为的那样简单，其实在通往幸福或“好生活”的路上可谓荆棘密布、困难重重，所以努斯鲍姆认为德性并不是坚不可摧的，德性像花儿一样既脆弱又美丽，“好生活”也同样具有脆弱性。那么，到底是什么原因导致“好生活”具有脆弱性呢？简单来说，如果这种原因不是不可预知的天灾，那么往往就可能是可以避免的人祸，也可能是源于人类的愚昧、无知、贪婪、偏执和暴虐等，又或者是源于法律的不公正和制度的不完善等。总之，努斯鲍姆认为，引发人类悲剧和导致“好生活”脆弱的原因往往与社会政治密不可分，所以“好生活”伦理问题应该从社会制度着手，以实现社会正义为目标。

---

① 〔美〕玛莎·纳斯鲍姆：《善的脆弱性：古希腊悲剧与哲学中的运气与伦理》（修订版），徐向东、陆萌译，译林出版社，2018，序言第15页。

二 以政治哲学为实现路径和以“好生活”为思想旨归

正如努斯鲍姆在《善的脆弱性》（修订版）序言中所说，她在《善的脆弱性》出版之后，把很多时间和精力投入了政治哲学问题的研究。不得不承认的是，她对古希腊伦理思想的研究，特别是对亚里士多德思想的深入探讨，对她的政治哲学思想产生了很大影响。努斯鲍姆认为，亚里士多德是一个覆盖了众多领域的政治思想家，他的思想被现代政治理论广泛应用，其中也包括努斯鲍姆自己有关人类能力和机能的思想。努斯鲍姆明确表示“其政治哲学观点的形成得益于多年从事古希腊和古罗马的哲学史研究，而人类功能和能力这样的政治核心概念也是深受亚里士多德的启发和影响”。[①] 努斯鲍姆承认，虽然《善的脆弱性》不涉及政治问题，但是“这部著作的伦理主题对政治思想确实具有一些重要含义。尤其是，亚里士多德认为，人是一种既有能力又很脆弱的存在，需要各种各样丰富的生命活动，这个观点在当代对福利和发展的思考中已经激起了共鸣”[②]。

通过梳理努斯鲍姆在《善的脆弱性》中阐释的“好生活”伦理思想不难看出，努斯鲍姆的“好生活”思想是以《善的脆弱性》中揭示的伦理思想为基础和根本出发点，以运气、理性与情感、价值冲突、德性、外在善和正义等为主要内容。由于在探讨“好生活”思想的过程中，努斯鲍姆论证了“好生活”脆弱性产生的原因与社会制度和社会正义息息相关，因此努斯鲍姆“好生活”伦理思想必然转向政治哲学的思考与追问，而且在伦理思想中探讨的主要问题和内容也必然成为其政治哲学关注的重点。也就是说，努斯鲍姆在政治哲学视域中谈及的情感、善的价值冲突、与运气相关的国籍和残障正

---

① Martha C. Nussbaum, *Sex and Social Justice*, Oxford University Press, 1999, Introduction P.23.

② 〔美〕玛莎·纳斯鲍姆：《善的脆弱性：古希腊悲剧与哲学中的运气与伦理》（修订版），徐向东、陆萌译，译林出版社，2018，序言第 9 页。

义、动物性等问题都是与努斯鲍姆“好生活”伦理思想一脉相承的。例如，努斯鲍姆意识到对于外在善的歪曲认识可能会导致一系列社会问题，她坚持认为应该尊重人类尊严，尊重构成尊严的构成要素，尊重为此付出的人。她着重强调要尊重所有看护孩子、病人和老人的群体，并呼吁要有好的政策和制度为她们负责。努斯鲍姆指出，这一群体主要由女性构成，有些女性是有偿为这些弱势群体服务，有些则完全是出于爱和责任，她们为成全他人、家庭和社会牺牲自己的利益，可是往往她们的劳动和付出并没有得到家庭成员和社会的充分认可。“在多数情况下，女性服从他人和为更大群体牺牲自己福利的共同倾向在道德上的确令人钦佩，但是这绝不应该被视为理所应该。”[①] 因此，政府和国家需要调整和改变相应的法律制度，赋予外在善和具有奉献精神的人以应有的价值。

《善的脆弱性》为努斯鲍姆“好生活”伦理思想转向政治哲学研究提供了依据，亚里士多德的“人是有能力却又是脆弱的存在”这一思想深深影响了努斯鲍姆。努斯鲍姆通过研究亚里士多德的伦理思想，探究了运气在人类生活中的地位和作用，以及运气与“好生活”的关系，从而凸显了人的脆弱性和能力性，并以脆弱性和人类能力为主要线索展开了之后的学术探索和研究。人所追求的价值是多种多样的，人通过活动实现生命繁盛，因此，人会进行丰富多彩的生命活动，而在此过程中运气或偶然事件会进入好品格和“生活得好”之间的裂缝，从而促进或阻碍人类的生命繁盛。人是政治性的动物，人类生活在社会中就不可避免与他人接触和发生联系，因此个人的运气和道德必然是与其他人密切相关的。人在进行多种生命活动的过程中，特别是人在追寻幸福生活的过程中将会涉及女性和弱势群体的社会正义、人类发展、教育、人与自然关系等政治哲学的一系列问题，因此努斯鲍姆在《善的脆弱性》之后把关注重点转向了政治哲学，并以“好生活”作为其思想旨归，主要包括以下三个方面。

---

① Martha C. Nussbaum, *Sex and Social Justice*, Oxford University Press, 1999, Introduction P.10.

第一，外在善是与“好生活”密切相关的，对于外在善的地位和价值的认可，使努斯鲍姆的政治哲学以生命、健康、情感、权利、教育和福利等为研究对象。前文的论证已经说明了外在善不是没有价值、成问题的事情，正如亚里士多德所说，外在善为人类的繁盛或“好生活”提供了条件，无论是空气和水等资源环境，还是住所提供、食物供给、权力分配和权益保障等社会环境，抑或是包括朋友、爱人、父母和子女等关系性的善，无不构成与人类生活息息相关的外在条件。既然哲学沉思本身并不是自足和稳定的，它需要依赖外在善，高尚的品格对于“好生活”来说也不是充分的，运气和意外事件可以通过裂缝影响到人类生活，那么人类在实践过程中特别是在追求“好生活”时必然需要外在善的支持和帮助。鉴于以上原因，努斯鲍姆政治哲学的研究对象就表现为爱、欲望、教育、性、人类能力和社会正义等一系列问题，其中，社会正义问题是一个内容丰富、覆盖面广的问题。努斯鲍姆在探讨人类能力理论时，把生命、健康和身体的完整性放在了她的十种核心能力的最前面，把它们视为十种核心能力最首要的三方面。努斯鲍姆把人类能够按照正常的自然寿命长度生活、得到充分营养、具有居住场所、能够保证身体自由地迁徙、得到性满足和具有生育选择权等作为基本的人类能力指标。除此之外，努斯鲍姆还把感觉、想象和思维能力，实践理性能力，情感能力，人际关系能力，玩耍，对环境的控制以及与其他物种共存并关心它们的能力等视为人类核心能力的其他方面。在努斯鲍姆看来，人类核心能力是作为人应该具备的基本能力，它对于人类生活来说是不可或缺的，也是具有规范性和普遍意义的，这些核心能力不分种族、国家和性别，对于追求人类繁盛或者“好生活”具有重要意义。人类对外在善的依赖以及对“好生活”的向往，必然完善外在善的存在条件，促进外在善朝着有利于生活幸福和社会进步的方向发展。尽管政治制度或者社会制度与人类繁荣的目标之间还有距离，但是不得不承认的是，努斯鲍姆所关注的人类健康、社会福利、弱势群体的权益保障和社会教育等问题，都是近年来政治哲学探讨的热点问题，更是人类追寻“好生活”过程中亟待解决的问题。

第二，教育问题是努斯鲍姆持续关注且具有深远影响的政治哲学问题。对公民实施何种教育是一个关系到个体成长、社会发展、人类未来的大问题。教育问题成为努斯鲍姆重点关注的问题之一，不仅与她的职业有关，还与全世界越来越功利的教育趋势密切相关。可以说，教育是联结伦理学和政治学的一条纽带。

德性是努斯鲍姆“好生活”伦理思想的核心议题，公民德性的培养和获得问题在政治哲学视域下也逐渐演变为教育问题。人类的“好生活”或生命繁盛是德性在生活世界的现实展开，而德性并不具有先天性，它是通过后天培养、塑造而形成的，因此培养德性的教育活动就显得尤为重要。努斯鲍姆教育理论以培养人性（德性）为根本目的，倡导一种非功利主义的教育，这种教育重在培养公民的德性和能力，尤其注重培养受教育者具有批判反思能力、超越狭隘群体限制能力和叙事想象能力。努斯鲍姆以培养具有这三方面能力的“世界公民”为目标，试图通过通识教育、文学、艺术的熏陶和影响，为社会和全人类培养“整全的人”。“整全”的“世界公民”具有全局眼光，拥有正确的世界观、人生观和价值观，他们不是经济赢利的工具，更不是功利主义教育培养出来的冷漠、狭隘、低俗和乏味的从业者，他们是具备多种能力并以德性为统领的“多向度的人”。只有公民既拥有德性和应对运气的能力，并依据德性和能力展开行动，个体和人类的“好生活”才能够实现。努斯鲍姆的教育理论以通识教育为媒介，力图通过转变功利国家的教育理念，摒弃功利主义教育，从而为人的内在能力发展成为混合能力开辟道路，为人类繁盛提供保障。由此可见，努斯鲍姆在有关教育问题方面进行的探讨是她在政治哲学领域内为实现“好生活”或人类繁荣所进行的积极探索，也就是说，努斯鲍姆为培养和造就“整全”的“世界公民”所做的努力，是实现“好生活”目标的重要组成部分，充分体现了努斯鲍姆以教育探索作为实现“好生活”路径的逻辑线索。

第三，社会正义问题是努斯鲍姆政治哲学研究的核心问题，努斯鲍姆的正义理论经历了从诗性正义向多元能力理论转变的路径。努斯鲍姆最初对正义的探索是一种以诗性裁判为主要特点的诗性正义，虽然诗性裁判和诗性正义并没有尽如人意地解决正义问题，努斯鲍姆对情感和文学作品的关注与重视却为其教育思想奠定了坚实的基础，她以培养人性为宗旨的非功利主义教育之所以能够得到学术界和公众的认可和肯定，与其在诗性正义探索道路上取得的成就密不可分。因此，尽管诗性裁判并没有在司法裁判和社会正义实现问题上取得突破性进展，但是诗性正义作为努斯鲍姆政治哲学中教育思想和社会正义思想的先导，它的贡献和意义是不能被抹杀的。于此之后，努斯鲍姆在充分吸收和借鉴罗尔斯正义思想的基础之上，以罗尔斯正义理论未能解决的问题为研究重点，探究了残障人群正义、跨国正义和有感知动物的正义问题，并论及了妇女问题、信仰问题、性取向和相关法律问题等。努斯鲍姆从不同角度对社会正义问题进行了探索、分析和论证，试图构建一种与以往不同的社会正义理论，进而解决正义问题。努斯鲍姆在哲学领域发展了阿马蒂亚·森的能力理论，提出了要以每一个个体为目的，切实关心每一个有感知能力的个体其能力的发展与实现，确立了一种与契约主义和功利主义完全不同的进路——能力进路。努斯鲍姆还借鉴了《世界人权宣言》的内容，进一步确定了核心能力清单，把十种核心的人类能力视为过上一种符合人性尊严的最低门槛。人生活在群体之中，哲学沉思无法完全达到不依赖外界条件的纯粹自足，因此个人的“好生活”也需要社会和政治制度的外在保障。也就是说，努斯鲍姆设定核心能力清单的目的是让国家和政府能够以核心能力清单为依据，全面衡量和仔细对照清单内容，适时调整社会的政治和经济制度，从而确保全体公民达到十种核心能力要求的最低限度水平，确保社会正义的实现。努斯鲍姆指出，她列出的核心能力清单具有开放性，不同国家和政府可以根据自己国家的实际情况进行调整，除了保证在具有普遍意义的能力问题上毫无商量余地之外，还能灵活地按照本国国情设计不失公平的能力清单。

当然，对社会正义问题的探讨或者说对社会正义理论的建构都离不开“好生活”这一最终目标。确切地说，人是类存在物，个人的“好生活”其实就是人类的“好生活”，努斯鲍姆的政治哲学为人类的“好生活”寻求存在的合法性，因此，努斯鲍姆的正义思想是以“好生活”为旨归的。人类繁荣或者说“好生活”要以实现公平和正义为基础，社会政治和法律要为社会正义提供制度保障。因此，在努斯鲍姆看来，她的社会正义理论是在借鉴罗尔斯正义论的同时，试图通过一条不同的理论路径，对罗尔斯的理论进行完善和补充。努斯鲍姆社会正义理论以全世界公民为研究对象，并集中探讨了特殊公民如身体和心理不健康者是否应享有平等的政治权利和受教育权利，还把非人类动物的正义问题纳入社会正义问题。努斯鲍姆希望通过她的能力理论，探求一条适合人类发展和人类繁荣的社会正义之路，这也是一条关乎人类尊严和人类权利的进路，它以全人类的“好生活”为目标，它是否有效和能够经受住考验还需要时间给出最终的答案。尽管努斯鲍姆在世纪之交的研究重点为性、女性主义和社会正义等，但是她始终没有脱离“好生活”（人类繁荣）的终极目标。“要实现政治正义，就必须在某些基本问题上达成社会共识。从这个意义上说，一个自由主义者可以合理地要求非自由主义者遵循一个共享的法律和制度结构，如果她能说服非自由主义者，那么这些给非自由主义者和自由主义者提供了适当的机会，让他们根据自己的观点追求人类繁荣。”① 由此可见，实现社会正义并不是努斯鲍姆哲学思想的最终旨归，努斯鲍姆的伦理思想和政治哲学思想均指向了一个共同的最终目的——“好生活”或人类繁荣。虽然努斯鲍姆在她的早期作品中已经论证了“好生活”具有脆弱性，但是这种“好生活”一定是以尊严和平等为前提的，因此努斯鲍姆试图通过十种核心能力清单所体现的具体规定，经由能力理论补充罗尔斯的正义理论，从而建构一种比较令人满意的社会正义理论，克服在政治、经济、文化和生态等领域具有的“脆弱性”，实现人类的“好生活”。至此，努斯鲍姆“好生活”思想的逻辑线索已经清晰可见，即以伦理思想为根本出发点、以政治哲学为实现路径和以“好生活”为思想旨归。

---

① Martha C. Nussbaum，*Sex and Social Justice*，Oxford University Press, 1999，Introduction P.21.

第二节　努斯鲍姆“好生活”伦理思想的理论意义

在承认和揭示努斯鲍姆“好生活”伦理思想自身的特点之外，我们还应该注意到它与其他伦理思想的关系。从这个意义上说，把努斯鲍姆“好生活”伦理思想与其他伦理思想进行比较，从而澄清它们之间的联系与差别，为客观、公正地认识努斯鲍姆“好生活”伦理思想，确定其在伦理思想史中的地位和作用开辟道路。努斯鲍姆“好生活”伦理思想的理论意义主要从以下四个方面展开论述，分别为“好生活”思想对德性伦理学的发展、“好生活”思想与义务论的分野、“好生活”思想对功利主义的超越、“好生活”思想对马克思主义实践哲学的贡献。

一　“好生活”思想对德性伦理学的发展

毫无疑问，努斯鲍姆是当代德性伦理学家群体中的一员，也是当代最著名的西方哲学家、伦理学家之一。她的伦理思想不仅与德性伦理学家的思想有着千丝万缕的联系，她还提出了独具特色的伦理观点，她的“好生活”思想不仅是对德性伦理学的继承，更是对德性伦理学的发展。

（一）清算功利主义

可以说，努斯鲍姆对德性伦理学发展的最突出表现是她对功利主义的清算。努斯鲍姆是当代德性伦理学家的杰出代表，她对德性伦理学的复兴是建立在批判功利主义理论基础之上的。她对功利主义的批判集中体现在以下三个方面：一是功利主义只注重后果而缺少德性的观照；二是快乐不同于幸福；三是快乐不可通约，而且无法度量。她对功利主义的超越将在后文详细阐释。

德性与行为主体密不可分。功利主义伦理学主要以行为后果的功利性大小作为判定行为善恶的标准，这必然导致行为主体的缺失，行为本身在抛弃行为者的情况下，就会变成无源之水、无本之木。功利主义者坚持只要能够符合大多数人的意愿，为大多数人带来最大幸福就是善的行为。可是这种“幸福”根本就不是真正意义上的幸福，它是脱离德性的“符合大多数人利益”的行为。德性并不是可有可无的摆设，它是人们做合德性之事的根本，更是实现幸福的关键所在。

快乐不同于幸福。对于幸福的狭隘理解最终会导致功利主义的快乐主义幸福论。快乐应是从整体上来说令人愉悦的事物。快乐并不是目的。我们仅仅是因为要追求事物本身而去追求它，它与快乐并没有直接的关系。我们对于节俭、贤惠甚至是为国捐躯等事情并不是因为它有什么快乐而言，但是我们仍然会去追寻。与此相反，过度的快乐以及对于快乐的沉迷甚至会导致堕落、腐化，因此快乐并不是幸福。功利主义更多的是把快乐看成欲望满足和功利欲求等。不可否认的是，肉体快乐是强烈的、是能驱逐痛苦的，它也的确看上去显得那么值得欲求。然而，这种外在的、偶然性的快乐并不是好人追求的终极目的。功利主义的突出问题是它把快乐与否作为评价好坏的标准，把快乐都认定为好的、善的，把快乐看成同质的、可通约的，并按照最大化标准度量社会行为。殊不知，快乐不具有通约性，每个人理解的快乐并不相同。社会行为是很难度量的，需要因时因地因情况做出适当的行为选择，这就需要依靠实践智慧。人是灵与肉的结合体，缺失哪个方面的至高追求都无法称为幸福。幸福应该是合德性的实践活动，德性指引人向实现总体的人、完满的人，实现至善的完满境界进发。因此，与功利主义那种把人性简单归结为趋乐避苦的苍白理论相比，努斯鲍姆的“好生活”思想闪烁着理性和德性的光辉。

（二）提出努斯鲍姆版本的能力理论和核心能力清单

努斯鲍姆在前人研究的基础之上，从每个独立个体的自由和发展入手，提出了她的能力理论和核心能力清单。应该说，能力理论是对德性伦理学的深化和发展，它不仅把每一个人都看成与道德和伦理直接相关的行为主体，它还把每一个人能力的实现作为目标，因此，它是真正以每一个人为目的的伦理理论。虽然以往的德性伦理学与功利主义、义务论相比具有明显的优势，它更有助于我们客观、合理的判断一个人，因为判断一个人的善恶除了需要通过他 / 她的长期行为倾向和处事方式之外，我们还需要参照他 / 她的情感和行为心理等，德性伦理学在这些方面均能够担当重任，但是以往的德性伦理学从未给我们提供过行为主体应该具有什么样的能力才能够在最低限度上成为一个完整意义上的人，如果连人生存最起码的生命、健康和身体健全等能力都不能保证的话，那么再高谈阔论什么道德和伦理都会显得不合时宜。显然，努斯鲍姆的能力理论在这方面做得很好。尽管能力理论与传统德性伦理学走的是不同路径，但是它们都是在相同的前提之下展开理论推演的，即人是什么和应该成为什么。因此，可以说，努斯鲍姆的能力进路为当代德性伦理学的发展提供了重要的理论补充，也为人类的发展和进步提供了方向。

（三）确立“外在善”的合法性

努斯鲍姆极力反对柏拉图和斯多葛学派否定、忽视和无视“外在善”的价值，她赞成亚里士多德承认“外在善”的价值，她不仅追随亚里士多德看重“外在善”的存在意义，她还确立了“外在善”的合法性。可以说，努斯鲍姆视野中的“外在善”如食物、住所、健康、朋友、爱人，甚至包括财富、荣誉和地位等都在不同程度上和不同范围内与“好生活”的实现紧密相连。“外在善”不仅为人们提供了生活必需的营养、庇护所、医疗等方面的支持，还为人们过上质量更好、效率更高的生活提供了可能。

虽然努斯鲍姆强调了“好生活”并不是自足的，它需要“外在善”的辅助从而实现“好生活”，而且“外在善”具有不可通约性，但是她并不是说“外在善”就是“好生活”的目的，或者“外在善”就是“好生活”本身。

她承认“外在善”的合法性，却极力反对沉迷于荣誉、地位、财富等“外在善”带来的快乐生活。也就是说，在“外在善”和“好生活”之间存在一种“适度”，完全脱离“外在善”的“好生活”是理想化的，而脱离“好生活”目标的“外在善”是空洞和盲目的，它必然导致人走向“好生活”的相反方向。需要指出的是，努斯鲍姆对于能力进路的尝试和探讨，对于世界公民教育的分析，对于社会正义问题的探究都与“外在善”密不可分。十种核心能力清单中所列的大部分内容都属于“外在善”的范畴，教育环境、教育理念、教育方式等是相对于行为者的“外在善”，残障人士的权益、护理者为社会提供的劳动和价值等正义问题，也是“外在善”和“好生活”关涉的重要问题。

二　“好生活”思想与义务论的分野

虽然努斯鲍姆“好生活”伦理思想主要针对功利主义展开论证，但是它与康德义务论也存在理论分歧，“好生活”思想与义务论的分野主要体现在以下三个方面。

（一）自然王国与道德王国并不能截然分开

与康德不同的是，努斯鲍姆极为强调人的自然属性，即人的动物性。无论是探讨人的价值问题还是脆弱性问题，她都以承认人的动物性为前提。可以说，历史的发展和人类的进步，甚至人类理性的自觉都给人造成了很大的错觉，那就是认为人类似乎已经成为世界的主宰。很长一段时间以来，人类的诸多行为表明人类渐渐遗忘了自己也是自然的一部分，遗忘了人来源于自然、依赖自然，人与自然存在着紧密联系。努斯鲍姆意识到虽然康德义务论凸显理性有其重要意义，因为理性的确是人超越自然、否定自身动物性的最好表征，但是理性仍然需要以人的动物性为前提发挥作用。人的物质性和动物性是保证人生存和发展的首要基础，理性思考和道德实践都要以人的现实存在为转移。人性并不是必须通过人特有的理性得到彰显，动物性也是人的重要方面。以人的动物性视角为切入点进行伦理探讨不仅有助于我们把握人的完整性，还有助于我们深入人的存在根基，从深层次和全局角度审视人的生存境遇与未来发展。努斯鲍姆"好生活"伦理思想以人的动物性为出发点，正视人现实存在的脆弱和无奈，勇于揭示人一生中伴随的孱弱、疾病、老龄等状况和问题，以人的能力发展为目标，探讨正义实现的范围、可能性和目标，把人的动物性和人性统一起来，从未割裂二者的联系。特别需要指出的是，努斯鲍姆从未把人的动物性如人的生命、健康和身体完整等看成低等的、不值一提的和成问题的。

在康德义务论中，理性不仅是人性的突出特征，它与人的自然性（动物性）相对存在，理性还与感性相对而生。感性与人的经验现实相关，感性具有偶然性和非普遍性，它是较低层次的、未脱离动物性的。与此不同的是，理性却因为它的普遍性、规范性和可控性而胜过感性。努斯鲍姆在尊重和推崇理性的同时，也强调情感的作用。她通过追溯柏拉图和亚里士多德对欲望和激情的论述从而为情感正名。可以说，理性是人超越其他动物的本质属性，然而情感并不是能够完全与理性对立起来的人性特征。也就是说，任何一个人都是在理性和情感的共同作用下进行实践活动的，理性很难在丝毫不受情感影响的情况下发挥其功能，同样道理，正常人的情感也无法在理性被完全剥夺的状态下发挥作用。因此，努斯鲍姆"好生活"思想中的能力理论不仅要求培养和发展每一个人的理性慎思能力，还要求发展人的情感能力，包括爱和悲伤等能力。另外，在教育方面，努斯鲍姆非常重视培养人性，她试图通过文学和艺术致力于培养"世界公民"的想象力和移情能力，从而进一步丰富和完善人们的情感。可以说，通过论证情感在完整人性的建构中所具有的重要地位和作用，她力图阐释在实现正义的道路上需要理性和情感一起发挥作用，只有这样我们才能理解和解决似乎与我们无关的正义主体的正义问题，如不健全和残障人士的正义、跨国正义和动物正义等问题。

（二）正义的实现既需要自律也需要他律

康德认为他律不能成为道德法则，因此他一直强调自律。然而，正如前文所述，康德的义务论也只是与行为主体相关，而并没有把主体作为重要的考察对象，即康德义务论并没有把行为主体的德性纳入研究视域。也就是说，它把行为主体视为无差别的存在，可是现实情况是具有自律精神的人与不具有自律精神的人在履行道德义务问题上存在天壤之别。义务论无法保证让不讲道德的人遵守道德，道德自律只对那些有道德感和有良知的人起作用。因此，自律要以德性为前提。努斯鲍姆承继了亚里士多德的德性论思想，她坚持认为有德性的人才会做合乎德性的事，因此她极为重视德性的培养和确立。无论是呼吁通过人文学科的教育培养批判能力、想象能力和同情能力，还是借助能力理论包括发展情感和实践理性的能力实现社会正义，她都以培养人性或培养德性为目标。简言之，努斯鲍姆“好生活”思想以德性为前提，虽然它并不否认义务论范式下的道德自律，但是它更重视行为主体的德性基础。与其把正义的实现建立在对完美人性的幻想上，不如正视现实人性的欠缺和重视对人性的培养，从而为实现人类的“好生活”贡献一份力量。

努斯鲍姆承认她的正义理论只是对罗尔斯理论的补充和完善，并没有从根本上超越罗尔斯的正义理论，她只是选择了与罗尔斯不同的理论进路。应该说，努斯鲍姆的能力进路以发展和实现每个人的能力为目标，也致力于为世界人类发展提供政策参考。特别是努斯鲍姆在能力理论的基础之上列出了核心能力清单，这份清单为各国制定经济、政治和文化政策提供了具体的、明确的、易于操作的、符合人性的能力内容。因此，能力进路并没有受到道德自律的限制，它在注重培养德性的同时以各国政策作为制度保障，也就是说，能力进路同样重视道德法则的他律，是他律现实形式的体现。值得注意的是，能力进路并不是仅停留在理论层面的设计与构想，它在现实层面也取得了令人瞩目的成绩。近些年《人类发展报告》的内容充分体现了能力进路的一些核心观点和主张，报告的公布和各国政策的落实又进一步促进了人类能力的发展和进步。世界上越来越多的人受益于能力理论和各国具体的政策法规，例如少数民族群体、女性、儿童、残障人士等，其中一些人的生活条件已经得到了不小的改善，还有一些人的生存状况正在逐渐好转，不得不承认的是道德他律在保证弱势群体的权益和公正方面发挥了重要作用。

（三）类幸福与个体幸福并不一致

“义务论伦理思想方法所关注的是使个别的人成为社会的人，强调个体应当自觉承负起类的责任与使命。”[①] 以类幸福为目标是无可厚非的，个体有责任承担类幸福的使命，然而问题是个体与类并不是完全一致的，个体的幸福对于每一个人来说更为重要。正是在这个意义上，努斯鲍姆“好生活”伦理思想以提高个体的能力和实现幸福为主要着眼点，它在强调类的“好生活”同时更注重生命个体的繁盛，其中也包括有感知能力的动物。类幸福以个体幸福的实现为前提，个体幸福是类幸福的局部印证，个体是类中的个体，类是个体的延伸。个体幸福与类幸福的张力体现在个别与一般的关系上。

可以说，努斯鲍姆“好生活”伦理思想主要以个体幸福为着眼点，她探讨了在具体情境下个体运气、价值冲突对“好生活”的影响，个体德性与“好生活”的关系，以及个体脆弱性之于“好生活”的意义。努斯鲍姆“好生活”伦理思想以每一个人为目的，它的正义理论从个体能力的提高入手，主张在人类繁盛的大目标下追求个体“好生活”的实现，而这种生活是一种有尊严的生活。因此不难看出，努斯鲍姆“好生活”伦理思想是从每一个人的德性、能力、尊严、权利、自由等方面入手，其所寻求的“好生活”也是基于个体的“好生活”。虽然作为人类整体的类幸福是一个宏伟、高尚的目标，但是类幸福的实现必须要依靠个体幸福而获得。因此，或许正是出于这种考虑，努斯鲍姆“好生活”伦理思想从一开始就从极具特殊性的古希腊悲剧出

① 高兆明:《伦理学理论与方法》，人民出版社，2013，第347页。

发，将读者带入一种个体的具体伦理困境中进行伦理探讨，她通过古希腊悲剧和价值冲突探讨个体德性与“好生活”的实现。

努斯鲍姆还极为重视个体情感的培养和非功利主义的教育，她建议通过人文学科的教育培养公民的同情心、责任感和批判能力。她极力反对以赢利为目的的教育，更反对培养单向度的人，她希望培养的“世界公民”是具有完整人性的人。也就是说，努斯鲍姆意在培养有能力、有德性、有健全人格的公民，他们与其他人既有很多相似之处，也有很多不同之处，他们中每一个人的目标与追求都不尽相同，他们的“好生活”也因此而独具特色，于是在他们追求自己的“好生活”过程中努力的方向、实践智慧的发挥和合德性行为的开展就会千差万别。

三　“好生活”思想对功利主义的超越

可以说，努斯鲍姆对功利主义的批判是较多的，也是较深刻的，她从批判 GDP 的方法到批判功利主义的方法，从关注有感知能力个体的发展到关注个体能力的实现，从探讨人类正义问题到探讨有感知能力的动物正义问题，这些都表明了她的“好生活”思想不仅是对德性伦理学的继承和发展，更是对功利主义的超越。

（一）功利主义的主要观点及优势

纵观历史的发展不难发现，功利主义伦理思想及其方法是符合历史发展趋势的。18 世纪后半叶开始的英国工业革命和法国资产阶级革命，使对抗封建势力的残余和维护资产阶级统治的重任落在了新思想的身上。以边沁和密尔为代表的功利主义思想应运而生，功利主义在为资产阶级逐利性和资本主义合法性的辩护方面发挥了重要作用，是近代西方主流思想之一。最早的功利主义产生于 18 世纪末 19 世纪初，由英国伦理学家、法学家边沁最先提出。边沁的主要观点是，人类的本性就是追求快乐和躲避痛苦，判断一种行为是否是正义的、道德的行为主要取决于它能否增加人们的快乐及最大限度地降低人们的痛苦，如果能够增加人们的快乐，那么它就是正义的，反之则不是正义的。也就是说，善就是快乐。边沁的这种最大幸福原则也称为功利主义原则。边沁认为，功利主义原则与以往的伦理学相比具有明显优势，它不仅使伦理学中的核心概念"善""正义""幸福"等清晰可辨，它的使用范围也很广泛，既适用于个人也适用于社会，而社会是由个人组成的。边沁强调，"社会是虚构的团体，由被认作其成员的个人所组成，社会利益就是组成社会之所有单个成员的利益之总和"①。为了能够更好地说明自己的理论，特别是计算快乐总量，边沁还精心设计了"快乐计算法"，其中包括七项指标：快乐强度、持久度、确定性、达成度、繁殖力、纯度和广度。简言之，边沁试图运用数学测算方法解决快乐和幸福这样的伦理问题。

之后，功利主义的集大成者密尔在边沁功利主义基础之上阐释了其功利主义的原则，"行为的对错，与它们增进幸福或造成不幸的倾向成正比。所谓幸福，是指快乐和免除痛苦；所谓不幸，是指痛苦和丧失快乐"②。虽然密尔的功利主义在基本原则上与边沁的功利主义并没有什么不同，但是密尔在基本原则的基础之上对边沁的功利主义进行了补充和修正，特别是针对道德学术界的指责，他进行了有力的回击与反驳。密尔对功利主义原则的补充主要包括以下两点。（1）"快乐不仅有量的区别，而且还有质的不同。"③密尔认为，既然衡量其他事物是从质和量两个方面考虑，那么对于快乐来说也应该从量的方面和质的方面进行衡量，快乐既有精神上的，也有肉体上的，而精神上的快乐要高于肉体上的快乐。密尔试图从快乐具有质的维度驳斥功利主义所遭受的非难，从而证明那种认为功利主义是鼓吹感官享乐"猪"的哲学观点是肤浅的、错误的。功利主义的快乐指的是人的快乐而不是动物的快乐。（2）对功利主义中的个人主义精神进行了利他主义的解释。虽然人性中的"趋乐避

① 周辅成编《西方伦理学名著选辑》（下卷），商务印书馆，1987，第212页。
②〔英〕约翰·穆勒：《功利主义》，徐大建译，商务印书馆，2016，第8页。
③ 王彩波主编《西方政治思想史》，中国社会科学出版社，2004，第455页。

苦”似乎只能指向利己主义，但是密尔认为，“构成功利主义的行为对错标准的幸福，不是行为者本人的幸福，而是所有相关人员的幸福……”[①]，密尔运用联想原则解释利他行为。尽管最初人们的动机是利己的，但是人们期望从利他行为中得到感谢和回报。在现实生活中，人们的确会因为利他行为得到他们所期望得到的，并产生快乐的情感，久而久之，“利他行为和快乐情感就会根据因果律联系在一起，这样的行为重复多次，根据频度律，利他和快乐在观念中就会形成稳固的因果关系，利他行为成了快乐的原因，由原初的手段变成目的，这就是利他主义”[②]。

密尔对边沁的功利主义进行了补充和完善，他竭力为争议最大的功利主义原则进行辩护和捍卫，然而功利主义中的个人利益和社会利益、个人自由和社会限制之间的矛盾和张力仍然是最为关键和最为棘手的问题。密尔阐述了他的自由观，他强调在个人自由和社会限制之间不能顾此失彼，应该在二者之间寻求某种平衡与和谐。只要个人自由没有妨碍他人自由和社会利益，那么就无须干预和管理，相反，如果个人自由影响了社会和其他社会成员，那么政府和社会相关部门就必须采取相应措施。换言之，在私人领域，个人享有绝对的自由，个人完全可以按照自己的想法去追求个人的最大利益，前提是不损害他人利益；在公共领域，公共权力的使用必须在相应的公共事务范围内，不能以任何理由和借口侵犯个人的自由权利。不得不承认的是，密尔在个人与社会问题上还是选择了个人，他认为，“国家的价值，从长远看来，归根结底还在于组成它的全体个人的价值”[③]。

不得不说，功利主义伦理思想方法具有明显的优势。功利主义以追求人类的幸福为目的，看重利益在人类生存和发展中的意义，以人类的利益为衡量标准，把利益抬到了一个不容置疑的高度。抛开其局限性不谈，毫无疑问的是，合理、合法的功利心在推动人类发展和社会进步方面比全社会的“清

① 〔英〕约翰·穆勒：《功利主义》，徐大建译，商务印书馆，2016，第21页。

② 赵敦华：《现代西方哲学新编》，北京大学出版社，2001，第49页。

③ 〔英〕约翰·密尔：《论自由》，许宝骙译，商务印书馆，1959，第125页。

心寡欲”更有意义。正如马克思向全人类揭示的那样，物质资料的生产是人类生存和发展的前提与基础，功利主义所强调的物质利益和对财富的不懈追求也为社会进步和人类发展提供了动力。“资产阶级在它的不到一百年的阶级统治中所创造的生产力，比过去一切世代创造的全部生产力还要多，还要大。”[①]功利主义在为资产阶级统治和资本主义社会合法性辩护方面发挥了重要作用，其伦理思想为资本主义社会中的逐利现象、分配机制和社会幸福找到了理论根基。功利主义主张寻求“最大多数人的最大幸福”，至少在功利主义的理论方法中，社会财富总量的增加是其寻求的一个重要目标，对任何国家和任何民族来说，全社会财富总量的增加一定比财富总量不变或减少要好，更多时候社会进步、人们生活改善和财富分配是否公平、合理要以财富总量的增加为前提。

（二）功利主义存在的问题

边沁的功利主义方法是从经验论出发的一种伦理思想方法，尽管功利主义思想方法是“西方民族现代性进程中的主流思想方法之一”[②]，但是这种思想方法还是存在明显的问题和矛盾。如果善和正义就是快乐，那么为什么一些根本不能给人们带来快乐的事情人们还会去做？亚里士多德在《尼各马可伦理学》中论述过快乐和善的问题，像学习和为国捐躯等行为根本无法给人们带来所谓的快乐，可是人们还会因为这类行为自身所具有的价值而去做，因此快乐与善并不是一回事，快乐不是伦理学的终极目标。再有，如果快乐真的能通过一系列的指标进行权衡和计算的话，它们应该是同质和可通约的，然而我们是很难认同这种观点的，我们无法证明看一场电影、外出郊游一次和剪一个新发型这三种行为中哪种选择会带给我们更多的快乐。

功利主义的目标是要达成最大多数人的最大幸福，然而功利主义以寻求“最大多数人的最大幸福”为目的，就面临着两方面的诘难：一是个人幸福与

---

①《马克思恩格斯选集》第1卷，人民出版社，2012，第405页。

② 高兆明:《伦理学理论与方法》，人民出版社，2013，第295页。

社会幸福并不存在直接的一致性，社会利益总量的增加无法保证个人利益的增加和幸福的实现；二是为了达到增加社会利益总量或幸福总量的目的，是否就能够以牺牲一部分（少数）人的利益为代价？努斯鲍姆也和其他一些哲学家、经济学家一起针对上述两方面的问题对功利主义发起了挑战。个人幸福与社会幸福并不是一回事，社会幸福的增加并不能得出个人幸福增加的结论，除非在社会制度是公平正义的前提下，个人的努力与付出同个人财富的分配相当。努斯鲍姆在批判 GDP 方法时还指出，一个国家的 GDP 并不能体现这个国家公民的教育、医疗、健康和寿命等很多与公民的生活质量和生活水平密切相关的问题。以南非为例，尽管南非的 GDP 和人均 GDP 都是不错的数值，但是那里也存在严重的不平等问题。因此，只关心 GDP 以及与 GDP 模型相似的功利主义都不能有效论述社会利益的分配问题，而分配问题则是人们最关心，也是与个人幸福最直接相关的问题，上述两个问题都与分配和再分配问题有关系。

其实，边沁的功利主义理论内部就存在矛盾，一方面，如果社会利益只是个人利益的总和，那么个人利益与社会利益相比就应该具有优先性，一切行为选择和道德评判都应以个人利益为准绳，个人利益的最大化叠加在一起就实现了社会利益的最大化。与个人利益相比，集体利益或社会利益只是一个抽象的概念，如果牺牲了具体的个人利益，那么抽象的集体利益就毫无意义、毫无价值了。因此，功利主义遵循的是个人主义的理论逻辑。另一方面，功利主义又坚持善和正义就是快乐，快乐是可计算的，功利主义以最大多数人的最大幸福作为道德行为选择和善恶判断的基本原则，那么，可衡量、可计算的幸福总量势必会让我们顾全大局、取大舍小，并不惜牺牲个人利益成全集体利益。这样看来，边沁的功利主义又具有了集体主义的理论逻辑。个人主义与集体主义的对立与矛盾实在难以使功利主义达到理论自洽。

即便密尔对边沁的功利主义进行了补充和完善，认为快乐除了应该有“量”的不同之外还应该有“质”的区分，但是他依然还是无法合理解释何种快乐在质的方面更高更好。密尔担忧快乐计算法可能导致文化退化，因此他反对这种只从数量方面衡量的计算法，他坚持有些快乐比其他快乐更有价值，更值得欲求。在他看来，即使有些快乐会带来更大程度的不满足，但是行为者也不愿用其他快乐交换，这是因为快乐在质量方面有所不同。事实上，经过密尔修正过的功利主义已经渐渐偏离了原初功利主义中的快乐原则，密尔在"快乐"和"不满足"之间已经很难自圆其说，仅从快乐的质量维度并不能说明何种快乐更有价值，判断快乐的价值标准依然模糊不清、难以界定。究其根源，密尔功利主义思想中的快乐内涵更接近于亚里士多德的"美德"。在快乐与美德的比较中，美德是以自身为目的，因其自身之故更值得欲求，因此美德比快乐更胜一筹，美德也比快乐距离幸福更近，美德伦理学也就比功利主义具有更多的优势和优越性。事实上，虽然他深知大多数人在现实生活中未必会放弃肉体快乐而选择精神快乐，但是密尔认为这些人都是意志薄弱的人，他们的选择不能成为判定的标准，只有那些开化的精英人士才是有评判资格的人。也就是说，密尔的功利主义所坚持的"最大多数人的最大幸福"原则中的"大多数人"指的是少数精英中的大多数，而不是所有人当中的大多数，密尔的功利主义有精英主义之嫌。

密尔还把行为者个人的幸福扩大到与行为者相关人员的幸福，从而力图否认功利主义是一种狭隘的利己主义，可以说，密尔的功利主义原则设计既具有个人主义的精神又具有利他主义的特质。可是，功利主义伦理思想方法仍然是以功利的大小作为衡量行为好坏的唯一标准，因此在带来更多功利方面，工具理性（技术理性）必然要比价值理性更受青睐，这也是从20世纪中期以来技术理性盛行的重要原因之一。技术理性备受推崇而价值理性式微引发了严重的道德危机，科学技术万能论导致人们唯科学技术马首是瞻，人逐渐被大机器生产和严格的劳动分工所淹没而成了机械体系中的一环，人不仅在经济领域被严重地片面化和原子化，人的主观世界也随之变得愈来愈片面，失去了对整体性的识别和把握。西方马克思主义的代表人物如卢卡奇、霍克海默、阿多诺和马尔库塞等人都意识到技术理性的异化带给人类的消极影响，由此对技术理性进行了深刻的剖析与批判。人最初试图通过理性精神和科学技术的结合推动人类的进步、发展，确保人对自然的绝对统治。虽然人类凭借技术理性创造了前所未有的物质财富和精神财富，人类的生存条件也得到了极大的改善，但是技术理性越来越把人类引向了相反的方向，技术力量正以人类无法想象的速度蔓延和发展，“技术本身成为自律的、总体性的统治力量，成为扼杀人的自由和个性的异化力量”①。技术理性导致人缺乏主体性的批判、反思和否定精神，人成了失去批判维度和超越维度的“单向度的人”。以努斯鲍姆为代表的当代德性伦理学家也受到了20世纪20年代兴起的西方马克思主义文化批判理论的影响，努斯鲍姆等人对功利主义的政治、经济和教育等趋势表示了极大的担忧，并为未来社会发展和人类进步进行了有益探索，她们真正关心有感知能力个体的发展，以能力作为衡量生活质量和生活水平的标准，超越了以往功利主义伦理思想的理论局限。

（三）对功利主义的超越

努斯鲍姆主要从经济和教育等问题入手进行分析，她反对以GDP为导向的功利主义思想方法。其实，个人幸福与社会幸福并不等同，以社会幸福为借口试图牺牲个人幸福更是荒谬至极。努斯鲍姆“好生活”思想以个体发展角度为切入点，以能力作为衡量生活质量和生活水平的标准，真正关心个体的发展和进步，超越了功利主义伦理思想和方法。

努斯鲍姆“好生活”思想是以有感知能力的个体为目的，切实关心个体的成长和进步，把每一个人和有感知能力的动物视为“好生活”的主体，她致力于探讨运气与“好生活”的关系，德性与“好生活”之间的断裂，以及少数弱势群体的正义对于全球正义问题的紧迫性和重要性，从而完善和丰富其“好生活”思想。可以说，努斯鲍姆在她的早期作品中探讨运气及其与“好生活”的关系等问题，这些论述直接影响了她后来研究政治哲学的问题

① 衣俊卿:《文化哲学：理论理性和实践理性交汇处的文化批判》，云南人民出版社，2005，第202页。

域。如果说一个人出生在这个国家而不是别的国家，性别是男（女）而不是女（男），属于这个种族和民族而非那个种族和民族，也就是说每一个人的出生地、性别、种族和民族的现实性具有随机性，那么这完全就是一个运气的问题。因此，研究"好生活"必然要从与每个人相关的运气谈起，而努斯鲍姆在此问题上也花费了很多时间并运用了大量的笔墨。此外，关注运气也意味着关注个体及个体的生活。古希腊悲剧和现当代小说都为我们识别和反思在运气作用下每个生命个体不同的困境、遭遇、情感困惑和行为选择提供了素材和机会，让我们从功利主义"最大多数人的最大幸福"中觉醒，并认识到我们自身是与文学作品中的人物一样具有不同经历、不同际遇和不同灵魂的实在个体，我们并不是为了社会最大利益和社会最大幸福而存在的无差别个体。虽然很多时候我们有着共同的理想追求，以及在其他方面具有很多相似性，但是我们每一个人也都拥有不同的生活计划和个人幸福目标。

如果我们不幸成了残障人士或者贫穷国家的一员，又或者我们只是一个有感知能力的非人类动物，那么我们每一个个体是否有权利追寻符合自己生命特征的"好生活"呢？答案是肯定的。即使我们很幸运在一生之中都与残障人士和穷人的生活无缘，可是我们也依然无法逃离人生之中的"依赖期"。无论我们是作为婴儿、生活不能自理的老人，还是患病的青壮年，我们都需要依赖其他人对我们细心周到的照顾才能成长、恢复健康或者过有尊严的生活。如果我们能站在有感知的动物角度思考生命、健康、娱乐和痛苦等问题，那我们在解决人与自然问题上就会有长足的进步。人类中心主义不仅仅是一切以人类为中心那么简单，人类中心主义的极端化必然导致人与自然的对立和自然对人类的报复。从根本上说，极端的人类中心主义是一种不折不扣的功利主义，它无视动物的权利和权益，在践踏和牺牲有感知动物利益和生命的同时，还振振有词地论述动物们带给人们的最大功利量。尤瓦尔·赫拉利在他的《人类简史》中有力地论证了人类带给动物们的灾难，数量上的绝对优势并不能说明家畜和家禽在地球上就是胜出者，从个体角度来看，绝大多数的家禽和家畜从小就被关在狭窄的笼子里，以鸡和牛为例，它们不仅根本没办法活到自然寿命，行动也受到了严格限制，更不用说它们与同伴的玩耍和娱乐了。小牛一生能够自由走动的机会往往只有在去往屠宰场的路上，而人类限制它们行动的原因就在于想要牛排鲜嫩多汁，牛的活动会让肌肉变硬，牛排也就不好吃了……我们有没有设身处地地为这些家禽和家畜想过，它们的尊严、价值、生命的意义和幸福又在哪里呢?

以上问题都是努斯鲍姆关注个体生存和发展的具体例证，她不仅关心个人和动物个体的发展，她还重视社会公平正义制度的构建，她基于能力理论的社会正义研究为实现个人能力和全球正义提供了政策参考。虽然努斯鲍姆的“好生活”思想是一种真正关心有感知能力个体发展的伦理思想，但是这种个人主义的伦理思想并不等于利己主义。从长远来看，利己主义是没有办法不影响他人和社会的，“许多合理利己主义者的活动和行为表面看来不伤害他人却可能总体上对每一个人，包括对自己都是有害的”①。究其原因，利己主义伦理思想指导下的人类活动都是手段性的、工具性的，并不具有亚里士多德所谓的“实践”性质，努斯鲍姆作为当代德性伦理学的杰出代表，主张回归亚里士多德，其“好生活”研究始终以德性为内核，即使在探讨运气和“好生活”以及“好生活”的伦理实践时，她仍然没有遗忘德性是人类精神的灵魂。努斯鲍姆有关“好生活”的论证中一直都有德性的在场，即便是在讨论运气以及运气对获得“好生活”的影响时，她仍然以“做一个好人”为前提预设，也就是说她探讨的是一个好人在面临灾难和厄运时他们的行为和选择，是好人与“好生活”的关系问题，而不是一个坏人在拥有好运时的“好生活”。另外，努斯鲍姆对正义问题的讨论特别是对三个悬而未决正义问题的深入思考也充满了人性的关怀与友爱。与单调、狭隘、只注重功利量的功利主义相比，努斯鲍姆基于德性的“好生活”更加高尚和富于远见，它让我们深刻思考和体会作为一个有理性有情感的生命个体，我们能够成为什么，我们能够为自己或他人他物做些什么。我们的存在是有价值的，我们不是某

---

① 廖申白:《伦理学概论》，北京师范大学出版社，2009，第245页。

个机器上的一个螺丝，我们更不是一个可有可无的工具，我们能够悲伤和喜悦，我们懂得同情、怜悯，我们可以彼此关爱和互相帮助，我们的独特性、我们的力量因为我们闪闪发光的德性而显得与众不同。不得不说，努斯鲍姆的“好生活”伦理思想就是一种实践哲学思想。

（四）以能力作为衡量生活质量和生活水平的标准

虽然能力理论并不是由努斯鲍姆最先提出的，但是努斯鲍姆在哲学领域对能力理论的深入探讨却是积极而有益的，特别是她列出的核心能力清单使能力理论更清晰、更具操作性。能力理论以能力作为衡量人们生活质量的标准，它与以功利量作为行为善恶标准的功利主义评判相比更理性、更直观、更合理，也具有更大的进步性。

1. 以能力而非利益作为衡量生活质量的标准

前文已经提到，无论是社会总利益、社会总财富还是个人的财富值都无法说明人们的生活质量，尽管至今许多国仍然渴望和迷恋 GDP 的增长影响力，但是也有越来越多的国家意识到了 GDP 以及经济功利主义所带来的弊端。一般存在严重不平等问题的国家，如在民族、性别和阶级等方面存在不平等的国家，由于它们的分配和再分配极为不公平，所以 GDP 和 GNP 都无法真实体现人们的生活质量和生活水平。努斯鲍姆和森等人正是意识到以利益作为衡量标准存在着严重的问题，所以她们提出了能力理论，并把能力作为衡量生活质量和生活水平的标准。能力理论以“人们能做什么”和“人们能成为什么”作为其理论的出发点，具有人本主义的思想精髓，它关注人的尊严、价值、情感和自我实现。特别需要指出的是，努斯鲍姆提出的十种核心能力清单把人应该具有的主要能力如生命、健康、感知、情感、归属和娱乐等能力加以明确化和具体化，从而规定了一个人要过上有尊严的生活所应具有的最低能力门槛，同时它也是衡量一个国家是否公平正义的标准。努斯鲍姆认为，只要公民能够达到这十种核心能力的最低限度水平，就可以认为这个国家的社会正义基本实现。从十种核心能力清单内容中不难看出，能力理论是切实把发展每一个人的生命和生存能力作为目标，从个体角度审视和把握人的发展，每一个人都是独特且有尊严的个体，每一个人不可被剥夺的权利和幸福都具有最高价值。能力理论是一个更加具体和相对全面的人类发展理论，它在促进个体生命能力和健康能力之外，还为增强个体的生存能力提供了路径。能力理论不仅致力于发展公民的读写、思考、实践理性等方面的能力，它还把培养公民丰富的情感、良好的人际关系和娱乐等能力也作为其重要内容。不难看出，核心能力旨在培养“完整的公民”，他们不仅是身体健康、营养充足的公民，更是具有健全人格、具有批判和反思能力、具有行动力的公民。能力理论对于每一个人的生存和发展都至关重要，它在衡量公民的生活质量和生活水平方面已经发挥并将继续发挥重要作用。

努斯鲍姆把动物正义问题也纳入研究视野，功利主义伦理思想的方法论前提是一切以人类为中心的，在只考虑人类功利量的大小和幸福量大小的前提之下，动物和自然只能是客体，动物的能力和动物的幸福根本无从谈起。努斯鲍姆切实以动物的繁荣为目标，以核心能力清单作为衡量动物生活质量的参照标准，虽然有些能力有牵强附会之嫌，但是努斯鲍姆为实现动物正义的初心和努力仍然有值得借鉴的地方，尤其是她在动物生命、健康、安全和娱乐等方面的思考为人类政策制定和动物繁荣提供了方向和动力。

2. 能力进路为政策制定提供参考

功利主义以功利量的大小作为衡量标准存在一个严重的缺陷，不同的人因为认识能力和客观条件的不同会产生不同的认识，有些人认为自己的行为会给社会带来最大量的功利，可是由于他 / 她自身认知能力的限制等原因结果也许会适得其反，“感觉是一种主观随意性的东西，对功利的感觉亦如此”[①]。因此，功利主义尤其是古典功利主义缺少美德和道德法则的理性意蕴，虽然新功利主义在这方面进行了补充和修正，但是我们仍然需要另外一种进路为生活质量的判定和政策制定提供清晰、明确和切实可行的参考。功利主义中

① 高兆明:《伦理学理论与方法》，人民出版社，2013，第 312 页。

功利量的大小因人而异、因时而异，它既无统一的衡量标准又不清晰、不明确。相比较而言，能力进路为各国提供了清晰可见的核心能力目录，只要各个国家对照该目录逐项检查就可以知道自己在哪些方面做得比较令人满意而哪些方面还存在差距。例如有些国家虽然可能在保障公民基本生命和健康等方面符合核心能力目录的要求，但是在培养公民识字能力等方面做得还不尽如人意，因此该国在制定政策时可以有所偏重并加大发展公民此项能力的政策扶持。动物正义问题是正确处理人与自然关系的内在要求，人与动物、人与自然的关系不是主宰与被主宰、控制与被控制、奴役与被奴役的关系，人与自然是一种和谐共生、相互依存的关系。能力进路为我们提供了一种崭新的视角，让人类清醒意识到“能力”并非人类专属，动物也有生命、健康、娱乐甚至理性等能力方面的诉求。如何保障动物的生命繁荣，如何提高动物的核心能力？人类在解决这些问题上任重道远，动物的能力提升和生命繁荣无不依赖人类政策的制定和实施。总而言之，努斯鲍姆的能力理论为政策制定提供了良好的参考，能力进路具有内容直观、可操作性强等优势，它为人类发展与进步提供了重要的指导。

四　“好生活”思想对马克思主义实践哲学的贡献

如前所述，努斯鲍姆“好生活”思想不仅继承和发展了德性伦理学，它与功利主义和康德义务论相比具有明显的优越性，它还对马克思主义实践哲学的发展做出了一定的贡献。

（一）实践概念的演变

实践概念是研究实践哲学的一把钥匙，马克思批判地继承了亚里士多德的实践思想，从人类实践入手找寻人类社会发展的规律。从人类活动类型上看，亚里士多德把人类活动分为理论的、实践的和制作的活动，他系统研究了它们之间的区别与联系。他认为纯粹的理性沉思是最高形式的，是不需要借助任何其他条件的真正的实践。以善为目的实践活动要高于制作活动，因为实践活动是合目的性的活动，善作为目的是内在于实践活动之中的，它具有终极的道德关怀，它的目的是终极的、完满的。而制作活动的目的则在于所制作的产品，制作的成果、效果要高于活动过程，它是片面的、手段性的东西，是非自由的、有条件的，也是不完满的，与实践相比由于制作的目的在于其活动的产品，因而它还具有功利性。亚里士多德所说的实践的生命活动是指非职业的、一般的活动，而职业的、特殊的制作活动只能叫作“制作”，它不能被叫作“实践”。换言之，亚里士多德的实践概念只包括自由实现“善”的活动，而并不包括生产活动。“他把人的自由活动（实践）和人的生产性活动（创制）截然分开，割裂人的活动和行为的统一性，把实践和创制对立起来。”[①]自古希腊以来，亚里士多德关于实践的分类对后世产生了深远影响。

文艺复兴之后，以弗朗西斯·培根（以下简称培根）为代表的哲学家发展了亚里士多德的制作性活动，“F·培根和百科全书派把工匠的各种手艺同对自然的认识和实验一起列入实践的内涵”[②]。培根对亚里士多德实践概念的曲解极为迎合资产阶级利益，随着生产力的快速发展和资本主义制度的确立，实践的理论内涵和现实使用也愈加功利化和庸俗化。时至今日，功利主义的阴霾仍然在很多领域挥之不去，人们往往自觉或不自觉地计算着后果和个人得失，功利主义对人类生活的影响可谓无孔不入。究其根源，正是人们对亚里士多德以终极善为目的的实践活动的抛弃和遗忘。因此，以努斯鲍姆为代表的德性伦理学家强调回归亚里士多德。其实，与其说是对亚里士多德的回归不如说是对实践本真含义的回归，对非功利性活动的回归，以及对终极善的回归。

当然，不得不承认的是，虽然亚里士多德对实践含义的规定体现了人的价值维度和伦理关怀，但是他割裂了实践和制作的联系，他把制作视为低下的、奴隶从事的生产性活动加以排斥，他没有正确认识制作活动对于人类生

① 丁立群：《论人类学实践哲学：马克思实践哲学的性质》，《学术交流》2005年第7期，第2页。
② 丁立群：《论人类学实践哲学：马克思实践哲学的性质》，《学术交流》2005年第7期，第2页。

存的物质性作用和基础性意义。与此不同，马克思则从人类的劳动实践入手，认为“社会生活在本质上是实践的”①，“实践是人类能动地改造世界的社会性的物质活动”，并分析了在私有制条件下异化劳动的四个基本特征，认为劳动是人自由自觉的活动，是人的类本质，是人的存在方式。马克思所说的劳动既包括亚里士多德语境下的制作即物质生产活动，也包括以善为目的的实践。马克思对两种实践传统进行了综合，然而马克思的这种综合并不是简单相加，他不仅意识到物质生产是人类生存和发展的前提和基础，从而能够正确认识和处理人与自然的关系，他还批判缺乏以终极善为目的的异化劳动，主张通过消灭私有制而达到扬弃异化、实现人自由而全面的发展。由此可见，马克思的实践观点是建立在人与自然统一关系的基础之上，并从具体的人的现实活动出发把握人的本质和未来发展的。马克思认为，“代替那存在着阶级和阶级对立的资产阶级旧社会的，将是这样一个联合体，在那里，每个人的自由发展是一切人的自由发展的条件”②。马克思设想的未来社会不仅消灭了私有制，分工也消失了，每一个人都能够自由全面地发展自己的能力，它是自由人的联合体。马克思从生活实践出发阐发理论，这是与以往理论哲学完全不同的哲学研究范式，我们称为实践哲学，西方哲学从马克思哲学开始真正具有了实践哲学转向。而马克思实践哲学的主旨也蕴含在他的理论论证和未来设想中，即每一个人的自由全面发展，就是人的自我超越和自我实现。换言之，马克思主义实践哲学精妙之处就在于它体现了能动性维度和创造性维度。与其他动物相比，人类的实践活动是有意识、有目的的活动，人类在进行实践活动之初就已经在大脑中预知了实践活动的结果，因而把它作为实践的目的指引实践者行动，可见，这与动物的本能适应性活动截然不同。此外，人还能创造出世界上根本不存在的事物，其中包括概念和思想等主观形式，人的能动性维度和创造性维度很好地诠释了人的“自由性”。如果仅从人的动物性层面理解人，那么具有创造性和超越性的人的本性根本无法体现，人的

---

①《马克思恩格斯选集》第1卷，人民出版社，2012，第139页。

②《马克思恩格斯选集》第4卷，人民出版社，2012，第647页。

本质规定性也必然无法被真正揭示出来。因此，我们不能用认识物的方式来认识人，而是需要用真正认识人的方式来理解人和述说人。

（二）批判功利主义，为现代道德困境提供指导

应该说努斯鲍姆哲学思想最显著的特征是对功利主义进行了深刻入微的批判，其哲学批判也是在马克思实践哲学的基础之上展开的。努斯鲍姆的哲学思想主要围绕反对技术理性对人类的奴役和对人性的剥夺。努斯鲍姆反对功利主义在政治、经济、文化和教育等方面的肆意妄为，她更反对社会在功利主义阴霾之下培养和造就“单向度的人”。她主张以人作为伦理学和政治学的唯一目的，在符合最低能力标准的前提下，以实现“完整的人”的“好生活”为奋斗目标。努斯鲍姆意识到现代人自私、贪婪、缺乏道德底线等现代道德困境的产生无不与人们专注于制作活动的功利性有关。于是，努斯鲍姆哲学思想不仅具有以终极善——“好生活”为目的的道德关怀，（其“好生活”伦理思想关注善自身、外在善，外在善既包括物质性的事物又包括关系性的存在，从这个意义上来说，努斯鲍姆“好生活”思想涵盖了人对自然的实践活动和人与人的道德交往），它还尤为强调德性及德性的实现。努斯鲍姆一直主张“好生活”是德性的实现活动，实际是强调“好生活”是一种行动而不是一种静止的状态。换言之，“好生活”是一种人类实践，而不是一种确定的存在状态，从这一点来说，它恰恰指向马克思在《1844 年经济学哲学手稿》中的“完整的人和完整的生活世界”思想。

（三）丰富“完整的人和完整的生活世界”思想

虽然努斯鲍姆哲学思想继承了前人的思想成果，其中也包括马克思的实践哲学思想，但是就其现实性来说，努斯鲍姆的哲学思想在一定程度上丰富了马克思实践哲学中的“完整的人和完整的生活世界”思想。

马克思通过对异化劳动问题的阐释，揭示出在私有制下人的类本质与人自身出现异化，马克思认为克服异化、恢复人的自由自觉活动——劳动，

只能消灭私有制并走向共产主义，“共产主义是扬弃了的私有财产的积极表现”[①]。对马克思共产主义的理解可以分为三个层面：共产主义是对私有财产，即人的自我异化的积极的扬弃，是对人的本质的真正意义上的复归；共产主义是合乎人性的、完全的、自觉的，是在以往的全部财富基础上的一种复归；共产主义，不仅是完成了的自然主义＝人道主义，还是完成了的人道主义＝自然主义，是一切矛盾的真正解决，是历史之谜的解答。不论是人道主义还是共产主义，它们都是一种价值取向，而共产主义作为完成了的人道主义又是一种生成过程。共产主义不是抽象的人道主义，它是一个实践进程。人在共产主义这一运动过程中不断自我超越、自我扬弃，越来越接近人本身。马克思主义关于完整的人和完整的生活世界的论述主要是依据劳动（人的类本质）—异化劳动—扬弃私有制—恢复人的类本质—共产主义这一路径展开的。从个体角度来看，马克思实践哲学的目标是人的自由而全面的发展，从类的角度来看，它的目标则是通过共产主义这样一种实践运动，实现作为生活世界人类共同体的自我超越和自我扬弃，从而逐渐接近和实现人的类本质。

如果说马克思实践哲学在宏观上把握了人和生活世界的完整性，那么努斯鲍姆“好生活”伦理实践就是从微观上对其进行了丰富。首先，从人的完整性角度说，努斯鲍姆认为社会上出现越来越多单向度的人与个人生活的碎片化有关。在现代社会，个人生活越来越碎片化，个人生活被分割成不同的生活片段。这种情况既适用于西方国家，也适用于东方社会，其中也包括中国。个人不仅深陷这种碎片化的生活之中，如个人每天在自己的职业角色、家庭角色、社会角色之间不停游走，在快速的生活节奏中扮演着不同领域中的角色，似乎个人也很适应这种碎片式的生活，而且极力追求碎片式的、片面化的和近乎支离破碎的生活方式。例如，现代人越来越追求生活中的“快”“简”“微”等，因此很多时候我们选择快餐、简餐，在网上购物后我们选择快递，在不知不觉中，博客也已经被微博和微信所取代，等等。碎片化

① 马克思：《1844年经济学哲学手稿》，中共中央马克思恩格斯列宁斯大林著作编译局译，人民出版社，2000年，第90页。

的生活导致碎片化的德性，因此，努斯鲍姆主张恢复完整的德性和完整的人性，从而培养和造就完整的人。无论是大到国家与国家之间的经济和政治的比较，还是小到大学课程的设置，如果所有这些方面仅仅以国民生产总值的多少为指挥棒，那么如此功利化的社会将出现越来越多的道德问题。她呼吁要注重培养人性，也就是要注重培养具有多种能力的世界公民，GDP 和 GNP 这样的经济指标并不能从细微处体现人们的实际生活状况和发展水平。因此，努斯鲍姆建议使用能力理论，即以发展人们的能力为目标，各国政府可以依据十种核心能力清单对本国公民发展状况和水平进行对照和比较。努斯鲍姆把具有普遍意义的十种人类能力作为核心的人类能力，她列出了包括生命，身体健康，身体完整，感觉、想象和思考，情感，实践理性，归属，其他物种，娱乐，控制环境的十种核心人类能力清单，并认为如果每个国家都能保证公民的能力超过了上述最低限度能力水平的规定，则表示社会正义基本实现。其实，能力理论是以人的全面发展为目标的，其内容不仅包含作为人应该享有的普遍的权利和最低生存指标，它还以人的发展、进步，特别是完整人性的实现为理论旨趣，十种核心能力清单中体现了人的生命、健康、情感、娱乐和实践理性等方面要求的能力的最低门槛。“能力理论”在国际社会中受到越来越多人的关注和认可，为社会正义的实现和人类发展做出了积极的贡献。

其次，从生活世界的完整性来说，努斯鲍姆承认外在善，尤其是外在资源性的善，其为自然界、为动物权益正名，并把动物正义提到前所未有的高度，提出了一些颇具启发性的解决方法。虽然动物正义是学术界争议最大的问题，但是不难看出，努斯鲍姆哲学思想中的世界是包含自然界和动物在内的世界，是人与自然和谐统一的世界。努斯鲍姆把马克思的“完整生活世界”更加具体化和深入化，以微观的视角切入自然界和人类社会，把除人以外的有感知的个体纳入生活世界的视野，寻求人和生活世界的发展与进步。无论是完整的人还是完整的生活世界的实现都体现了努斯鲍姆哲学思想的终极关怀和最高目标，它与马克思实践哲学思想中的共产主义目标一样，都为人类未来发展指明了方向。然而努斯鲍姆在设定最高目标时仍然把最低目标归入她的理论，基于能力理论的社会正义思想是当下实现人类“好生活”的必由之路。社会中的每一个人类个体能力的发展和实现是做“完整的人”的具体体现，“完整的人”的集合体及其外在环境构成了完整的生活世界。因此，可以说，努斯鲍姆“好生活”伦理思想在如何做“完整的人”方面和社会正义的实现方面对马克思实践哲学思想进行了补充和完善。

第三节　对新时代中国特色社会主义建设的启示

人类已经进入 21 世纪，我们见证了先进科学技术给人类带来的益处，中国作为世界上发展最快的国家之一，实现了跨越式的飞速发展，中国神舟飞船的载人飞行已不再是遥不可及的梦想，中国人民为我国成功实施首次空间出舱活动而骄傲不已。中国在政治、经济、军事、外交、航空、航天、通信等方面取得的成绩令世界瞩目。然而，相比较而言，近些年随着市场经济的发展，中国的传统价值观受到了冲击和挑战，道德缺失和道德冷漠现象时有发生，法律法规无法触及的道德领域也引发了我们无尽的思考，为此，中国政府十分重视中国道德文明的建设。在此背景之下，努斯鲍姆的“好生活”伦理思想又会为中国的道德文明建设带来怎样的启示呢？

一　人文学科和德性的培养与教育

“好生活”或者幸福是人类追求的目标，这是一个不证自明的问题，问题的关键是人们对于“好生活”或者幸福的理解不同，从而导致行为和行为方式各不相同。努斯鲍姆赞同亚里士多德有关德性和幸福关系的观点，她也认为幸福是德性的实现活动。也就是说，幸福是德性活动的现实展开，德性是幸福或“好生活”的首要前提和基础，没有德性就无法谈及幸福或“好生活”，因此，德性与“好生活”具有内在一致性。在亚里士多德看来，德性分为理智德性和道德德性，“理智德性主要通过教导而发生和发展，所以需要经验和时间。道德德性则通过习惯养成……”①。也就是说，德性的获得需要经由后天的教育和培养，人只有获得德性的能力而非天生具有德性本身，在此意义上，德性的培养对于“好生活”的实现具有极其重要的意义。努斯鲍姆在如何培养公民德性的问题上也给了我们很多有关教育和教学的建议，努斯鲍姆一直强调人文学科在培养人的批判能力、移情能力和同情心等方面发挥了重要的作用，这对我国道德建设特别是德性培养和非功利教育提供了重要借鉴。

虽然中国的德育教育是从小学阶段就开始的，国家和政府力图让勇敢、正义、慷慨、节制等德性深入每一个孩子的幼小心灵，但是到了中学阶段，素质教育的培养特别是德育和体育的培养往往变成了一纸空文。大部分老师、家长和学生都以中考和高考为目标，学校和社会缺少让学生学习德性和践行德性的平台，他们背离了国家素质教育和培养“完整的人”的初心。努斯鲍姆“好生活”伦理实践中对教育问题的论述开阔了我们的视野，使我们联想到我们国家不仅应该在中小学阶段加大人文学科和德育教育的培养力度，还应该在我们的大学阶段开展人文学科的通识教育，为培养和塑造具有人文精神和批判能力的公民提供有效途径和便利条件。诚然，中小学阶段和大学阶段的人文学科教育和德育教育在内容、侧重点、传授方式方面应该有所不同。因此，人文学科和德育教育应该根据受众群体的知识水平、理解能力展开教育教学活动。可以说，德育教育或者说德性的培养通常体现在人文学科的教学内容中，德育教育经常依托人文学科的教育，人文学科的价值维度和伦理关怀也往往指向德育教育。因此，处理好德育教育和人文学科教育

---

①《尼各马可伦理学》，1103a14-16。

的关系是一个重要的教育问题，更是社会主义精神文明建设的一个重要方面。以往，中国的教育中在传承自身民族精神的努力方面，的确不如西方发达国家在其教育中对其民族精神传承与传播的努力程度。应试教育下的文史哲学习，只是培养了学生碎片式记忆知识内容的能力，同时很多人文学科的研究把重点放在了西方文化的引介和研究上，而我们恰恰忽略了对自己文化精神和价值观的批判继承。近些年，国家越来越重视传统文化的学习和对外宣传，这是一个值得称赞的举措。至少有越来越多的学生了解了自己祖先的历史和文化，也有越来越多的外国人被中华文明所吸引。不仅我们中国人自己越来越致力于了解我们的过往，国内出现了“国学热”，也有更多的外国人通过多种方式学习汉语和相关文化知识，例如通过中国外派教师到外国的孔子学院教学等活动掀起了全球“汉学热”。我国高度重视传统文化的学习和继承，无论是国内外孔子学院的建立，高考语文分数的提升，还是从娃娃抓起的中国经典传统文化著作的学习，所有这些都是我国重视人文学科和德育教育的典型事例。

在现代社会中，我们经常抱怨人们自私自利、价值观扭曲甚至道德沦丧，马加爵及其同类事件让我们意识到受过高等教育的人群并不等于就拥有尽如人意的三观，那么我们的社会到底哪里出现了问题？我们的教育是否为社会和未来培养的是“整全的人”？如果我们的社会只是以个人的经济收入作为衡量成功与否的标准，国家的发展也以 GDP 为导向，那么我们的舆论宣传、教育目标、经济计划和政治决策等都必然仅仅围绕“经济”这个指挥棒，这样势必导致功利主义的政治、经济、文化和教育。在较短时期内，功利主义的教育不会产生过于明显的不良影响，可是一旦这种功利主义的教育思想、教育体制和教育目标固定化和模式化之后，它将影响整整一代人、两代人甚至整个民族的精神与灵魂。在功利主义教育的影响之下，人与人之间的关系仅仅是简单粗暴的金钱关系，人们的眼中也只有个人范围内的经济利益和经济关系。更可怕的是，人们的学习、研究、教学、择业、择偶等方方面面的事宜都会以是否能够取得利益最大化为转移。功利的教师、功利的教育体制、功利的社会最终会培养出一批又一批功利的人，这些人都是单面人，他们没有真挚的情感，没有同情心，不讲道德，更没有任何责任感，他们除了关心利益是否与自己有关之外，完全不关心他人的感受和需要，他们更不具备批判能力。在他们看来，最有意义和价值的事情就是让自己获得最大的利益，无论他们是否喜欢这个专业，只要这个专业能够保证未来找到高收入的工作他们就会选择；他们也根本不会考虑工作能够带来什么社会效益和社会价值，只要这份工作能够带来高额的薪水，哪怕工作性质有悖伦理和道德他们依然会选择。在婚姻观和家庭观方面，他们以婚姻对象能够给自己带来多少益处为衡量标准，如果对方不仅能够让自己过上比现在殷实的生活，还能够让自己的社会地位得到提升，那么无论自己和对方有没有爱情、有没有共同语言等，他们都会选择同对方结婚。不难想象，没有感情基础特别是没有爱的婚姻和家庭会如何面对生活中遇到的艰难困苦，夫妻双方如果因为金钱和地位结合到一起，他们之间除了共同利益外并没有其他共同之处，他们之间是赤裸裸的利益关系，这样的婚姻和家庭无法稳固。若小家是这样的情形，大家（国家）又能好到哪里去呢？由此可见，功利主义教育的确存在着严重的问题，它不仅会阻碍公民形成良好的道德品质，还威胁着公民的职业道德、家庭和婚姻状况，以及社会的未来发展方向。

在努斯鲍姆的著作中，她对中国的教育现状提及并不多，她提到了中国和新加坡都力图改变缺少人文学科教育的状况，只是效果不甚明显。然而，不得不承认的是，在中国，无论是中小学教育、职业教育还是高等教育都存在以营利为目的的情况。中小学教育往往以考取重点中学和大学为目的，说到底，大部分家长会为了学生未来能有好的前途，也就是好的就业方向和机会而不惜一切代价。虽然中国教育部一直把素质教育作为教育目标，但是家长们的功利之心昭然若揭。大部分家长不仅不重视孩子的人文学科、艺术和体育教育，他们甚至还认为这些与升学考试无关的课程会浪费孩子大量宝贵的时间。当然，即便有些家长为孩子报了艺术和体育辅导班，也往往是抱着特长加分的心理而让孩子学习的。中国的高等教育存在与印度高等教育相同的情况，绝大部分的家长和老师都鼓励学生报考未来容易就业的专业，也就是说，在市场经济背景下，理、工、农、医、商、法、管理等相关专业比较受学生和家长青睐，而文、史、哲和语言类专业则因为毕业后无法很好地适应现今社会需求而相对冷清，甚至多年来文、史、哲和语言类专业一直面临从报考其他专业的学生中“调剂”到这些专业的尴尬局面。在高等教育的课程设置中，除了教育部规定的必修公共课程如政治（少量涉及历史和哲学内容）之外，人文学科和艺术几乎与非专业学生毫不相关。中国的职业技术教育特别热门，究其原因，就是职业教育学校能够按照市场需求灵活调整和发展专业方向，及时准确把握职业空缺，为社会提供大批有技能、有专长的从业者。然而，需要承认的是，这种与经济发展极为接轨的职业教育培养出来的多是单面人。他们不关心历史、文化、国家大事和国际局势，他们所接受的教育体制没有培养他们具有更多的批判精神和反思能力。批判能力和反思能力并不是可有可无的能力，在努斯鲍姆列出的十种核心能力清单中，批判和反思能力就蕴含其中，它们从属于实践理性，而且相比较而言，这是核心能力中较为高级的能力，对于人的全面发展和“好生活”的实现具有积极作用和意义。如何才能够提高学生的批判和反思能力呢？政府要出台相应的教育法规，在课程设置上把人文学科的教育纳入基础教育、初等教育和高等教育。人文学科的学习效果也要切实得到保证，鼓励各个学校和更多教育者探索行之有效的教学方法，让学生们不仅学会人文学科的知识内容，更要培养和提高批判和反思能力。可以采取“参与式”“讨论式”“角色扮演”等教学方法，让学生们通过人文学科的学习能够主动思考和质疑，逐步完善反思能力和批判能力，为做“完整的人”开辟道路。

应该说，德性的培养和“完整的人”的塑造都不是一朝一夕的事情，同样，道德缺失、道德冷漠甚至道德沦丧也有其深刻的经济根源和社会原因，一个人具有怎样的德性决定了他/她会怎样行动和生活，因此道德缺失和道德冷漠主要源于德性的缺乏。我国在经济飞速发展的今天，在过度追求效率和利益的同时，在关注 GDP 增长和赶超世界强国的同时，我们是否应该放慢脚步仔细反思一下我们的道德底线？在技术理性称霸于世的当代，我们是否应该为德性和价值理性留有一片天地？无论人类怎样发展，我们在任何时候都不应该以牺牲道德和人性为代价。每一个生命都值得尊重，每一个人的“好生活”都值得赞许，在生命面前，在道德面前，在价值理性面前，技术理性却显得那样冰冷和可怕。努斯鲍姆的教育思想值得我们深入探究和合理应用，在培养人性问题上，她的教育思想具有良好的启发作用。

二　中国特色社会主义的道德建设

自新中国成立以来，共产党人领导中国人民把马克思主义和中国实际相结合，在继承和发展马克思列宁主义方面取得了一系列的理论成果：毛泽东思想、邓小平理论、“三个代表”重要思想、科学发展观、习近平新时代中国特色社会主义思想。中国在坚持社会主义道路方面开创性地发展了马克思主义，形成了中国化的马克思主义，特别是改革开放以来，中国坚持走中国道路，走中国特色社会主义道路，中国在政治、经济、军事和外交方面都取得了令人瞩目的成绩，人民生活水平大幅度提高，综合国力也有明显提升，中国已经成为世界第二大经济体。事实证明，中国选择了一条适合自身发展和符合广大人民群众根本利益的正确道路。然而，在所有辉煌成绩的背后我们应该清醒地认识到，我国的经济发展和社会进步仍然存在着不少的问题和弊端，特别是道德领域存在的道德问题和其引发的讨论尤为引人注目。说到底，我国的人民生活水平普遍提高，温饱问题得到了解决，人们开始转向精神层面的追求和幸福生活的实现。

改革开放以来，学界对于我国道德状况的讨论莫衷一是，虽然各种意见在特定的时期和特定的情境下有不同的立场甚至理论有待完善，但是诸如

“道德代价论”“道德滑坡论”“道德失范论”等理论对我国的道德状况进行了深入分析，并从某一方面为我国的道德建设提供了理论观照。应该如何认识中国的道德现状？关于道德现象和道德评价我们既不能被个别和偶然事件蒙蔽了双眼，又不能简单地、盲目地将其归结为市场经济的必然产物。应该说，当代中国的道德现状既有值得赞扬和鼓励的一面，又有值得反思和批判的一面。正确认识中国的道德现状不仅需要我们对道德现象进行甄别，以具有真实性和必然性的道德事件和道德现象为研究对象，还需要我们站在一定的理论高度为中国特色社会主义精神文明建设献计献策。不可否认的是，改革开放之后，在中国社会从农业文明过渡到现代工业文明的历史进程中，中国的传统道德观和价值观也经受着现代性的洗礼。大部分中国人从一穷二白到衣食无忧的生活状态，加之市场经济的飞速发展和西方享乐主义、拜金主义思想的传入，中国传统道德受到了冲击和挑战。一部分人被眼前的利益和暂时的快乐所吸引，人自身的行为、人与人之间的关系以及人与自然的关系出现了功利化、庸俗化和享乐化的倾向。说到底，功利心和享乐主义的盛行不仅仅源于人们德性的缺失和“好生活”目标的迷茫，它更反映出资本逻辑下人的异化的发生。

针对中国的道德现状，我们应该从宏观上加以分析和把握。所谓道德现状，“应当包含通常所说的‘道德’与‘伦理’两部分，即作为认识对象的‘道德现状’，既有个体美德精神方面的，也有社会伦理关系及其秩序方面的”①。努斯鲍姆“好生活”伦理思想恰恰从这两方面给予中国道德文明建设以启示。从个人角度来看，中国社会的道德文明建设应该以培养公民的德性为首要目标。正如前文所述，德性和“好生活”具有内在一致性，德性的培养应该在批判地继承中国传统文化和吸收借鉴西方文化中求得共识。也就是说，无论是中国传统文化还是西方文化中存在的优秀思想和道德精神都可以“为我所用”。中外文明成果都是人类智慧的集中体现，学校和社会应当担负起

① 高兆明:《人道主义：谋划与生活——关于中国道德现状认识的方法论问题》,《哲学研究》2013年第2期，第102页。

正面宣传和教育的责任。既然德性需要后天的培养和引导，并且依赖于习惯的养成，那么，培养公民的德性就既需要在教育和社会良好氛围营造上下功夫，也需要为公民践行德性提供机会和平台，从而让公民形成良好的德性习惯。从社会角度来看，人与人之间的伦理交往需要社会制度作为保障。简单说，中国社会结构逐渐由“熟人社会”向“陌生人社会”过渡和转变，人与人之间的交往已经无法被限于亲情关系和地缘关系基础之上。因此，法律和契约发挥着越来越重要的作用。陌生人之间的交往如果仅仅限定在个人德性和“道德”的框架之内，社会公平和正义必然是纸上谈兵，因此，社会伦理关系的发展和秩序的保证都需要人们共同制定和遵守社会法律法规。虽然法律法规无法取代个人德性，但是它在保证人的尊严和社会正义方面具有重要意义，社会制度的基础性地位不可撼动。努斯鲍姆不仅认可社会制度和法律法规对于实现正义的重要性，她还从能力角度为社会正义和“好生活”的实现谏言。

社会除了需要法律法规的保驾护航作用之外，中国特色社会主义道德建设也要把培育践行社会主义核心价值观落到实处。“社会主义核心价值观是当代中国精神的集中体现，凝结着全体人民共同的价值追求。”[①] 社会主义核心价值观并不是口号，它体现着一个民族、一个国家最持久、最深层的核心价值观，它是全社会共同认可的，充分显示着社会评判善恶美丑和是非曲直的价值标准。从努斯鲍姆的教育思想可知，批判和反思能力对于社会进步和人类发展具有不可估量的作用，它不仅是一种让人摆脱“单向度”成为“完整的人”的能力，更是让人具有敏锐洞察力和清醒意识的能力。也许一些人并不认可努斯鲍姆强调的批判和反思能力的重要性，甚至觉得每天以娱乐新闻、明星选秀和综艺节目等充斥头脑和占据闲暇时光是一种时尚。法兰克福学派对大众文化进行了深入的剖析和深刻的批判，他们认为西方社会的统治阶级向人们兜售大众文化，主要是为麻痹和欺骗大

① 习近平:《决胜全面建成小康社会 夺取新时代中国特色社会主义伟大胜利——在中国共产党第十九次全国代表大会上的报告》，人民出版社，2017，第42页。

众，让他们在消遣和休闲中逐渐失去反思能力，用电影、电视、广播和杂志等消解人们内在的超越维度和反抗维度。文化的异化是一种更为根本和深层的异化，它是人的本质的异化，人只有通过反思和觉醒才能摆脱大众文化的控制。

现今中国大众文化问题也不可小觑，当代中国大众文化建设也有很长的一段路要走。毫不夸张地说，中国有一些人可以如数家珍般地说出某某明星丰富的情感经历。有关明星出轨、婚变和性丑闻的新闻充斥各大网络平台，而且在很长一段时间内热度不减。究其原因，就是大众文化已经商品化，大众需要用这样的娱乐八卦打发空闲时间，大众传媒也乐此不疲、竭尽全力地为大众提供娱乐资讯以刺激其消费并从中获得高额利润。类似的大众文化传播可谓无孔不入，在追捧选秀明星、锁定综艺节目、观看电影首映等现象的背后是人们已经被大众文化所操纵和控制，人们开始逃避对现实的思考，不再反思和批判，而是顺从甚至享受当下生活。从国家和民族生存与发展的长远角度来看，我们不能对大众文化的渗透与统治坐视不管，要让文化摆脱商品化的桎梏，恢复艺术和审美的个性与创造性。在娱乐宣传和报道方面应加强舆论引导，坚持正确价值导向，多宣传和报道符合社会主义核心价值观的人物事迹，宣传社会正能量，对大众传媒和明星也应制定法律法规明确其责任和义务，规范其行为，制定明星收入标准，公开明星收支情况，使明星纳税法制化、制度化。此外，国家应该鼓励有益文化的学习与传播，在中国特色社会主义文化建设方面把好大方向，并在充分发挥地方文化建设的积极性和主动性上下功夫。“当代中国大众文化是中国特色社会主义文化的重要组成部分，它连接着生产和消费，影响着人的精神世界和日常生活，其价值导向理应与社会主义价值立场一致。”① 因此，当代中国大众文化是中国特色社会主义文化建设中不可或缺的部分，大众文化发展的水平和速度直接影响中国的文化建设。文化与政治、经济相比是一

---

① 张妍：《新知新觉：发展大众文化须坚持正确价值导向》，《人民日报》2017 年 8 月 10 日，第 07 版。

种更为深层和隐蔽的人之存在样法，文化以独特和持久的方式影响人、塑造人。中国的道德文明建设与德育教育相关，更与中国的文化建设密不可分。中国和世界都在经历百年未有之大变局，中国文化和世界文化也将悄无声息地发生改变，在中国经济飞速发展，世界局势风云变幻的今天，努斯鲍姆“好生活”思想对中国社会道德建设的启示可以概括为以下三个方面：一是兼收并蓄地吸收中外文明成果，以培养和践行公民德性为教育目标；二是借鉴努斯鲍姆的能力理论，以人的能力的全面发展和实现作为制定各项政策的依据，进一步丰富和完善有关道德建设的法律法规；三是进行大众文化批判，提高民众的批判反思能力，培育和践行社会主义核心价值观。

三　构建“人类命运共同体”

“人类命运共同体”是近年来非常流行和备受关注的一个词语，如果要探究努斯鲍姆“好生活”思想与“人类命运共同体”的关系，就要从“共同体”说起。我们追溯东西方文化就会发现，“共同体”理念古而有之。在东方，孔子有“大同世界”；在西方，亚里士多德有以善为目的“政治共同体”。虽然东西方的文化传统大不相同，但是在“共同体”问题上却有殊途同归之势。“人类命运共同体”是以习近平为核心的新一届中央领导集体全面提出和倡导的外交核心概念，这一概念的提出，使人们开始对“共同体”和“命运共同体”等基本内涵进行反思和追问。社会学框架内的“共同体”概念和哲学意义上的“共同体”概念并不相同。在社会学上，“共同体概念一开始指的是社会的某种组织方式、联系纽带和结合原则”①。而源自亚里士多德的“共同体”概念，却在《政治学》一书开头被这样论述，“我们看到，所有城邦都是某种共同体，所有共同体都是为着某种善而建立的，很显然，由于所有的共同体

① 〔马来西亚〕陈美萍：《共同体（Community）：一个社会学话语的演变》，《南通大学学报》（社会科学版）2009 年第 1 期，第 118 页。

旨在追求某种善，因而，所有共同体中最崇高、最有权威、并且包含了一切其他共同体的共同体，所追求的一定是至善。这种共同体就是所谓的城邦或政治共同体”①。亚里士多德把城邦共同体或政治共同体视为最高的共同体，在他看来，城邦共同体包含了其他一切共同体，“人是政治动物，”这种最高的共同体也是以至善为目的政治共同体。

2011 年 9 月，国务院新闻办公室发表的《中国的和平发展》白皮书中最早提出“命运共同体”概念。2012 年 11 月，党的十八大首次明确提出“人类命运共同体”，阐发“要倡导人类命运共同体意识，在追求本国利益时兼顾他国合理关切”② 理念。虽然在十八大报告中“人类命运共同体”只被提及了一次，但是不可否认的是，“人类命运共同体”是以合作共赢为出发点，在谋求中国发展时不忘他国利益，在全面客观分析国际形势变化后对外交政策思路进行了调整和修改，具有全球视野和战略思维，具有极其重要的历史意义和当代价值。习近平曾在多个场合表示，在政治多极化和经济全球化的背景下，各国形成了一种“你中有我，我中有你”之势，任何国家都不能做到独善其身，因此无论个人具有怎样的国籍、信仰和意愿，人类已经身处一个“命运共同体”之中。2013 年 3 月，习近平总书记在莫斯科国际关系学院所做的题为《顺应时代前进潮流　促进世界和平发展》演讲中和访问坦桑尼亚时的讲话中都表达了“命运共同体”相关观点。“命运共同体”体现了中国超越双边关系范畴，并逐渐开启了一条以“国际权力观、共同利益观、可持续发展观和全球治理观”为内涵的“人类命运共同体”理念。2015 年，习近平总书记在博鳌亚洲论坛 2015 年年会上提出了“通过迈向亚洲命运共同体，推动建设人类命运共同体”的倡议。同年 9 月，习近平总书记在联合国成立 70 周年系列峰会上，发表了题为《携手构建合作共赢新伙伴，同心打造人类命运共同体》的讲话。经过两年多的沉淀和凝练，习近平总书记向世界阐明了中国的外交理念和国际战略构想，并赋予“命运共同体”以新的

① 〔古希腊〕亚里士多德：《政治学》，颜一、秦典华译，中国人民大学出版社，2003，第 1 页。
② 《十八大以来重要文献选编》上，中央文献出版社，2014，第 37 页。

时代内涵和历史使命。"人类命运共同体"并不是"命运共同体"概念的简单延伸，其内涵可以概括为：政治上建立平等相待、互商互谅的伙伴关系，安全上营造公道正义、共建共享的安全格局，经济上谋求开放创新、包容互惠的发展前景，文化上促进和而不同、兼收并蓄的文明交流，生态上构筑尊崇自然、绿色发展的生态体系。① "人类命运共同体"具有更清晰的受众指向，体现了中国的全局意识和战略高度，为世界进步和中国发展贡献了中国智慧。

如前文所述，虽然西方的"共同体"思想可以追溯到亚里士多德，但是亚里士多德的"共同体"并没有超越城邦界限，而是以城邦共同体作为最高共同体。将"共同体"思想发扬光大并对当代产生广泛影响的是古希腊罗马时期的"世界公民"思想，从第欧根尼到塞涅卡，再到西塞罗，他们无一例外地坚持"世界公民"思想。他们认为，人不应该受到出生之地或者国家的局限，民族、肤色等不应该成为人们彼此隔绝和敌对的原因，每一个人都生活在超越国家边界的"人性社会"之中，因此人人都是"世界公民"。西塞罗的"世界公民"思想对很多西方哲学家产生了十分重要的影响，其中就包括努斯鲍姆。西塞罗在对待外邦人的问题上比第欧根尼和塞涅卡更加深入和具体。西塞罗认为，在对待外邦人和敌人时也应该切实做到尊重人性，不仅要把他们当作兄弟，还要避免为保护自己的利益而损害到他们的利益。也就是说，西塞罗所主张的正义是一种从真正意义上超越了地域和城邦界限的正义，是全球范围内的一种正义。

努斯鲍姆的跨国正义（全球正义）和"世界公民"思想集中体现了斯多葛学派"世界公民"思想中的合理内核。努斯鲍姆针对罗尔斯三个悬而未决的正义问题展开了论述，她认为一个人的出生地和所属民族、国家具有极大的偶然性。如果仅从国家和民族、肤色等处着眼，那么似乎那些不发达国家和地区的人民理所当然地就应该遭受饥饿、疾病、痛苦和教育受限等。可

①《习近平谈治国理政》第 2 卷，外文出版社，2017，第 523~525 页。

是，如果我们能够突破国家界限，以一种全球视野来看待这些正义问题，那么这些落后地区人民的生活状况就不是与其他人无关的事情了。正如马克思和恩格斯在170年前所论述的那样，“资产阶级，由于开拓了世界市场，使一切国家的生产和消费都成为世界性的了”①。世界经济在资本逻辑的操纵下把世界上绝大多数的国家和民族都卷入全球化浪潮，我们都是生活在“地球村”的居民，世界越来越开放，国家与国家之间、国民与国民之间的距离越来越近，不同国家和地区人民之间的交流、融合和相互依赖也达到前所未有的程度，任何国家和民族都没有办法掌握和控制所有的资源和技术，世界各国人民已经处于普遍联系之中，“蝴蝶效应”的表现在全球化背景下愈加明显。如果我们还保有狭隘的地域和国家观念，对其他欠发达地区人民的营养、发育、教育和性别等方面的不平等问题视而不见，没有妥善解决相关问题，那么在未来人类发展进程中将会出现由此引发的连锁反应，如能源和资源短缺、粮食危机、人口爆炸、全球变暖、环境污染、战争威胁等，那时我们将会对这些问题应接不暇，稍有偏差可能就会严重影响人类的生存和发展。未来任何人都无法成为局外人，每一个人的生活质量和生活方式会因此而受到威胁和挑战。因此，我们现在就应该意识到，我们对世界上其他民族和国家的人民负有责任和义务，我们是同呼吸共命运的“世界公民”，人类生活在同一个地球村里，人类共处于一个“命运共同体”之中。正义问题没有国家界限，只有具有全球视野，加强和提高全球意识，把各国正义问题纳入全球正义问题，人类才能更快更好地解决这些正义问题。可以说，努斯鲍姆的“全球正义”思想为中国的“人类命运共同体”理念提供了哲学基础，从哲学角度论证了“人类命运共同体”的合法性。中国是构建“人类命运共同体”的倡导者和践行者，中国在发展本国经济的同时兼顾其他国家和人民的利益，中国用30多年的时间使2亿多中国贫困人口成功脱贫，并为50多个重债穷国免除了债务，给予最不发达国家和发展中国家关税优惠和贷款优

①《马克思恩格斯选集》第1卷，人民出版社，2012，第404页。

惠，并欢迎他国搭乘中国发展的“顺风车”。在中国日益走近世界舞台中央时，不忘帮助其他国家共同发展和进步，彰显了中国政府构建“人类命运共同体”的决心和信心，体现了中国领导人的长远眼光和博大胸怀。

努斯鲍姆的“世界公民”思想继承了西方的人文精神和文化传统，在很大程度上与中国提出的“人类命运共同体”理念不谋而合。西方主张打破国家和民族的限制，把自己放置在一个人性社会“世界”中，其实质就是承认人类具有共同的物质家园和精神家园。“人类命运共同体”理念以人类具有共同的未来命运为前提基础，认为地球上的所有人都休戚与共、呼吸相通，一荣俱荣、一损俱损。换言之，无论是西方还是东方，自古以来人类就对自身的生存和发展进步具有惊人的共识。时至今日，经济全球化和社会信息化进一步突破了国家的界限、区域的壁垒和语言文化的限制，中国以儒家传统文化的“大同世界”为最高理想，在中国经济稳步快速发展的过程中提出构建“人类命运共同体”，具有极为重要的战略前瞻性和现实指导性。西方的“世界公民”思想演变体现了柏拉图“理想国”理念发展的时代印迹和多种维度，如第欧根尼从顺从自然、人与自然的和谐一致角度论述“世界公民”，塞涅卡和西塞罗从城邦角度论述“世界公民”，努斯鲍姆则从教育角度论述当代“世界公民”的培养问题等。

“世界公民”思想和“人类命运共同体”理念的高度一致性，体现了中西文化在人类定位和未来发展趋势等问题方面的共识。“人类命运共同体”是一种具有全局眼光和时代高度的政治宣言和国家战略理念，指明了“世界公民”的主体归属和价值维度。“世界公民”思想从个体角度和微观层面对“人类命运共同体”理念进行了有益补充，明确了“人类命运共同体”的构成要素——“世界公民”。也就是说，“世界公民”的合法性前提是承认人类命运是共同的，“人类命运共同体”是由“世界公民”个体构成的。澄清“世界公民”与“人类命运共同体”的关系将有助于我们从微观层面完善“人类命运共同体”思想，从宏观层面识别“世界公民”的目标指向，并从深层次理解和把握二者的区别和联系，为构建“人类命运共同体”谏言献策。

既然"人类命运共同体"是由中国政府最先提出和倡导的，那么这一国际战略理念就需要得到世界其他国家的认同和支持，其中当然也包括西方发达国家。因此，如何使用更加符合西方传统和思维习惯的表达方式和阐释逻辑将是一个不容忽视的问题。通过梳理和追溯西方"世界公民"思想不难看出，"世界公民"是一个更具体、更直观的概念，它从公民个体角度切入和论证，更容易被接受和认同，虽然它也具有全球视野和全局高度，但是"世界公民"从个人与他人、个人与社会、个人与国家、个人与世界的关系中明确了个人伦理限度，细化了个体行为准则。即使努斯鲍姆从教育角度论述培养"世界公民"，从社会和国家层面倡导培养"世界公民"的人性问题，我们依然认为这是与每一个生命个体切实相关的问题，是与每一个人的未来密切联系的。"世界公民"这一概念比较清晰和亲切，易于被大众理解和接受。"世界公民"思想也为构建"人类命运共同体"提供了理论借鉴。虽然"人类命运共同体"是一个更加宏大和具有长远意义的国际战略理念，它体现了中国智慧和中国预判，但是如果我们能够融入个体维度的论述和更加直观、可操作性强的方法构建"人类命运共同体"，那么西方国家和国民在其文化传统和语言习惯下可能更容易接受、认同和推行。在国际关系上，"人类命运共同体"理念也将有越来越多的追随者和奉行者。多种语言和多种方式的介绍和宣传是"人类命运共同体"战略的先导，书籍、报纸、杂志和广播电视等媒体应该作为中国被世界了解的前沿阵地。"人类命运共同体"首先是一种文化认同的共同体，想要让更多的国家和国民了解中国、了解"人类命运共同体"，还需要更多的交流和合作。中国可以从原来的"请进来"逐步向"走出去"转变，中国还应该抓住更多机会在世界舞台上展示自己，让世界看到中国，让世界听懂中国声音，更让世界理解和认同中国文化。近些年，中国"走出去"的步伐越来越大，这不仅体现在中国切实实施构建"人类命运共同体"战略，援助发展中国家的基础设施建设，选派对外汉语教师传播中国文化，还体现在大力鼓励和支持中华经典外译等举措。未来中国应该多措并举，不遗余力地"让世界了解中国"。中国发展和变化的真实性，中国社会制度的优越性，中国"海纳百川，有容乃大"的宽广胸怀需要被更好地感受和体悟。应该鼓励各国家和地区的政府组织与社会组织来访中国，欢迎官方人员与非官方人员到中国洽谈与合作，简化外籍游客来华旅游审批程序等。"人类命运共同体"体现了中国在内政和外交上的自信和高瞻远瞩，这是中国智慧的进一步彰显，中国在坚持互利共赢的基础上，将为世界做出更多不可估量的贡献。

习近平总书记在不同场合向世界明确阐发了"人类命运共同体"的内涵和需要努力的方向。从宏观方面看，构建"人类命运共同体"在伙伴关系、安全格局、经济发展、文明交流和生态建设等方面提供了新思路。政治上要继续坚持主权平等原则，并赋予各国自主选择社会制度和发展道路方面以正当性，倡导走出一条"对话而不对抗，结伴而不结盟"[①]的国家间交往新道路。安全上明确全球化时代下各国安全的关联性，否认弱肉强食的丛林法则，"摒弃一切形式的冷战思维，树立共同、综合、合作、可持续安全的新观念"[②]。经济上强调共同发展和公平正义，凸显道德在市场和世界繁荣发展中的重要意义。文化上承认每一种文化的价值及其对世界文明的贡献，肯定和尊重文化多样性，加强不同文明之间的交流与融合。生态上以人与自然的和谐相处为目标，"牢固树立尊重自然、顺应自然、保护自然的意识，坚持走绿色、低碳、循环、可持续发展之路"。从微观方面看，"人类命运共同体"的构建需要世界各国人民群策群力、身体力行，人们除了具有"人类命运共同体"意识之外，还需要为共同的理想和目标不懈努力，因此如何培养具有全球视野、全局意识和推己及人能力的"世界公民"成为亟待解决的问题。由中国倡导的构建"人类命运共同体"具有理论必然性和现实可行性，而"世界公民"思想也为"人类命运共同体"的实现提供了人员基础和智力支持。

当代西方德性伦理学家的杰出代表努斯鲍姆，在培养"世界公民"方

---

①《习近平谈治国理政》第2卷，外文出版社，2017，第523页。

②《习近平谈治国理政》第2卷，外文出版社，2017，第523页。

面所提出的建议为构建“人类命运共同体”提供了参考。努斯鲍姆力图培养的“世界公民”是具有超越狭隘群体限制能力、批判反思能力和叙事想象能力的公民，可以说这也正是构成“人类命运共同体”成员所必须具有的能力。超越狭隘群体限制是成为“人类命运共同体”成员的首要前提，这需要能够把其他国家和民族的国民看成和自己一样的人类成员，换言之，是指能够平等对待外国人和外族人，能够真正无差别地对待其他人，不因国家、地域、民族、阶层、肤色和性别不同而产生歧视。只有真正从思想上正视他人、认同他人，怀有兄弟情和同情心，才能把世界上所有人视为“人类命运共同体”大家庭中的一员，把每一个人都看成真正意义上的“世界公民”。批判反思能力也是“世界公民”的必备能力之一。在人们具备超越狭隘群体限制能力的基础上，“世界公民”还应该有责任、有担当，能够切实把自己视为“人类命运共同体”中的参与者、组织者、贡献者、反思者和批评者等。人类未来的前途与命运掌握在每一个人的手中，无原则、不思考的“世界公民”无法发挥人们的积极性、主动性和创造性，无法真正实现构建“人类命运共同体”的美好目标。因此，努斯鲍姆强调的苏格拉底式的批判反思能力就显得尤为重要。除此之外，努斯鲍姆还主张要培养“世界公民”的叙事想象能力，能够通过移情锻炼站在对方角度思考问题的能力，它强调情感的重要性，关注和肯定同情心。其实，“人类命运共同体”理念中的一个前提预设就是同情心，如果人与人之间的关系是冷漠的、功利的、无情的，那么构建“人类命运共同体”只能是一个美好的愿望。正是因为我们具有情感、富于同情心，我们才能真正关心他人疾苦，愿意帮助弱势群体，想他人之所想，急他人之所急，“老吾老以及人之老，幼吾幼以及人之幼”。

如何培养具有以上三种能力的“世界公民”呢？努斯鲍姆给出了颇具启发性的并易于操作的教育建议。第一，从小对公民进行通识教育，并把各国的优秀文明成果包括诗歌、寓言故事和神话传说等向孩子们讲授，进行多文化教育。第二，在大学设置文史哲公共课程，通过历史研究和证据评估等方法提高大学生们的判断、批判和思考能力，摒弃“应试教育”和“应声虫”培养，从传授知识向开启智慧的方向转变。第三，增加文学和艺术教育，通过文学作品和艺术学习提高想象力、感知力、理解力和凝聚力等。总之，努斯鲍姆的教育思想是试图凭借文史哲通识课程和艺术教育，发展和提高人们的多种能力，告别功利主义教育，以培养有理想、有抱负、有担当、有全局眼光的“世界公民”为目标，在“专”与“博”人才培养之间寻求一种新的平衡。努斯鲍姆“世界公民”教育理念为培养“人类命运共同体”成员提供了直接和切实可行的理论参考。只有全世界所有国家在培养和教育国民时都注重从小树立“世界公民”意识，加大力度开展跨文化学习和交流，重视人文学科教育，通过文学作品增强公民的叙事想象能力、同情心和移情能力，才能为打造“人类命运共同体”输送人才，并让世人从深层次理解和推进构建“人类命运共同体”的伟大进程。在努斯鲍姆看来，“文学作品所提供的叙事性论述能够在读者一方产生同情和移情，因此能够让我们对人类生活的处境有更深切的体验和感悟，从而以这种方式促进公民意识和对人类的共同命运的感受”①。由此可见，加大文史哲通识教育，尤其是从小打好公民的文学基础，切实提高公民的文学素养，将有利于培养“世界公民”和构建“人类命运共同体”。在人类处于大发展、大变革、大调整的新时期，如果让新一轮科技革命和工业革命牵着人类的鼻子走，缺少情感和价值维度的人类未来必将岌岌可危，人类的生存与发展将面临严峻的挑战。在通向未来的重要转折点，习近平总书记高瞻远瞩地提出构建“人类命运共同体”具有十分重要的战略意义和时代价值。理性只是人类众多能力中的一种，无论人类历史前进的速度有多快，任何时候人类的情感和精神家园都不应该被遗忘和忽略。拥有理性和情感的人才是完整和健全的人，以共生共赢为目标的“人类命运共同体”将在未来更好地诠释人类是如何自由而全面发展的，这就是努斯鲍姆“世界公民”思想带给我们的启示和思考。

---

①〔美〕玛莎·纳斯鲍姆：《善的脆弱性：古希腊悲剧与哲学中的运气与伦理》（修订版），徐向东、陆萌译，译林出版社，2018，导读第 11 页。

第四节　努斯鲍姆"好生活"伦理思想的局限

虽然努斯鲍姆通过古希腊悲剧把运气与伦理问题，特别是人的脆弱性和有限性问题带入当代伦理学的讨论，在让人们重新审视运气与"好生活"关系方面做出了突出的贡献，努斯鲍姆的能力理论在解决正义问题方面也获得了广泛的关注和认可，但是不得不承认的是，努斯鲍姆的"好生活"伦理思想不是完美和无懈可击的，她的"好生活"伦理思想具有一定的局限性。

一　没有从实践哲学源头厘清功利主义

努斯鲍姆是当代杰出的德性伦理学家，她以对功利主义的清算最负盛名。虽然努斯鲍姆对功利主义的批判是十分有力和令人信服的，但是有些遗憾的是，努斯鲍姆并没有从实践哲学源头厘清功利主义，没有明晰功利主义在近代产生、发展和盛行的原因。

按照丁立群的观点，"实践哲学有两个截然不同的传统，即道德实践论和技术实践论……"[①]。从实践哲学源头来看，亚里士多德把人类活动分为理论沉思、实践和制作，这种划分对后世西方哲学的实践思想产生了深远影响。在亚氏看来，理论沉思是最好也是最高的活动，实践其次，制作排在最后。"制作是使某事物生成的活动，其目的在于活动之外的产品。实践是道德的或政治的活动，目的既可以是外在的又可以是实践本身。"[②] 从制作和实践的概念可知，制作的目的指向外在产品，因此制作活动只是手段而并非

① 丁立群等:《实践哲学：传统与超越》，北京师范大学出版社，2012，第48页。

②〔古希腊〕亚里士多德:《尼各马可伦理学》，廖申白译注，商务印书馆，2012，译注者序xxi。

目的。实践却与制作不同，即使实践以某些外在善为目的，实践活动本身也是目的。"这种属于活动自身的善就是德性。"[①] 人们并不是先获得德性再做合德性之事，而是通过做合德性之事而获得德性，成为有德性之人，也就是说，德性需要在实现活动中确认自身，"获得德性与做合于德性的事是一回事"[②]。虽然亚里士多德对实践的高扬和对制作的贬抑有其合理因素，即看到了实践的本真内涵——德性的实现活动，实践"实际上是一种基于终极关怀的人与人之间的交往行为原则，实践哲学就是实现这种原则的伦理学和政治学"[③]，但是亚氏把制作视为奴隶的低下活动，并把实践和制作对立起来使其具有阶级局限性和历史局限性，他没有看到制作性的生产活动对人类生存和发展的基础性意义。

近代的弗朗西斯·培根却走到了与亚里士多德不同的另一个方向，随着资产阶级的兴起和科学技术的进步，培根批判了亚里士多德的实践哲学传统，认为从古希腊开始到中世纪这种重道德哲学、政治学和神学的传统极大地妨碍了自然哲学的发展，对此，培根对亚氏的哲学传统进行了两方面的改造：一是"由注重道德哲学转向注重自然哲学"[④]，二是"由超功利性转向功利性"[⑤]。培根把经验科学抬到了前所未有的高度，"在古希腊，科学是一种与功利无关的纯然的理论活动，而'制作'则完全是工匠一种经验的功利活动。培根则把两者连接起来：科学的方法必须成为经验的方法，即使是纯形式科学——数学也必须为经验所验证"[⑥]。培根从根本上改变了实践的概念，他所谓的实践是科学的技术化活动。虽然培根对亚氏的实践内涵进行了补充，摒弃了亚氏对人与人交往行为的偏爱，对人与自然（生产性）的行为有所偏废，

① 〔古希腊〕亚里士多德：《尼各马可伦理学》，廖申白译注，商务印书馆，2012，译注者序 xxii。

② 〔古希腊〕亚里士多德：《尼各马可伦理学》，廖申白译注，商务印书馆，2012，译注者序 xxiii。

③ 丁立群等：《实践哲学：传统与超越》，北京师范大学出版社，2012，第 41 页。

④ 丁立群等：《实践哲学：传统与超越》，北京师范大学出版社，2012，第 43 页。

⑤ 丁立群等：《实践哲学：传统与超越》，北京师范大学出版社，2012，第 43 页。

⑥ 丁立群等：《实践哲学：传统与超越》，北京师范大学出版社，2012，第 53 页。

并开启了实践哲学的另一种传统——技术实践论，但是培根的技术实践论中具有极强的功利主义意蕴，在他看来，知识的目的是效用，"功用是实践的根本属性，科学和技术的价值大于伦理学和道德学的价值"[①]。功利主义的技术实践论引发了严重的危机，人与自然之间变成了无节制的索取和掠夺，自然资源被过度开发和利用，生态环境遭到严重破坏，自然并没有如人所愿地臣服于技术和人类，相反自然开始报复人类，人与自然之间出现了危机。培根对亚里士多德实践哲学传统的改造极为迎合资产阶级的利益，技术实践论为资本主义的发展提供了方法论基础。然而，用技术取代实践的最大弊端就是伦理维度中"善"的缺失，功利主义实践观指导下的人类活动只会把人当成科学和技术所面对的客体，这将导致人与人的异化，引发人与人之间的交往危机、道德危机，最终导致人类行为的片面化。问题的根源在于人类完整实践活动的分裂和对立。

至此，我们厘清了功利主义产生的根源和历史发展趋势。如果努斯鲍姆从这个角度入手批判功利主义可能会更加有力和有效，对实践哲学传统和功利主义的追溯将为应对当代道德危机提供清晰可辨的理论参考。虽然努斯鲍姆一直呼吁回归亚里士多德的德性传统，但是她并没有阐释清楚亚里士多德的实践哲学传统与功利主义具有怎样的理论渊源。如果仅仅是回到亚氏的德性伦理传统，那么当代的道德危机能否从根本上得到纠正和解决？如果从实践哲学源头来看，亚里士多德的实践哲学是否足够完美和无懈可击？如何看待亚里士多德看重实践、看轻制作的道德实践论传统？两种实践哲学传统又给予我们怎样的时代启示？马克思主义实践哲学是否是对两种传统的简单综合？马克思主义实践哲学和努斯鲍姆的"好生活"思想具有怎样的联系和区别？努斯鲍姆的哲学思想是否真正超越了马克思主义实践哲学？

① 丁立群等:《实践哲学：传统与超越》，北京师范大学出版社，2012，第44页。

二　诗性裁判发挥作用的限度和范围不够广泛

努斯鲍姆在进行早期实践探索的过程中，试图把诗性正义作为解决社会正义问题的进路。虽然诗性正义在强调文学想象和情感的重要性方面具有积极意义，但是诗性裁判发挥作用的限度和范围仍值得探讨。可以说，努斯鲍姆诗性裁判的初衷就是让法官在审理案件时能够具有想象能力和移情能力，也就是说，努斯鲍姆希望法官不仅具有法律专业素质，还具有运用情感的能力。在努斯鲍姆看来，情感是人类不可或缺的一部分，在法律裁判中情感与理性都具有不容忽视的作用。努斯鲍姆主张法律裁判既要充分发挥人类的理性功能，又要发挥人类的情感作用，她列举了一些法律案例，力图说明想象力、情感在法律审理过程中的重要性，尤其是在法律案件无法律先例、证据不充分等情况下，情感要比理性发挥的空间和作用更大。毋庸置疑，对于一个法官来说，想象力和移情能力的确是不可或缺的能力。努斯鲍姆在公民教育方面的建议也充分体现了她重视情感能力，强调文学在培养公民想象力、移情能力和同情能力方面具有不可替代的作用，主张情感也具有认知作用。从这一点来说，努斯鲍姆的建议在加强通识教育、注重文学素质培养和提高公民批判反思能力方面具有重要的现实指导意义。可是，如果对诗性裁判观点进行深入剖析就会发现，努斯鲍姆的诗性裁判是一种比较理想的想法，是一种试图在诗人和法官之间架起关联桥梁的构想。然而问题远没有那么简单，即使努斯鲍姆已经意识到纯粹的、普通的诗人根本没有办法肩负司法裁判的重任，也不能寄希望于仅仅让法官拥有畅想和同情能力。我们都知道法律以严谨性和公正性著称，任何法律判决都需要以事实为依据、以法律为准绳。努斯鲍姆的诗性裁判试图为现实的法律审判注入诗性活力，也就是主张在法律裁判时发挥文学中想象、畅想和同情等情感的辅助作用，然而不得不承认的是，在司法审判中法律程序留给想象和情感的空间非常有限，它们能够发挥作用的限度和范围也并不十分广泛。

再有，努斯鲍姆一直在强调情感的积极意义，并从情感的非盲目性、情感的认知功能、情感思维的价值维度、情感关注特殊性的意义等方面论述情感的优势，从而为情感能够在诗性裁判中发挥作用辩护。与以往的大部分哲学家相比，努斯鲍姆在赋予情感以重要性方面具有积极意义，尤其是她强调情感具有认知功能，情感在培养健全和稳定人格方面发挥了重要作用，这些研究情感的角度富于启发意义。然而值得注意的是，人在认识事物和做出判断时并不能把理性与情感截然分开，理性和情感都发挥着重要作用。柏拉图曾经把灵魂分为理智、激情和欲望，并做了形象的比喻，理智好像驭手，激情好像良马，欲望好像劣马，想要保证灵魂的顺利前行就必须让驭手掌握好方向，并在两匹马的通力合作下向前奔跑。换言之，理性和情感是相互依存、相辅相成的关系，任何一方都离不开另一方而单独发挥作用。因此要正确看待理性和情感的关系，那种只看重理性而忽视情感的做法是站不住脚的，同样，过多强调情感而看轻理性，夸大情感的地位和作用，甚至想要越俎代庖的想法也是极其危险的，特别是在司法审判这样严肃、严谨的法律行为面前，情感能够发挥作用的限度和范围实在非常有限。由此可见，在认识理性和情感问题上要保持一种适度原则，只有把握好理性和情感在人类认知作用上的度，才会是一种更好的选择。努斯鲍姆诗性裁判和诗性正义的想法体现了浓厚的理想主义和浪漫主义色彩，在现实生活中，诗人和法官的生硬“结合”也显得有些牵强。其实，努斯鲍姆阐发诗性裁判的初衷是好的，她希望在冰冷的司法裁判中注入更多的人性和关怀，尤其是在那些没有审判先例和举证不全的情况下，畅想和移情能力将发挥重要作用。不难看出，努斯鲍姆构想的诗性裁判要求法官既要具有法律专业知识、洞察能力等，还要具有文学塑造的叙事想象能力和批判反思能力等。也就是说，法官要具有努斯鲍姆在培养“世界公民”教育理念中的能力，换句话说，努斯鲍姆诗性裁判中的法官是具备专业素质和广博能力的人，以诗性裁判“法官”为代表的受教育者也正是努斯鲍姆在其后来著作《培养人性》中所试图培养和塑造的形象。按照这样的逻辑思路就可以知道，努斯鲍姆始终以培养“整全的人”为目标，她希望各行各业中的从业人员都具有完整的人性和健全的人格，这样看来，努斯鲍姆为什么要设想具有诗人特征的法官也就可以理解了。

三　对正义问题的解决不够彻底

努斯鲍姆的能力进路是在批判罗尔斯三个悬而未决的正义问题基础之上展开的。虽然努斯鲍姆和森的能力理论对国际社会产生了深远的影响，但是能力理论也存在着以下一些问题：一是“前提预设是直觉，使得理论建立的根基并不稳固”[①]；二是在解决动物正义问题上过于简单和牵强；三是能力理论实现的范围、可能性和时效性令人担忧。

具体来说，努斯鲍姆承认她的能力理论是诉诸人类尊严的，可是她却没有对“尊严”概念做出明确的界定，如果仅以感知力和行动力为着眼点，“认为人与非人动物因积极运用能力或作出努力而同享尊严”[②]，那么很难把人类尊严与动物尊严加以区分。虽然努斯鲍姆对直觉主义的批评进行了辩护，但是以尊严为切入点的正义思想仍然无法彻底改变其理论根基不稳的事实。用能力理论解决动物正义问题也不尽如人意。努斯鲍姆试图用能力理论解决动物正义的初衷是值得提倡的，然而套用人类核心能力清单逐一对照动物能力的做法不仅没能很好地解决动物正义问题，还使她的能力理论愈加显示出其局限性。当努斯鲍姆用人类的十种核心能力清单中的第（4）项“感知、想象和思考”和第（6）项“实践理性”来对应说明动物能力时，她两次提到了足够的活动空间的问题，虽然努斯鲍姆承认动物并不具备第（6）项“实践理性”的能力，但是只要保证足够的活动空间和防止动物受到虐待和折磨，那么有感知的生物就可以构建目标和规划生活了。但事实上，努斯鲍姆

---

① 陶涛：《残障人问题对罗尔斯正义理论的挑战：兼论纳斯鲍姆之“能力法”》，《伦理学研究》2010年第4期，第135页。

② 谢惠媛：《尊严、能力与正义——纳斯鲍姆的尊严概念评析》，《道德与文明》2017年第3期，第22页。

的解释很难把动物根本不具备的，或者我们很难证实其具备的能力，如上述两类能力与人类牵强对照，用毫无关系的活动空间问题阐释动物的"感知、想象和思考"能力和"实践理性"能力缺少足够的说服力，难道说只要动物拥有了足够的活动空间和活动机会，它们的感知、想象和思考的能力就能得到保障了吗？这个问题并不是简单的哲学理论问题，它应该涉及至少包括动物生理学、动物脑科学、动物遗传学和其他相关学科。努斯鲍姆把人类核心能力清单中的第（10）项"对某种环境的控制"中涉及的人类"财产权"和"工作权"也照搬到动物能力中，这种给动物贴上"财产权"和"工作权"标签的动物能力清单不够严谨也不够恰当。从宏观和微观角度来看，大到国家政策制定，小到个人监护权的确定，能力理论中关涉的现实问题无不需要相应政策和资金的支持。从制定政策、实施政策到落实政策需要一系列的环节和时间，哪些政策、哪些措施是亟待解决的问题还需要通过民主程序进行商讨和确定，据此，能力理论的时效性和现实性也成为一个令人担忧的问题。

可以说，努斯鲍姆试图以能力进路解决动物正义问题的初衷是值得肯定和赞许的，特别是近些年各国对正视和解决人与自然的关系问题已经达成共识，越来越多的国家和地区加入促进人与自然和谐共处的队伍。虽然动物正义问题不像资源和环境等问题对人类的生产和生活产生直接和显著的影响，但是从长远来看，动物正义问题是人与自然关系问题的一个重要方面，动物正义与人类的生存和发展密不可分。我们只有一个地球，动物也只有一个地球，地球是人与动物共同的家园，如果我们把很多动物逼上绝路，尤其是那些经过历史长河，被自然选择而存活下来的动物，如果它们都遭受灭顶之灾，那么在相互联系、共存共生的生态系统中人类又能够幸存多久呢？当然，这只是论述人与动物关系的一种视角和一个侧面，人与动物的关系和动物对于人的意义远比此复杂得多，动物正义是刻不容缓、关系重大的正义问题。努斯鲍姆把动物正义提到了前所未有的高度，这对人类重新审视人与动物关系并寻求实现动物正义的方法与出路具有极为重要的意义。

纵观努斯鲍姆基于能力理论的社会正义思想不难看出，她在试图解决罗尔斯三个悬而未决的正义问题时，其实都是从一种“脆弱性”入手，或者说她都是站在弱势群体的角度，为帮助不健全和残障人士、贫穷国家和有感知的动物获得公正的对待和权益不遗余力。努斯鲍姆尝试通过能力理论实现社会正义，还确定了十种核心能力清单，并建议政府以保证公民超过十种核心能力的最低限度为目标和依据，从而实现社会正义，也就是说，“她的正义理论是通过能力理论彰显的，并以十种核心能力为主要路径”[①]。可以说，努斯鲍姆的能力理论在解决不健全和残障人士的正义、全球正义和女性正义等问题上都取得了不小的突破，但是唯独在使用能力理论解决动物正义问题时没有取得预想的效果，究其原因，动物性与人性仍然是两种不同的种性。虽然人具有动物性，但是人又不是只具有动物性，动物性并不能概括人的所有本性，无论说人具有“神性”也好，还是具有“非动物性”也好，总之不能仅从动物性角度理解人性和阐释人性。努斯鲍姆从人的动物性视角论述“正常人”在生命不同阶段也会存在不健全状态，论述人是具有生老病死自然发展变化的生命个体，进而论证“不健全”是生命的正常组成样态而不是特殊个体的特殊遭遇，这种论证角度和论证方式的确颇具启发性，人类的“不健全”状态也具有了更加普遍的意义。但是，如果反过来从人性的角度论证动物所具有的本性又会怎样呢？正如前文提到的那样，当努斯鲍姆把人的十种核心能力与动物能力进行一一对照时，人所具有的“非动物性”特征如超越性和创造性等就无法在动物身上找到合适的对应项了，换句话说，人性中有动物性的方面，可以从动物性角度理解和阐释人，但是动物身上并不具有“非动物性”或“神性”，因此人类设计和规划的十种核心能力并不适合照搬照抄地套用在动物正义问题的解决上。还需要明确的是，从动物性角度阐释和解决人性问题也并不是全面的和完满的，人的超越性和创造性是区别于动物性的根本所在，是人确定自身的重要维度。尽管从动物性角度阐释情感、生命存在

① 郑琪：《玛莎·努斯鲍姆基于能力理论的正义思想研究》，《求是学刊》2017年第6期，第31页。

的脆弱性和有限性，并为弱势群体争取权益是具有借鉴意义的，但是人的超越性、选择性和创造性维度在人个体和类本质的生成过程中发挥着重要作用。因此，对于罗尔斯三个悬而未决的正义问题，努斯鲍姆可以先把它们进行分类然后再进行相应解决，残障和不健全人士的正义问题以及全球正义问题都可以按照能力理论的进路往前推进，以个体能力的实现为目标，在国内和国际社会中展开充分论证，寻求多种方法宣传和推广能力理论，分析人类未来具有"共同命运"的必然性，呼吁发达国家在发展本国国民能力的基础上实现世界其他国家和公民的共同发展与繁荣。对于动物正义问题，可以从人与自然关系角度分析，从未来发展和变化的视角进行阐述，以"明智的旁观者"身份为动物权益献计献策。

四 "好生活"思想未来向度不够清晰和明朗

努斯鲍姆"好生活"思想主要是基于历史和现实展开论证的，虽然能力理论具有未来指向性，而且能力进路是一种相对开放和包容的路向，但是不得不承认的是，"好生活"思想主要是以第三次科技革命为背景形成和发展起来的。然而，世界经济状况、政治局势和科技进步可谓瞬息万变，努斯鲍姆的一些伦理讨论和政治哲学思想与即将爆发的第四次科技革命之间仍然存在距离，所以，当以人工智能、量子信息技术、生物科技等为技术突破的第四次科技革命发生时，努斯鲍姆的"好生活"将怎样诠释自身呢？努斯鲍姆曾多次提及饥荒和跨国正义等问题，可是，在尤瓦尔·赫拉利看来，"虽然多数人很少想到这件事，但是在过去几十年间，我们已经成功遏制了饥荒、瘟疫和战争。当然，这些问题还算不上被完全解决，但已经从过去不可理解、无法控制的自然力量转化为可应对的挑战"[①]。由此可见，今天一些困扰我们的问题在未来将不再是问题，在生物科技和信息技术影响下的人

① 〔以〕尤瓦尔·赫拉利:《未来简史》，林俊宏译，中信出版社，2017，第1页。

类将面临新的议题，赫拉利把它们归纳为“长生不死”“幸福快乐”“化身为神”。

未来人类究竟能否破解死亡之谜和改造身心成为地球之“神”需要科学和时间给予我们答案，人类能否幸福快乐就需要哲学为我们揭秘了。如果幸福快乐问题也归属科学技术研究的话，人类就只剩下如何在大脑构造中寻求兴奋点和使用何种机器匹配什么参数进行刺激的问题了，这听起来并非不可思议，但是赫拉利和我们都深知幸福快乐不能简单地和满足生物化学系统的毒品刺激、机器刺激等同。关于快乐和幸福的问题，受亚里士多德和斯多葛学派影响的努斯鲍姆也阐发过其观点，简单来说，快乐和幸福并不是一回事，快乐是手段性的，幸福（“好生活”）却是目的性的，拥有快乐并不等于拥有“好生活”，赫拉利从生物学角度为我们解析了快乐的短暂性。从基因和遗传学角度看，人类的快乐只能是转瞬即逝的，因为只有这样人类才能在下一时间寻找食物和性伙伴把人类的基因延续下去，不然长久的快乐会让人乐不思蜀，不会再去进行任何有利于生命的活动，由此可见，快乐并不具有终极意义。努斯鲍姆从哲学和伦理学角度向我们证明了虽然“好生活”不等同于快乐和好运，但是“好生活”一定不是没有快乐和好运的生活。快乐离不开心理层面的感受，也就是说，幸福虽然并不完全等同于快乐，但是人类心理层面的获得感、价值感和意义并不能全然抛弃。在这一点上，赫拉利比努斯鲍姆走得更远，他认为，“在心理层面，快乐与否取决于你的预期，而非客观条件。仅有和平繁荣的生活，并不能让我们满意；现实必须符合预期，才能让我们满足。但坏消息是，随着客观条件改善，预期也会不断膨胀”[①]。于是，究竟怎样才能获得幸福和快乐就与人们的预期和预期是否得到满足有极大的关系，在人类的预期不断膨胀的情况下，怎样才能控制不断恶化的局势呢？可以说，哲学社会科学和自然科学在推动人类文明发展和社会进步方面都发挥着重要作用，需要明确的是，自然科学往往是人类实现梦想和欲望的最直接

① 〔以〕尤瓦尔·赫拉利：《未来简史》，林俊宏译，中信出版社，2017，第31页。

动力，因此人类也越来越钟爱和信赖自然科学，把人类的前途和命运更多地寄托在自然科学研究上，“科学技术万能论”和“技术决定论”等理论已经在人们的内心扎下了根，并在不知不觉间引领人类跨进了一个全新的时代，人类对科学技术指引下的人类发展信心百倍。可是，面对人类不断增长的欲望和持续膨胀的预期，自然科学能够担当起控制、反思和评判是非对错的角色吗？显然不能。在自然科学和哲学社会科学二者之间，只有哲学社会科学才具有解决人们世界观、人生观和价值观的功能，自然科学对价值和意义问题只能望洋兴叹。因此，在自然科学已经成功碾压哲学社会科学的今天，努斯鲍姆呼吁重视人文学科教育、注重培养人性、反思和改进当今功利主义教育具有极为重要的现实意义。

受斯多葛学派思想影响，努斯鲍姆非常重视情感的意义和作用，在她看来，情感并不比理性低一等，“情感不仅是人性的内在构成要素，而且情感依恋也是好的人类生活不可或缺的部分”①。努斯鲍姆认为关系性的善是外在善中不可或缺的一部分，因此，人际关系也是我们理解“好生活”的一把钥匙。可是在未来，伴随着科学技术的进步，人类的寿命将会比现在的预期寿命更长，掌握生命和基因密码的人与大多数民众的关系会与今天人与人的关系不同，父母与子女、人与具有意识的人工智能之间的关系也会发生变化，在这种情况下，人类“好生活”又应该是什么样子的呢？努斯鲍姆的“好生活”思想给我们提供了一个非常好的思路，她一直在理性与情感的对峙中强调情感的重要性，也一直以回归亚里士多德德性伦理为己任，只是她没有对未来生活有太多设想，没有把情感、德性与未来人类进行密切关联。如前所述，人类在自然科学的指引和带领下进入了一种全新发展模式，这是一种人类理性大有可为、理性充分发挥作用的发展模式，如果哲学社会科学不能在新模式、新变化中及时准确地把握人与人、人与自然和人与社会的关系，不能反思人类生存发展和质疑现实，也就是说，哲学社会科学没有很好地发挥其应

① 〔美〕玛莎·纳斯鲍姆：《善的脆弱性：古希腊悲剧与哲学中的运气与伦理》（修订版），徐向东、陆萌译，译林出版社，2018，导读第 11 页。

该发挥的作用，那么未来人类将逐渐呈现理性独霸天下的可怕景象；努斯鲍姆和很多哲学家、思想家谈及的情感和德性等这些哲学社会科学所重视和强调的人类构成因素将不复存在；由人工智能、生物科技和信息技术等主宰的未来人类只会保留理性、冷漠、功利、自私和算法等。那时的人类很难再有与今日相同的情感和德性，亲情、友情和爱情将不再是能够让人感受到温暖、关怀和感激的人类温情，这些有益的、有价值的人类情感将会逐渐被消解，人与人的关系、人与社会的关系以及人与自身的关系也将随着技术理性的泛滥发生根本性的变化，那样的人类未来想想都觉得毛骨悚然。因此，努斯鲍姆所强调和主张的情感、德性和“好生活”等相关问题并不是无病呻吟、毫无意义的伦理偏执，相反，只有在预见了人类未来之后，我们才发现缺少德性和情感的人类生活是多么苍白和可怕。至此，虽然我们似乎并不清楚“好生活”到底是一种什么样的生活，因为努斯鲍姆仅揭示了怎样才能获得“好生活”，但是加入未来向度的“好生活”能够为我们提供一种清晰理解“好生活”的坐标。一言概之，无论何时，人类的“好生活”都应该是以德性为核心的实现活动，是一种“完整的人”所过的生活，这种生活是具有“脆弱性”的真正意义上的人类生活。那种缺乏德性意蕴的人类生活根本不能被称为“好生活”。技术理性异化的趋势已经越来越明显，如果现在人类还不及时觉醒的话，人类未来不仅仅是缺少情感、缺少价值维度的，人类自身存在的合法性也会受到极大的挑战。

本章小结

努斯鲍姆沿着以运气、脆弱性和古希腊悲剧阐述伦理思想为线索，以伦理思想为根本出发点，以能力理论、非功利教育和社会正义为政治哲学思想的实现路径，以“好生活”为其思想旨归的理论思路展开论证。探寻努斯鲍姆“好生活”思想的逻辑线索不仅有助于深刻把握其理论精髓，还有助于在与其他伦理思想比较中确定它在伦理思想史中的地位和作用。努斯鲍姆“好生活”思想继承了德性伦理学传统，超越了康德义务论和功利主义，丰富了马克思主义实践哲学思想，并对新时代中国特色社会主义建设具有指导和借鉴意义。

参考文献

一　外文文献：

1. Martha C. Nussbaum, *The Fragility of Goodness: Luck and Ethics in Greek Tragedy and Philosophy*, New York: Cambridge University Press, 2001.

2. Martha C. Nussbaum, *Cultivating Humanity: A Classical Defense of Reform in Liberal Education*, Cambridge: Harvard University Press, 1997.

3. Martha C. Nussbaum, *Frontiers of Justice: Disability, Nationality, Species Membership*, Cambridge: Harvard University Press, 2006.

4. Martha C. Nussbaum, *Creating Capabilities: The Human Development Approach*, Cambridge: Harvard University Press, 2011.

5. Martha C. Nussbaum, *Poetic Justice: The Literary Imagination and Public Life*, Boston: Beacon Press, 1995.

6. Martha C. Nussbaum, *Love's Knowledge*, New York: Oxford University Press, 1990.

7. Martha C. Nussbaum, *The Therapy of Desire*, New Jersey: Princeton University Press, 1994.

8. Martha C. Nussbaum, *For Love of Country*, Boston: Beacon Press, 1996.

9. Martha C. Nussbaum, *Sex and Social Justice*, New York: Oxford

University Press, 1998.

10. Martha C. Nussbaum, *Women and Human Development*, New York: Cambridge University Press, 2000.

11. Martha C. Nussbaum, *Upheavals of Thought: The Intelligence of Emotions*, New York: Cambridge University Press, 2003.

12. Martha C. Nussbaum, *Hiding From Humanity: Disgust, Shame, and the Law*, New Jersey: Princeton University Press, 2004.

13. Martha C. Nussbaum, *The Clash Within: Democracy, Religious Violence, and India's Future*, Cambridge: Harvard University Press, 2007.

14. Martha C. Nussbaum, *Liberty of Conscience: In Defense of America's Tradition of Religious Equality*, New York: Basic Books, 2008.

15. Martha C. Nussbaum, *From Disgust to Humanity: Sexual Orientation and Constitutional Law*, New York: Oxford University Press, 2010.

16. Martha C. Nussbaum, *Not for Profit: Why Democracy Needs the Humanities*, New Jersey: Princeton University Press, 2010.

17. Martha C. Nussbaum, *The New Religious Intolerance: Overcoming the Politics of Fear in an Anxious Age*, Cambridge: The Belknap Press, 2012.

18. Martha C. Nussbaum, *Philosophical Interventions: Book Reviews 1985-2011*, New York: Oxford University Press, 2012.

19. Frank Palmer, *Literature and Moral Understanding: A Philosophical Essay on Ethics, Aesthetics, Education, and Culture*, Oxford: Clarendon Press, 1992.

20. David Parker, *Ethics, Theory, and the Novel*, Cambridge: Cambridge UP, 1994.

21. Sara Ruddick, *Maternal Thinking: Toward a Politics of Peace*, New York: Balantine Books, 1989.

22. Tara G. Gilligan, *Constructing a Moral Life: Literature and The Ordinary*

Moral Agent, Baltimore: John Hopkins University, 2003.

23. Rosalind Hursthouse, *On Virtue Ethics*, New York: Oxford University Press, 1999.

24. Amartya Sen, Bernard Williams, *Utilitarianism and Beyond*, Cambridge: Harvard University Press, 1982.

25. Amartya Sen, *Development as Freedom*, New York: Borzoi, 1999.

26. Daniel Statman, *Virtue Ethics*, Edinburgh University Press, 1997.

27. Bernard Williams, *Ethics and the Limits of Philosophy*, Cambridge: Harvard UP, 1985.

28. Stephen Darwall, *Philosophical Ethics*, Boulder: Westview Press, 1977.

29. Luke A. Helm, *The Hope of an Ending: Narrative, Hope, and the Good Life in the Philosophy of Martha Nussbaum and Paul Ricoeur*, Deerfield: Trinity International University, 2013.

30. John Searle, "The Logical Status of Fictional Discourse," in *Expression and Meaning: Studies in the Theory of Speech Acts*, Cambridge: Cambridge UP, 1979.

31. Dorothy Walsh, "Understanding as Realization," in *Literature and Knowledge* , Middletown Connecticut: Wesleyan UP, 1969.

32. Mary Sirridge, "Review of Love's Knowledge: Essays on Philosophy and Literature by Martha C. Nussbaum," *Journal of Aesthetics and Art Criticism* 50 (1992).

33. Hilary Putnam, "Taking Rules Seriously: A Response to Martha Nussbaum," *New Literary History* 15 (1983).

34. Paul B. Woodruff, "The Fragility of Goodness: Luck and Ethics in Greek Tragedy and Philosophy by Martha C. Nussbaum," *Philosophy and Phenomenological Research* 1 (1989).

35. Harry C. Bredemeier, "The Fragility of Goodness: Luck and Ethics in Greek Tragedy and Philosophy," *Books in Review* 4 (1989).

36. Martin Kavka, "Judaism and Theology in Martha Nussbaum's Ethics," *Journal of Religions Ethics* 31 (2003).

37. David Roochnik, "Book Reviews: The Fragility of Goodness," *Journal of the History of Philosophy* 26 (1988).

38. Hazel E. Barnes, "Book Reviews: The Fragility of Goodness," *Comparative Literature* 40 (1988).

39. Patrick O. Sullivan, Martha Nussbaum, "The Fragility of Goodness. Luck and Ethics in Greek Tragedy and Philosophy," *Bryn Mawr Classical Review* 10 (2002).

40. Robert E. Goodin, David Parker, "Symposium On Martha Nussbaum's Political Philosophy," *Ethics* (2000).

41. Cathrine Holst, "Martha Nussbaum's Outcome-oriented Theory of Justice," *ARENA Working Paper* 16 (2010).

42. John Deigh, "Nussbaum's Defense of the Stoic Theory of Emotions," *QLR* 19 (2000).

43. Berry Tholen, "Political Responsibility as a Virtue: Nussbaum, Mac Intyre, and Ricoeur on the Fragility of Politics," *Journal Citation Reports* 43 (2018).

44. Caroline Harnack, "Disability and Capability: Exploring the Usefulness of Martha Nussbaum's Capabilities Approach for the UN Disability Rights Convention," *Journal of Law Medicine & Ethics* 41 (2013).

45. Cristina Page, Amanda Peterman, "The Right to Agree," *New York Times* X (2003).

二　中文著作：

1.〔美〕玛莎 · 纳斯鲍姆:《善的脆弱性：古希腊悲剧和哲学中的运气与伦理》，徐向东、陆萌译，译林出版社，2007。

2.〔美〕玛莎 · 努斯鲍姆:《告别功利：人文教育忧思录》，肖聿译，新华出版社，2010。

3.〔美〕玛莎 · 努斯鲍姆:《诗性正义：文学想象与公共生活》，丁晓东译，北京大学出版社，2010。

4.〔美〕玛莎 · 努斯鲍姆:《培养人性：从古典学角度为通识教育改革辩护》，李艳译，上海三联书店，2013。

5.〔美〕玛莎 · 纳斯鲍姆:《正义的前沿》，陈文娟、谢惠媛、朱慧玲译，中国人民大学出版社，2016。

6.〔美〕玛莎 · 纳斯鲍姆:《寻求有尊严的生活：正义的能力理论》，田雷译，中国人民大学出版社，2016。

7.〔美〕玛莎 · 努斯鲍姆:《欲望的治疗：希腊化时期的伦理理论与实践》，徐向东、陈玮译，北京大学出版社，2018。

8.〔古希腊〕柏拉图:《理想国》，郭斌和、张竹明译，商务印书馆，2009。

9.〔古希腊〕柏拉图:《柏拉图全集》，王晓朝译，人民出版社，2002。

10.〔古希腊〕亚里士多德:《亚里士多德全集》，苗力田等编译，中国人民大学出版社，1992。

11.〔古希腊〕亚里士多德:《尼各马可伦理学》，廖申白译注，商务印书馆，2009。

12.〔古希腊〕亚里士多德:《政治学》，颜一、秦典华译，中国人民大学出版社，2003。

13.〔古希腊〕亚里士多德:《灵魂论及其他》，吴寿彭译，商务印书馆，2009。

14.〔古希腊〕埃斯库罗斯:《埃斯库罗斯悲剧六种》，罗念生译，上海人民出版社，2015。

15.〔古希腊〕索福克勒斯:《索福克勒斯悲剧五种》，罗念生译，上海人民出版社，2015。

16.〔古希腊〕欧里庇得斯:《欧里庇得斯悲剧五种》，罗念生译，上海人民出版社，2015。

17.〔古希腊〕亚里斯多德:《亚里斯多德〈诗学〉〈修辞学〉》，罗念生译，上海人民出版社，2015。

18.〔印〕阿马蒂亚·森:《以自由看待发展》，于真译，中国人民大学出版社，2009。

19.〔德〕奥特弗利德·赫费:《经济公民、国家公民和世界公民》，沈国琴等译，上海译文出版社，2010。

20.〔英〕伯纳德·威廉斯:《道德运气》，徐向东译，上海译文出版社，2008。

21. 陈泽环:《道德结构与伦理学：当代实践哲学的思考》，上海人民出版社，2009。

22.〔英〕大卫·休谟:《人性论》，关文运译，商务印书馆，2004。

23.〔法〕德勒赫兹:《斯宾诺莎的实践哲学》，冯炳昆译，商务印书馆，2004。

24.〔英〕狄更斯:《艰难时事》，全增嘏、胡文淑译，上海译文出版社，2008。

25. 丁立群等:《实践哲学：传统与超越》，北京师范大学出版社，2012。

26. 高兆明:《伦理学理论与方法》，人民出版社，2013。

27. 龚群、陈真:《当代西方伦理思想研究》，北京大学出版社，2013。

28.〔德〕黑格尔:《哲学史讲演录》，贺麟等译，商务印书馆，1960。

29.〔德〕伽达默尔:《科学时代的理性》，薛华等译，国际文化出版社，1988。

30.〔德〕康德:《实践理性批判》，张永奇译，中国社会科学出版社，2009。

31.〔德〕康德:《道德形而上学》(注释本)，张荣、李秋零译，中国人民大学出版社，2013。

32.〔美〕凯利·克拉克:《幸福的奥秘》，郑志勇译，世界知识出版社，2010。

33.〔美〕夸梅·安东尼·阿皮亚:《认同伦理学》，张容南译，译林出版社，2013。

34.〔德〕莱布尼茨:《人类理智新论》，陈修斋译，商务印书馆，1982。

35. 廖申白:《伦理学概论》，北京师范大学出版社，2009。

36.〔法〕卢梭:《爱弥儿》，李平沤译，人民教育出版社，2001。

37.〔美〕罗尔斯:《正义论》，何怀宏等译，中国社会科学出版社，1988。

38.〔美〕罗尔斯:《政治自由主义》(增订本)，万俊人译，译林出版社，2011。

39.〔美〕罗尔斯:《道德哲学史讲义》，顾素等译，上海三联出版社，2003。

40.〔美〕罗尔斯顿:《环境伦理学》，杨通进译，中国社会科学出版社，2000。

41. 罗金远、戴茂堂:《伦理学讲座》，人民出版社，2012。

42.〔英〕罗素:《西方哲学史》，何兆武、李约瑟译，商务印书馆，1976。

43. 马克思:《1844年经济学哲学手稿》，中共中央马克思恩格斯列宁斯大林著作编译局译，人民出版社，2000。

44.〔德〕马克斯·韦伯:《新教伦理与资本主义精神》，郑志勇译，江西人民出版社，2010。

45.〔美〕麦金太尔:《追求美德》，宋继杰译，译林出版社，2011。

46.〔英〕密尔:《功用主义》，唐钺译，商务印书馆，1957。

47. 苗力田主编《古希腊哲学》，中国人民大学出版社，1989。

48.〔德〕尼采:《朝霞》，田立年译，华东师范大学出版社，2007。

49.〔美〕乔治·麦卡锡:《马克思与古人：古典伦理学、社会正义和19世纪政治经济学》，王文扬译，华东师范大学出版社，2011。

50. 宋希仁:《西方伦理思想史》，中国人民大学出版社，2003。

51. 万俊人:《寻求普世伦理》，商务印书馆，2001。

52. 汪子嵩:《希腊哲学史》，人民出版社，1993。

53. 徐向东:《自我、他人与道德：道德哲学导论》，商务印书馆，2007。

54.〔英〕亚当·斯密:《道德情操论》，谢宗林译，中央编译局，2008。

55. 余纪元:《亚里士多德伦理学》，中国人民大学出版社，2011。

56. 周伟驰:《奥古斯丁的基督教思想》，中国社会科学出版社，2005。

三 中文期刊:

1. 丁立群:《亚里士多德的实践哲学及其现代效应》,《哲学研究》2005年第1期。

2. 丁立群:《理论与实践的关系：本真涵义与变质形态——从亚里士多德实践哲学说起》,《哲学动态》2012年第1期。

3. 丁立群:《实践哲学：两种对立的传统及其超越》,《马克思主义与现实》2012年第2期。

4. 丁立群:《亚里士多德实践哲学中的德性与实践智慧》,《道德与文明》2012年第5期。

5. 曹聪:《脆弱的究竟是什么？》,《中国图书评论》2008年第12期。

6. 姜元涛:《玛莎·纳斯鲍姆的"世界公民"教育思想探究》,《教育科学》2012年第3期。

7. 陶涛:《残障人问题对罗尔斯正义理论的挑战：兼论纳斯鲍姆之"能

力法”》,《伦理学研究》2010 年第 4 期。

8. 田雷:《〈创造能力〉:追求更公正的社会(之一)》,《21 世纪经济报道》2011 年 9 月 6 日,第 24 版。

9. 田雷:《〈培育能力〉:幸福根源于人的能力(之二)》,《21 世纪经济报道》2011 年 9 月 30 日,第 20 版。

10. 杨兴华、张格儿:《阿玛蒂亚·森和玛莎·努斯鲍姆关于可行能力理论的比较研究》,《学术论坛》2014 年第 2 期。

11. 于莲:《可行能力方法具有两个版本》,《中国社会科学报》2014 年 6 月 23 日,第 A06 版。

12. 董骏:《迈向一种能力进路的人权观:评纳斯鲍姆〈寻求有尊严的生活〉》,《河北法学》2017 年第 2 期。

13. 范伟伟:《理性·关怀·能力:女性解放的路径探索及其反思》,《哲学研究》2017 年第 9 期。

14. 李楠、秦慧:《能力平等的背后是什么?——玛莎·努斯鲍姆的平等理论探究》,《江汉论坛》2017 年第 4 期。

15. 谢惠媛:《尊严、能力与正义——纳斯鲍姆的尊严概念评析》,《道德与文明》2017 年第 3 期。

16. 杨豹:《伦理理论与反理论之争——玛莎·努斯鲍姆伦理理论化思想述评》,《北京科技大学学报》(社会科学版)2008 年第 1 期。

17. 杨豹:《教育为经济服务还是为民主服务——读努斯鲍姆的〈告别功利〉》,《中国农业大学学报》(社会科学版)2011 年第 2 期。

18. 杨豹、肖红春:《努斯鲍姆的诗性正义解析》,《南京政治学院学报》2012 年第 1 期。

19. 杨豹、肖红春:《正义的实现仅仅依靠理性吗——探讨努斯鲍姆的诗性正义》,《华中科技大学学报学报》(社会科学版)2012 年第 5 期。

20. 杨豹:《论努斯鲍姆思想中的世界主义》,《社会科学》2012 年第 12 期。

21. 叶晓璐:《交流与行动——读纳斯鲍姆〈善的脆弱性〉》,《哲学分析》

2012年2期。

22. 余创豪:《在全球化的脉络下探讨Nussbaum的世界主义和世界公民意识》,《开放时代》2006年第3期。

23. 赵海峰:《纳斯鲍姆论亚里士多德的实践智慧与好生活》,《外国哲学》2013年第1期。

24. 赵丽娜:《努斯鲍姆的叙事性想象力及其对我国道德教育的启示》,《兰州教育学院学报》2014年第7期。

25. 左稀:《情感与认知:玛莎·纳斯鲍姆情感理论概述》,《道德与文明》2013年第5期。

26. 左稀:《论同情的充要条件:纳斯鲍姆同情观研究》,《道德与文明》2014年第2期。

27. 贾玉超:《功利教育及其敌人:从杜威、努斯鲍姆到古特曼》,《教育学报》2012年第6期。

28. 江畅:《西方古典德性思想的特点及其价值》,《伦理学研究》2013年第5期。

29. 杨豹:《当代西方德性伦理思想探讨》,《重庆社会科学》2007年第7期。

30. 杨豹:《当代西方德性伦理的思想特色》,《道德与文明》2009年第3期。

31. 鹿林:《论生活世界的伦理构建》,《河南大学学报》(社会科学版),2012年第4期。

32. 万俊人:《美德伦理学研究的几个问题》,《道德与文明》2008年第3期。

33. 万俊人:《美德伦理的现代意义:以麦金泰尔的美德理论为中心》,《社会科学战线》2008年第5期。

34. 王今一:《现代德性伦理学何以可能:对安斯库姆〈现代道德哲学〉的解析与引申》,《华中科技大学学报》(社会科学版)2009年第4期。

35. 叶晓璐:《好生活与脆弱性：阿伦特和纳斯鲍姆相关思想论述》,《山东科技大学学报》(社会科学版)2016 年第 4 期。

36. 李文倩:《纳斯鲍姆论脆弱性与好生活》,《中国美学研究》2015 年第 5 期。

37.〔美〕纽斯鲍姆:《悲剧与正义：纪念伯纳德 · 威廉姆斯》，唐文明译，《世界哲学》2007 年第 4 期。

38. 刘永春、席玥桐:《对纳斯鲍姆“脆弱之善”的批评》,《科学经济社会》2015 年第 1 期。

39. 王国豫、荆珊:《从诗性正义到能力正义 : 努斯鲍姆正义理论探究》,《伦理学研究》2016 年第 1 期。

40. 于莲:《来自尊严的正义：试析基本可行能力清单》,《华中科技大学学报》(社会科学版)2015 年第 4 期。

41. 李勇、于惠:《诗性正义何以可能？——努斯鲍姆〈诗性正义〉引发的思考》,《苏州大学学报》(哲学社会科学版)2016 年第 5 期。

42. 肖艳平:《努斯鲍姆“诗性正义”概念辨析》,《西安石油大学学报》(社会科学版)2017 年第 2 期。

43. 刘锋杰:《努斯鲍姆“诗性正义”观及其争议辨析》,《河北学刊》2017 年第 5 期。

44. 刘俐俐:《故事问题视域中的“法律与文学”研究》,《文艺研究》2015 年第 1 期。

45. 段忠桥、常春雨:《G.A. 科恩论阿马蒂亚 · 森的“能力平等”》,《哲学动态》2014 年第 7 期。

附录一 “好生活”伦理凸显实践智慧

玛莎·努斯鲍姆（Martha C. Nussbaum），美国著名哲学家、公共知识分子。1947年5月6日出生于美国纽约，现为芝加哥大学法学院、神学院和哲学系教授，古典与政治学系副研究员，2003年美国《新政治家》杂志列出的“我们时代十二位伟大思想家”，努斯鲍姆位列其中。此外，她还被美国《外交政策》杂志、英国《展望》杂志列入“世界百名杰出知识分子”榜单。

努斯鲍姆是一位高产、思想深刻且颇具影响力的学者，在古典哲学、伦理学、政治学、法律和教育等学科领域造诣颇深。现已出版专著、编著20多部，发表重要论文及书评400余篇，主要著作有《善的脆弱性：古希腊悲剧和哲学中的运气与伦理》《培养人性：从古典学角度为通识教育改革辩护》《诗性正义：文学想象与公共生活》《告别功利：人文教育忧思录》《正义前沿》《创造力》《爱的知识》《欲望的治疗》《思想的剧变》《逃避人性》《生活质量》《政治情感》《良知的自由》等。

一 国外研究状况

在美国、法国、德国、西班牙、澳大利亚等国家，努斯鲍姆的很多思想在诸多领域都引起了热烈的探讨。据统计，曾提到过努斯鲍姆观点的论文就有6000余篇，主要涉及她的“好生活”思想、正义思想、世界公民思想和教育思想等，研究领域涵盖了哲学、法律、教育学、心理学和经济学等学科方向。虽然努斯鲍姆后来的正义思想、世界公民思想和教育思想等都与“好生活”思想密不可分，但是有关努斯鲍姆“好生活”伦理思想仍集中体现在她于1986年问世的成名作《善的脆弱性》中。在此，“善”即幸福，也就是指“好生活”，但并不涉及主体感受和评价。2001年，新版《善的脆弱性》问世，增加了修订版序言，但正文未做任何改动。

总的来说，国外对于努斯鲍姆“好生活”伦理思想的研究主要突显了以下几点：第一，《善的脆弱性》强调了悲剧的重要性，阐释了柏拉图拒斥运气和推崇理性的原因；第二，努斯鲍姆致力于关注现实生活和现实问题，积极促进正义、治疗社会疾病和提升道德健康，强调人类繁荣对于实现“好生活”的最终目的具有至关重要的作用；第三，努斯鲍姆提出了借助跨文化交流的修正的普遍主义。但是，由于相关讨论多为书评，对此书的研究还有待深入，尤其是对于努斯鲍姆探讨“好生活”的方式、原因、路向的把握有待明晰。

二 国内研究状况

相较而言，国内对于努斯鲍姆“好生活”伦理思想的研究起步较晚，广度和深度皆显不足。2007~ 2013年，《善的脆弱性》《培养人性》《诗性正义》《告别功利》的中译本陆续出版，国内的相关研究也主要围绕上述译本展开。值得一提的是，2008~ 2014年，国内对努斯鲍姆的研究明显增多。从中国知网的数据可以看出，2008年专门研究努斯鲍姆的论文仅有1篇，到2014年上升至14篇，加上有关努斯鲍姆的伦理、教育和世界公民思想的文章共有20余篇。2014年，专门研究努斯鲍姆思想的学术论文就有5篇，越来越多的研究者加入到研究队伍中来。

虽然研究内容分布于不同学科领域，但针对其“好生活”伦理思想的研究并不多见，主要体现在“好生活”与脆弱性关系、诗性正义、教育研究、世界主义、世界公民思想和能力理论等方面。最新的相关研究成果，是范昀的《艺术理论及社会正义——美国芝加哥大学教授玛莎·努斯鲍姆访谈》一文。范昀就文学对于哲学研究的重要性、人文教育和社会正义等问题对努斯鲍姆进行了采访，为“好生活”伦理思想研究提供了新视角和新思路，给国内努斯鲍姆研究注入了新的活力。就目前的总体情况来说，国内对于努斯鲍姆“好生活”伦理思想的研究主要集中在以下三个方面：第一，凸显《善的脆弱性》的主题，使国内学界重新审视“好生活”，了解到坏运气使“好生活”具有脆弱性，人具有好品格与生活得好之间是存在裂缝的；第二，强调文学与情感的重要性，努斯鲍姆的诗性正义思想是以借助文学想象与情感为前提的；第三，厘清“世界公民”的含义与培养“世界公民”的方法，即通过人文学科和多元文化课程的进路来培养“世界公民”。

但是，从研究广度来看，对于“好生活”思想的研究呈现碎片化，缺乏系统性、整体性的研究与阐述；从研究深度来看，有关成果更多的是对中文文献概要式、综述式的介绍，或者是对外文文献的翻译，研究深度略显不足；从研究内容来看，缺乏对努斯鲍姆“好生活”思想演进过程的探究与分析，特别是对于其学术思想产生的渊源、原因、目的、现实的理论价值和现实意义的梳理不够，至于诸多领域著作相关性的理解和内在逻辑的呈现，也几乎没有涉猎。

三　探究世界公民“好生活”的生存之路

努斯鲍姆从各种不自由、不平等和不公平等社会现象入手，为弱势群体摇旗呐喊，寻求公平与正义。她对德性正义和教育等问题的关心具有全球视野，力图探究一条世界公民“好生活”的实践生存之路。努斯鲍姆超越了以往传统思辨哲学的理论推演，更关注于人的现实生活和实践困境。因此，在努斯鲍姆的研究中，始终有一条实践哲学思想的隐线贯穿始终，实践哲学思想统领经济法律和教育等方面的研究。其实，努斯鲍姆一直致力于阐发人的有限性存在和如何超越有限性，从而过上“好生活”的伦理思想。正是因为脆弱，才使好生活愈显美丽。而“好生活”目标的实现，更凸显了实践智慧在解决诸多社会问题中的重要性。

（本文发表于《中国社会科学报》2015 年 11 月 26 日，第 005 版）

附录二　玛莎·努斯鲍姆基于能力理论的正义思想研究

摘　要： 玛莎·努斯鲍姆力图建构一种有关基本社会正义的理论，她更关注人性尊严、最低限要求和政治自由主义等概念，并详细列出了能力目录，把政治自由主义设定为研究目标。她的正义理论是通过能力理论彰显的，并以十种核心能力为主要路径。十种核心能力是构成有尊严的生活，或者说是构成“好生活”的重要因素。只有保证公民发展至少超出最低限的能力，人性的尊严才能够得到保障。

关键词： 能力理论；社会正义；尊严

早在古希腊时期，柏拉图和亚里士多德就开始关注正义问题。柏拉图在《理想国》中驳倒了一些关于正义含义的说法后，认为“正义就是只做自己的事而不兼做别人的事”[①]。而亚里士多德在《尼各马可伦理学》中认为，正义是“一切德性的总括”[②]。不难看出，他们讨论的正义都没有离开个人品质。然而，自中世纪基督教伦理学消退之后，功利主义成为西方社会中占主导地位的伦理学派，影响至今。

---

①〔古希腊〕柏拉图：《理想国》，郭斌和、张竹明译，商务印书馆，2009，第156页。

②〔古希腊〕亚里士多德：《尼各马可伦理学》，廖申白译注，商务印书馆，2009，第143页。

功利主义的早期代表边沁主张“最大幸福原则”，认为正义是可以进行量化的界定，即如果行为后果给当事人带来的快乐总量大于痛苦总量，那么这就是正义的，反之就是不正义的。在他看来，功利主义就是要追求最大多数人的最大幸福。直到1971年罗尔斯的《正义论》发表，功利主义在政治哲学和道德哲学领域的统治地位才受到了冲击。罗尔斯在《正义论》中明确反对功利主义的正义思想。他认为每个公民都具有不可侵犯的平等的自由权利，功利主义所看重的牺牲少数人利益而获得大多数人的利益是不正义的、不可取的。罗尔斯认为，人们因为合作会带来比依靠自己更多的利益而选择合作，但是每个人都希望在分配利益时获得较大份额而不想得到较小份额，因此社会分配原则是否公正就体现了这个社会是否正义，这也就是罗尔斯所说的“正义即公平”。由于罗尔斯认为正义是社会制度的基本德性，因此他的正义脱离了个人德性的范畴。他的社会正义理论是试图建立在社会契约基础之上的理想社会制度。为了取消人们的不平等意识，罗尔斯设置原初状态，并假定“无知之幕”。他认为，在不知道自己的出身、种族、社会地位、智力水平和心理特征等的情况下，人们在协商订立契约时就能够在平等的前提下，选择比较公正的分配利益的原则。

罗尔斯正义思想的广泛影响也是在各国学者们的不断质疑和讨论声中产生的。他的正义思想是一种建立在契约论基础上的自由主义政治哲学，它超越了功利主义，为社会正义思想打开了一个新世界。但同时，他的正义思想也引发了激烈的社会讨论，涵盖了伦理学、社会学、政治哲学等很多学科领域。

在所有探讨过罗尔斯的社会正义思想的学者中，有两位来自不同国家的学者是极具影响力的，其中一位是在1998年获得诺贝尔经济学奖的印度籍学者阿玛蒂亚·森，另外一位是美国著名哲学家、人文与科学院院士玛莎·努斯鲍姆。他们提出了一种新的理论范式，也即“人类发展理论”，或者叫“能力理论”，也可以叫作“多元能力理论”。这种新的理论范式在世界范围内产生了广泛的影响，“此理论范式起始于一个非常简单的问题：人在现实中能做到什么，又能成为什么？他们可以得到哪些真实的机会”[①]。阿玛蒂亚·森把它称为“实质性自由”，是一组相互联系、相互影响的选择和行动的机会。

这一问题既简单又复杂，既迫近又遥远，既有现实性又有历史感。虽然这一问题是我们平时就会向自己提出的问题，但是能力理论有着深刻的理论渊源，哲学史上很多伟大的哲学家和哲学流派如亚里士多德、斯多葛学派、亚当·斯密、康德和密尔等为能力理论的形成和发展提供了思想基础，所有这些前人的思想成果又成为努斯鲍姆正义思想的理论源泉。

一 努斯鲍姆能力理论的正义思想

“从世界银行到联合国开发计划署，这一新范式已经对研讨福利问题的国家机构产生了越来越大的影响力。自1990年起，联合国人类发展报告办公室每年都会发布该年度的《人类发展报告》，能力理论的范式也由此影响到当今世界上的大多数国家，这些国家得到启发，运用能力理论的方法去研究本国社会内不同地区和群体的福利。现如今，只有屈指可数的国家尚未定期发布此类报告。”[②]“除此以外，人类发展与能力协会已有来自全球80个国家的约700名成员，该协会在这个领域内的议题上推进了高质量的研究，由此可见人类发展与能力的理论已经并且能够作出有意义的贡献。”[③]

最早把能力和正义联系起来的是阿玛蒂亚·森，他在经济领域发展了能力理论，而努斯鲍姆是在哲学领域发展了能力理论。

首先，努斯鲍姆的正义思想是以尊严和平等作为前提和基础的。无论是

① 〔美〕玛莎·纳斯鲍姆:《寻求有尊严的生活：正义的能力理论》，田雷译，中国人民大学出版社，2016，前言第1页。

② 〔美〕玛莎·纳斯鲍姆:《寻求有尊严的生活：正义的能力理论》，田雷译，中国人民大学出版社，2016，前言第2页。

③ 〔美〕玛莎·纳斯鲍姆:《寻求有尊严的生活：正义的能力理论》，田雷译，中国人民大学出版社，2016，前言第2页。

在罗尔斯还是在阿玛蒂亚·森的讨论中，包括努斯鲍姆本人在内，他们的正义思想都以平等为前提，稍有不同的是，努斯鲍姆在强调人与人之间具有不可侵犯的平等权利之外，她更突出人的尊严。

努斯鲍姆在《寻求有尊严的生活：正义的能力理论》一书中认为，人类要过一种有尊严的生活，政府就至少要保证全体公民的这十种核心能力至少在最低水平以上。她提出的十种核心能力包括生命，身体健康，身体健全，感觉、想象和思考，情感，实践理性，归属，其他物种，娱乐，对外在环境的控制。十种核心能力具体内容如下：

（1）生命：正常长度的人类预期寿命；不会过早死亡，或者在死亡之前，一个人的生活已经降到不值得活下去的水平。

（2）身体健康：拥有良好的健康水平，包括生殖健康；可以摄取充分的营养；有体面的居所。

（3）身体健全：可以在各地之间自由迁徙；免于暴力攻击（包括性骚扰和家庭暴力）；有机会得到性的满足，并在生育事务上有选择的机会。[①]

（4）感觉、想象和思考：可以通过充分的教育获得运用感官进行感觉、想象和思考的能力。

（5）情感：能够去爱、悲伤和愤怒等，不会因为恐惧和焦虑阻碍个人的情感发展。

（6）实践理性："有能力形成一种人生观，进行有关生活规划的批判性反思。"[②]

（7）归属：（A）能与其他人相处并共同生活，关心他人和参与社会互动；（B）被有尊严地对待，禁止任何形式的歧视和侮辱。

（8）其他物种：关注与联系植物、动物和自然界。

---

① 〔美〕玛莎·纳斯鲍姆：《寻求有尊严的生活：正义的能力理论》，田雷译，中国人民大学出版社，2016，第24页。

② 同上注。

（9）娱乐：“有能力去欢笑、游戏、享受休闲活动。”①

（10）对外在环境的控制：（A）享有政治参与和言论自由等权利；（B）拥有平等的财产权、就业机会等，在工作中能够发挥实践理性，并形成有意义的建立在相互承认基础之上的工作关系。

在这十种核心能力之外，努斯鲍姆还补充了沃尔夫和德夏利特提出的“能力安全”概念。他们认为，“公共政策不能只向民众提供一种能力，而且还应该以一种民众未来可依赖这种能力的方式提供”②。虽然安全是从属于第3个和第5个核心能力“身体健全”和“情感”的一个方面，但是他们更强调能力安全的客观性。

从努斯鲍姆所列举的十种核心能力不难看出，她不仅仅关注每一个人的生存条件和生存境遇，她还关心除了能保证人作为一个生命体的存在之外是否能够过上一种有尊严的生活。这种尊严包括想象、情感、批判性反思、归属、娱乐和参与政治和社会生活等方面。在这十种核心能力中，她认为实践理性和归属具有架构性，只要保证了其他能力能够符合人性尊严的形式，那么这两种能力实际上就已经蕴含其中了。

以一种符合人性尊严的方式实现这些能力意味着不仅仅是保证人们能够获得良好的营养和基本的健康条件，还应该在国家或政府提供的教育和培训的基础之上脱离文盲或者半文盲的状态；积极主动地和自发地利用知识和理性进行文学、艺术、宗教实践；能够参与政治、经济和社会生活；不因为种族、性别、民族和宗教等原因受到歧视和不公正对待；有平等的就业机会和平等的财产权利；与动植物和自然界能够和谐相处；自由地进行情感表达和政治意愿表达；能够享受娱乐所带给人的精神慰藉；能够与他人共同生活，关心别人的处境，拥有一种值得生活的人生。

---

①〔美〕玛莎·纳斯鲍姆：《寻求有尊严的生活：正义的能力理论》，田雷译，中国人民大学出版社，2016，第25页。

②〔美〕玛莎·纳斯鲍姆：《寻求有尊严的生活：正义的能力理论》，田雷译，中国人民大学出版社，2016，第31页。

努斯鲍姆在阐述她的能力理论时一直在强调她视每一个单独的个体为目的而非手段，从这一点看，她明显地借鉴了康德的“人是目的而不是手段”的思想。另外，她尊重个体并重视每个人的价值，不是把人看作淹没在整体之中的无差别个体，她关心每一个有感知力的生命个体（包括动物）的正义问题。她通过上述十种核心能力寻求一种有尊严的生活，一种真正意义上的“好生活”。也可以说，十种核心能力是构成有尊严的生活，或者说是构成“好生活”的重要因素。只有保证公民发展至少超出最低限的能力，人性的尊严才能够得到保障。当然，努斯鲍姆也一直在强调，她的能力理论并不是有关社会正义的完全理论，它没有解决分配难题，而只是为相对充裕的社会的最低限提供了具体的规定。能力理论是与社会正义密切相关的:“培育全体公民的这十种能力，是社会正义的一项必要条件。”①

同时她也认为，能力目录需要各国根据自己国家特定的历史和现实进一步具体化，有成文宪法的国家应由宪法体制给出，没有成文宪法的国家应由政治原则给出。她明确反对把她的能力理论理解为一种世界主义，因为虽然她的能力理论包含了国内正义和全球正义的内容，但是她的立足点还是要先对自己的国家、自己的地区、自己的宗教以及家庭负责，而不是先对全人类负责。在她看来，每个国家、每个民族或者每个宗教都有其自身发展和存在的特殊性，整全性伦理理论的世界主义或者试图建立一个世界政府都是不可取的，它们都忽视了现代国家在政治、经济和社会发展等方面所具有的多元性，而这种多元性恰恰是努斯鲍姆的能力理论所尊重和倡导的。

最后，努斯鲍姆的正义理论的最终落脚点是“好生活”。从努斯鲍姆的成名作《善的脆弱性：古希腊悲剧和哲学中的运气与伦理》开始，努斯鲍姆就一直强调“好生活”具有脆弱性，她在后来的著作和文章中一直没有放弃对“好生活”的追求。“好生活”一定是以尊严和平等为前提的，而且努斯鲍姆试图通过十种核心能力清单所体现的具体规定，经由能力理论补充罗尔斯

① 〔美〕玛莎・纳斯鲍姆:《寻求有尊严的生活：正义的能力理论》，田雷译，中国人民大学出版社，2016，第29页。

的正义理论，从而建构一种比较令人满意的社会正义理论。因此，努斯鲍姆的正义思想是以“好生活”为旨归的，她论证了“好生活”具有脆弱性的同时，也承认“好生活”因为脆弱而美丽，“好生活”是一种人们一直寻求的，并以其自身为目的的那样一种生活。

二　努斯鲍姆的十种核心能力与《世界人权宣言》的比较

努斯鲍姆的能力理论也体现了《世界人权宣言》的思想和内容，她同意把她的能力理论视为一种人权理论，她以尊严为前提的正义思想与《世界人权宣言》所体现的内容有诸多相同之处。因此，比较它们二者的异同有助于更加准确地把握能力理论的实质。她的十种核心能力与《世界人权宣言》有以下相同点。其一，它们都基于一种自由和平等理念之上，都强调人人平等享有生命、健康、自由迁徙、安全、教育、政治和闲暇等权利，都明确列举了以上所涉及的各个方面内容，并都有比较详细的论述。其二，它们都把世界上的人看成无种族、民族、性别、宗教和财产差别的能力和权利主体。虽然努斯鲍姆的十种核心能力没有明确列出该项内容，但是她一直以此为前提和基础，她的能力理论就是针对因为民族、性别、宗教、出身、国籍等方面的不平等和不正义而提出的解决路径。其三，它们都注重发展人的个性，给予个体价值以充分的肯定。虽然努斯鲍姆在阐述十种核心能力过程中省略了主语，但是它的内容明显地体现了是以个体为论述视角，出现了“一个人”“个人”“一种人生观”等表达方式。同样，《世界人权宣言》几乎通篇使用了“人人”这样的词语，这里的“人人”不能简单理解为无差别的个体的通称，因为全文中还有将近20次使用了单数第三人称“他”。因此，可以说《世界人权宣言》的内容也是以个体为着眼点和立足点的，它是一个关注个体权利和生活状况的宣言。

努斯鲍姆的十种核心能力与《世界人权宣言》有以下不同点。其一，二者试图解决的问题不同，而且努斯鲍姆的能力理论要比《世界人权宣言》晚了50年左右的时间，因此它们的关注点和侧重点有所不同。正如努斯鲍姆自己所说的那样，她的能力理论在一定程度上借鉴了国际人权运动的有益成果，因此《世界人权宣言》中有关财产权和婚姻自由等方面的内容并没有在能力理论中体现。努斯鲍姆更多地关注人类核心能力的最低标准，也就是能让人类过上有尊严的生活的最低水平，而不是人们应该享有哪些不可剥夺的权利。其二，努斯鲍姆补充了有关社会和家庭内部的能力问题，是对《世界人权宣言》中有关安全、婚姻权利等内容的有益补充。在《世界人权宣言》中虽然也提到了人身安全问题和婚姻自由权利，但是没有明确指出性骚扰、家庭暴力、性满足和生育选择权利等具体而迫切的问题。这些问题的提出表现了人类对自身生存和发展的认识达到了一个新的高度，因此具有极其重要的进步意义。其三，能力理论强调个体的思考、情感和实践理性能力，这是对《世界人权宣言》中人人享有教育能力的拓展和延伸。努斯鲍姆对教育权利进行了深入的探索，认为教育权利能够保障个人像一个完整的人那样活着，而不是无法运用自己的感官进行阅读、想象和思考。另外，她也强调情感的重要性，情感能够保障个人在不受外界压力的影响下悲伤、喜悦和愤怒等。实践理性是一种更高层次的能力，它能保障个人具有规划自己未来生活的批判反思能力。总之，这些能力是寻求有尊严的生活的必备条件。其四，能力理论最独特也是最有争议的部分是关于发展与其他物种关系的能力，包括关注和联系动植物和自然界的能力。《世界人权宣言》是关于世界上所有人民生而平等的权利，因此它一定是以人类为论述对象的。而努斯鲍姆认为所有有感知能力的生物都有正义的权益和有关正义的问题，因此她把认知障碍人士和动物的正义问题都包括进来，试图运用能力理论的路径解决问题。努斯鲍姆认为政府在解决社会正义方面具有重要作用："所有权益都需要积极的政府行动，包括公共开支，因此所有权益在一定程度上都是经济与社会权利。"①

① 〔美〕玛莎·纳斯鲍姆：《寻求有尊严的生活：正义的能力理论》，田雷译，中国人民大学出版社，2016，第47页。

三　努斯鲍姆正义思想的理论特质

首先，努斯鲍姆正义思想所依托的能力理论是与阿玛蒂亚·森的能力理论既有区别又有联系的理论，努斯鲍姆的能力理论具有清晰、可操作性强的特点，能够为政府政策的制定提供直接有效的参考。

努斯鲍姆承认能力理论至少应该有两种版本，一种是阿玛蒂亚·森的版本，另外一种就是她自己的版本。但是通过比较研究就会发现，两种能力理论的目标完全不同。另外，两种理论对哪些能力是核心能力也持有不同观点。阿玛蒂亚·森拒绝提供核心能力列表，"他的理由是合适的列表要依据具体的目的和环境而定，必须是公众论证和民主的结果，不是理论家可以提出的"[①]，而努斯鲍姆则提出了核心能力的内容，并列出了十种核心能力清单。虽然她承认世界上的人会因为国籍、种族、民族、性别、宗教信仰、智力水平和身体是否健全等原因而有这样或那样的不同，但是她坚持认为一定有一些相似甚至是相同的能力是作为有尊严的人都应该具备的，她把这些能力归为人类的十种核心能力。通过这样的归纳与总结，她发现在这十种核心能力中，有的与先天遗传因素有关，有的却与社会的政治、经济水平以及社会制度息息相关。因此，努斯鲍姆希望通过核心能力清单为政府制定清晰的、可操作性强的制度提供参考，以人类繁荣即"好生活"为目标，建立公正的社会制度，超越最低限度的能力标准，实现真正意义上的社会正义。

其次，"能力进路和罗尔斯的契约主义之间的最大差异在于它的基本理论结构。和大多数社会契约教义一样，罗尔斯的进路是一种程序正义进路"[②]。与

① 王国豫、荆珊:《从诗性正义到能力正义：努斯鲍姆正义理论探究》,《伦理学研究》2016年第1期，第57页。

② 〔美〕玛莎·纳斯鲍姆:《正义的前沿》，陈文娟、谢惠媛、朱慧玲译，中国人民大学出版社，2016，第57页。

程序进路不同，努斯鲍姆的能力进路是一种由结果导向理论的进路。

程序进路注重的是程序的设计，只要确保程序正确或者公平，那么结果就应该相应地是正确的或者公平的。换句话说，程序进路的关注点在于程序本身，它对结果并不是那么关心。相反，结果进路是从结果出发，寻求能达到理想结果的程序，即便程序可能会随着时间、环境和不同原因的变化而变化，但是结果依然是最受关注的焦点。

因此，可以说罗尔斯的程序正义进路注重程序是否正义，而努斯鲍姆的结果导向正义的能力进路认为“最重要的是人们的生活质量，如果程序不能给我们一个与我们关于尊严和公平的直觉相一致的结果，那么，无论程序多么优雅，我们最终都将拒绝任何程序”[①]。努斯鲍姆用意大利面制造机器做了形象比喻，她认为判断这台机器到底好还是不好，并不是由这台机器有多吸引人、功能被设计得有多强大来决定，而应该由它所做出的意大利面好吃与否来决定，是必须由宾客亲口尝一尝味道才能知道的，这就是结果导向理论的重要意义之所在。

最后，努斯鲍姆的正义思想直面罗尔斯正义理论回避的三个问题展开论述。罗尔斯在《政治自由主义》这本书中提到了四个他的正义观难以处理的问题：“什么是属于残障人的（既包括临时性和永久性的，也包括精神上和生理上的）正义；跨国正义；对动物和自然界其他生物应该负有什么义务；为后代留下什么。”[②] 对于这四个难题，罗尔斯认为他的观念可以解决最后一个问题，即有关后代的问题。努斯鲍姆也认同罗尔斯的这个说法，因此并未把第四个难题纳入她讨论的范围，而只是对前三个问题进行了集中讨论，并把它们作为罗尔斯的三个悬而未决的正义问题。努斯鲍姆对罗尔斯的批评主要集中在以下三点。

---

① 〔美〕玛莎·纳斯鲍姆：《正义的前沿》，陈文娟、谢惠媛、朱慧玲译，中国人民大学出版社，2016，第58页。

② 〔美〕玛莎·纳斯鲍姆：《正义的前沿》，陈文娟、谢惠媛、朱慧玲译，中国人民大学出版社，2016，第16页。

其一，任何社会契约教义都不会把那些严重的不健全和残障人包含进去，在最初的社会契约签订之时，有一些最基本的设定，如签约各方在身体和心理能力方面应该是大致平等的，这就把这些人直接排除在了参与政治选择之外，他们没有与其他公民一样的政治权利，他们的呼声也往往被人忽视。

其二，“契约模型特别适用于构建一个独立的社会，它被设想为自给自足并且独立于其他社会”①。但是，问题是现在的世界与以往已经截然不同，国家与国家、民族与民族、地区与地区之间的联系从未如此紧密，生活在这个“地球村”内部的人们也越来越相互依赖。因此，富裕国家与贫穷国家对资源占有和分配等不平等的问题，即跨国正义问题也是罗尔斯的正义理论没有很好解决的问题。

其三，社会契约论设定的签订正义原则的主体是具有理性的成年人，这显然就把非人类的动物排除在外，也可以说社会契约论在原初设计时就没有考虑动物的利益。这个问题可能也是引发最多争议的一个问题。努斯鲍姆认为动物的存在并不是人类世界的装饰，它们有其存在的价值和意义，也有追求符合它们生命体的“好生活”的权利。尽管它们的“好生活”经常受到人们的阻碍，但是不能否认的是这个问题仍然是一个无法用社会契约论解决的正义问题。

（本文发表于《求是学刊》2017 年第 6 期）

① 〔美〕玛莎·纳斯鲍姆:《正义的前沿》，陈文娟、谢惠媛、朱慧玲译，中国人民大学出版社，2016，第 13 页。

附录三　玛格丽特·米德文化与人格理论初探

摘　要：玛格丽特·米德的文化与人格思想研究不仅为探究文化与人格之间关系以及文化与人格的作用机制发挥了重要作用，而且她的研究旨归具有伦理意蕴。在米德研究中我们看到了“人应该怎样生活”的伦理维度。无论文化人类学还是伦理学都以“人”为研究对象，在围绕“人”这一核心的基础上，进行文化与人和伦理道德与人的关系性研究。研究文化的目的之一也是让人类生活得更好，因此人类生存的最终旨归是“好生活”。从这个意义上说，建构完整的、全面的人类形象和追求“好生活”是殊途同归的，也可以说这是同一个问题的两种不同表达方式。

关键词：文化；人格；“好生活”

在进行文化与人格问题的探索中，玛格丽特·米德（以下简称米德）在她的一生中从未间断过探究文化与人格关系以及促进社会的进步与人类发展。在文化与人格思想研究中，凸显了文化对人格的重要影响作用，重击了生物决定论，而且蕴含着人应该如何生活的伦理旨趣，对人类学、心理学、哲学以及伦理学的研究产生了深远影响。本文认为，米德思想的伦理学关怀就在于重建人类的“好生活”。

一 文化与人格思想的基本内涵

“文化与人格”理论早在19世纪中叶泰勒（E.B.Tylor）在其开创性的“文化人类学”研究中就已初露端倪，奠定了现代文化与人格理论的研究基础。著名心理学家、科学心理学的创始者冯特在其著作《民族心理学》中有针对性地研究了文化对人的心理方面的影响，亦为文化与人格理论树立了明确的研究范式。另外，弗洛伊德的精神分析理论与人类学问题的研究都为后来的文化与人格研究奠定了坚实的理论基础。而真正开启文化与人格研究的是美国文化人类学家博厄斯的学生们，其中最具代表性的是萨丕尔、本尼迪克特和米德。博厄斯学派的理论可以理解为“文化决定人格理论”，他们认为，对人类行为方式起决定作用的是文化而不是遗传。继博厄斯学派之后，林顿和卡丁纳等人提出了“文化与人格交互作用”理论，在强调文化对人格起作用的同时，又凸显了人格在文化创造和变迁中的不可忽视的作用。直到20世纪五六十年代之后，文化与人格研究才进入发展时期，怀亭和柴尔德运用了泛文化比较研究法，华莱士提出了“变化补足理论”，他认为在相似文化行为下隐藏着不同的个体动机和心理。20世纪60年代后，文化与人格研究转向文化与自我研究。20世纪90年代后，研究呈现跨学科、多领域的研究趋势，研究的广度和深度进一步增强。米德是20世纪美国最著名的女人类学家，在美国现代人类学研究领域中享有盛誉。她曾先后数次前往南部海岸的7个不同地方进行田野调查，其中以对南太平洋上萨摩亚岛居民的研究最为著名。她开启了“文化与人格”理论的研究，与本尼迪克特[①]等人共同创建了文化与人格学派。

① 本尼迪克特从文化相对主义的视角对“文化模式”展开研究，意在指出文化模式的构建往往是在个别的文化共同体内部进行的。当谈到文化与个人的关系时，本尼迪克特指出，文化能塑造个人，为个人提供其从历史走向未来的内在驱动力。更为重要的是，文化相对性展现出来的是文化与个体性格、气质、甚至人格都有深刻的内在关联，不应当以体现人格个性的文化标准去判断其他文化。

米德并没有对文化或人格做出清晰明确的定义，“文化”大都从文化学、文化人类学等视角来研究，“人格”大都从心理学视角来研究，而米德的文化与人格理论正是要整合文化人类学与心理学两个研究领域，以特定的研究范式将完整的文化与人格理论呈现出来。米德遵从此前思想家对文化的定义，特别从泰勒关于文化的经典定义出发，进而认为每个人的思想和行为亦为文化的独特内涵，文化源于人类的社会性而不是源于人类的生物性，而社会性的人类群体是由不同个性的具有独立人格的个体性成员构成的，这样，从人类学视角研究文化就不得不过渡到对个体的人的个性与人格进行研究。当然，这里的个体不全指纯粹的个人，米德极为重视对生活在相对封闭并保有自己共同体独特个性的民族或族群文化进行研究。在博厄斯的授意下米德以田野调查研究的方法于 1928 年秋考察了新几内亚北部的阿德米拉群岛（Admiralty Islands），在为期 6 个月的考察中，米德对当地马努斯儿童的教育与成长过程进行了细致入微的研究与分析，得出了关于文化与人格的经典理论结论。首先，人格具有可塑性。米德在研究中发现，可以按照一定的文化模式去塑造儿童的人格，使其可能做到超出其所处文化环境的限定。但米德转而意识到，这一观点太过理想化，因为文化尤其是传统文化的力量是极其强大的。在此，米德持着严格的文化决定论的观点，认为对人格的塑造是有限的，不是任意的，一味让孩子跨越其所处的社会和文化环境去创造所谓新的价值观是不现实的，毕竟对孩子人格的塑造是在成人的“语言游戏”规则下进行的，最终的结果不是孩子确立了自身的新价值观，而是按照孩子所处文化共同体的传统和原则、按照成人的预想模式来塑造人格。其次，人格内在于文化之中，由文化决定。米德根据自己的田野研究于 1935 年出版了《三个原始部落的性别与气质》（*Sex and Temperament in Three Primitive Society*）一书，在此书中米德给出不同于社会心理学的研究结论，她认为文化影响人的人格与气质，二者不是与生俱来的，也不是由人的生理结构所决定的。生物学上的性差异不是男女两性人格差异的决定力量，要从特定社会中的文化条件去寻找，米德极为精辟地指出：“人类的天性是那样地柔顺，那样地具有可塑性，可以精确地、并有差别地应答周围多变的文化环境刺激。所以，不同文化成员间的差异，如同处在同一文化内的个体间差异一样，可以完全归因于作用不同的社会条件。尤其个体发育早期的条件作用特别重要，而该作用又是文化机制所决定的。于是，我们说性别之间标准化了的人格差异也是由文化‘监制’的。每一代男性和女性都要在文化机制的作用下，适应他们所处的社会文化环境。”①

很遗憾，正如米德未对“文化”做出明确界定一样，她也未对“人格”概念做出明确界定，她的目的是在进行田野研究以及实证研究过程中使文化与人格自我“显现”。米德总是将人格与个性关联在一起，有时在同一概念域中使用，当从文化人类学角度去理解“个性”概念时，其更多指的是文化特殊性、相对性而不是指文化普遍性和普世性，米德所强调的文化决定论并非意在创立一个普遍意义上的类似欧洲文化中心论那样的理论体系，而是类似于本尼迪克特，认识到不同民族、不同文化共同体有其内在的文化模式和文化运行机制。所以，文化差异是正当的，文化的“个性”所彰显的正是特定文化共同体内部的个体人格与群体人格。其实在俄文中，“人格”与“个性”是一个词，即“личность”，在进行文化人类学研究过程中，很难将两者彻底区分开来，而在更为根本的词源学考察中，我们发现“人格”这个概念源于希腊语“Persona”，同样意指人的个性。即便我们无法从米德的研究中知道“人格”的概念究竟是什么，但我们从米德女儿的研究著作中仍能发掘这一思想的痕迹，她的女儿根据米德的研究做出：“人格是性别、生理基础上的气质与性格多层次互动结合的产物；人格是后天获得的，是教化和环境作用于上述两个因素所形成的，通常由于性别和气质的不同而产生的性格也有所差异。”② 这样，可以明确的是，“人格是后天获得的”，是内在于社会与文化环境之中并且是二者的产物，如果抛开社会与文化因素而单纯、孤立地从

① 〔美〕玛格丽特·米德：《三个原始部落的性别与气质》，宋践等译，浙江人民出版社，1988，第266~267页。

② M.C.Bsteson, *With a Daughter's Eye*, New York: Harper Collins, 1984, p.2.

心理学视角去分析人格，便会将这一界定抽象化、碎片化。故而，米德的文化与人格思想是立足于田野的实证性研究，其所得出的结论也较有说服力。

在田野实证研究方法和原则的指导下，米德详细描述了她在萨摩亚岛、阿拉佩什部落、蒙都哥莫部落、昌布里部落和马奴斯岛的所见所闻，她呈现了居住在那里的居民的饮食习惯、行为方式、气质类型和受教育程度等情况，其中以对萨摩亚少女的研究最为著名。她在《萨摩亚人的成年：为西方文明所作的原始人类的青年心理研究》（以下简称《萨摩亚人的成年》）中写道："已达青春期的萨摩亚姑娘同她们尚未成年的妹妹们的主要区别，仅限于在姐姐身上已表现出的某种生理变化尚未在妹妹身上出现而已。但除此之外，在那些正经历青春期的姑娘们与那些还要过两年才达到青春期的少女们，或那些两年前就达到青春期的女性之间，并不存在着其他巨大的差异。"[①] 她认为青春期少女与未达到青春期的女孩相比并没有什么不同之处，除了反映在身体上的生理变化有所差别之外，她们并没有出现躁动不安和易怒叛逆等心理情绪。米德通过观察和研究发现，萨摩亚文化与美国文化的不同之处是萨摩亚给居民提供了一个相对宽松、平和的生活氛围，萨摩亚宗教信仰单一，居民和善、宽容地对待落后者。孩子与父母之间没有特别紧密的联系，照顾孩子是整个家族的责任，因而孩子从小依赖的是家族中的一系列亲属。父母与子女之间以及夫妻之间都没有投入太多情感，因而即使分开也不会有太多的留恋和不舍。另外，萨摩亚人对于性行为、女人生产和居民死亡等情况从来都不会在孩子面前遮遮掩掩，他们把这些当成再平常不过的事情。因而，即使孩子们目睹这类事情的发生，也并不觉得害羞、疑惑或恐惧。

20 世纪 70 年代，米德有关文化与人格思想的晚期代表作《文化与承诺》一书问世。在这部著作中，米德充分阐发了她的代沟理论。她认为整个人类文化可以根据文化传递方式的不同分为前象征（prefigurative）文化、互象征

① 〔美〕玛格丽特·米德：《萨摩亚人的成年：为西方文明所作的原始人类的青年心理研究》，周晓虹等译，商务印书馆，1989，第 134 页。

（cofigurative）文化和后象征（postfigurative）文化三种类型。[①] 通过对文化传递方式的研究，她认为当今社会是前象征文化时期，即长辈反过来向晚辈学习生活经验和生活方式等的时期。虽然人们对“代沟”一词并不陌生，但是很多人都把代沟产生的原因归咎于年轻一代的反叛。然而，米德却认为代沟产生的原因是因为老一代人不能紧紧跟上变化的时代，新老两代之间很难沟通。她劝告老一辈要认清形势、与时俱进、转变观念，不能再墨守成规。老一辈和新一辈要在平等的基础上进行对话与合作。“只有在两代人之间重新建立起理解和信任，年轻人才会同意和长辈去共同寻找答案”[②]，也只有这样才能从根本上解决代沟问题。

二 文化与人格思想的作用机制释义

人格的塑造是来自先天还是后天，如果来自后天，是由于习惯、教育还是文化的综合作用？针对这一问题，与米德同时代的研究者们争论不休，而米德在其初出茅庐之作《萨摩亚人的成年》中明确指出，正是后天文化一手打造了复杂的人格。米德得出这一结论充分体现了文化与人格是处于复杂有机的相互作用之中的，而这一结论的得出也是出自米德对相关原始部落的田野研究。从米德对三个原始部落性别和性格比较研究以及对马努斯岛儿童人格形成的研究中不难发现，与政治和经济相比，文化通过更为深层、稳定和持久的作用机制塑造着不同性别的性格特征和儿童行为方式。此外，米德对萨摩亚少女和美国青年们进行了比较研究，并深入分析在前象征文化时期，新一代并不是对传统和习俗全盘接受，在文化传递上新一代将发挥无比重要的引领作用。至此我们看到了人格并不是被动无为的，它具有能动性，人格对文化具有积极的反作用。

① 〔美〕玛格丽特·米德：《代沟》，曾胡译，光明日报出版社，1988，第 20 页。

② 〔美〕玛格丽特·米德：《文化与承诺：一项有关代沟问题的研究》，周晓虹、周怡译，河北人民出版社，1987，第 99 页。

首先，文化在塑造不同性别的性格特征和儿童行为方式方面具有强制性。通过对三个原始部落的研究，米德认为性格和气质并没有性别专属。温柔、细心、敏感、脆弱等性格并不是专属于女人的性格特质，男人也可以具有这些性格特征。米德认为是文化为性别的性格特征选择打上了深深的烙印。文化把人类的部分品格和气质通过偏好、强调和选择，使这些性格和气质慢慢具有性别专属，逐渐被人们熟悉、习惯和接受。一旦行为主体违背文化对性格的选择，周围人群和社会舆论多多少少会对行为者进行指责和批评，来自外界的压力会使行为者困惑、迷茫、压抑甚至自暴自弃。文化正是通过这种方式在漫长的岁月里强化某些性格的性别选择，使文化偏离者观察、效仿、调整和重塑性格特征，从而使一些性格和气质逐渐得到性别专属。

当我们置身于自己的文化氛围中时，很难察觉文化对性格的选择和偏好。可是一旦我们遇到与社会规范和风俗习惯相背离的情况时，可能会取笑、指责甚至非难他们。同样，如果我们身处异国他乡，我们往往会对非本族文化与本族文化的差异感到吃惊、难以理解甚至束手无策。这种文化碰撞和文化冲突在本民族或者非本民族中时有发生，大部分能够适应社会环境和文化选择的人不会感觉到文化的作用，然而一些“文化不适者”会深刻感受和体会到文化所带来的无形压力与影响。针对文化模式对性别和气质的作用与影响，米德建议社会应该接受和包容具有不同性别气质的人群，性格和气质是人类共有的人格特质，无论男性还是女性都有具备不同性格和气质的可能性，性格与性别并不具有直接或必然的联系。虽然文化对特定性别的性格选择是一个漫长的发展过程，但是明确文化在选择中所起的作用将有助于健全人格的形成和预防“文化不适者”心理行为问题的发生。

米德认为教育方式决定儿童成长。儿童成长过程中会受到所处文化和社会环境的影响，家庭教育对儿童人格形成起到至关重要的作用。文化对儿童性格的塑造不仅包含社会对某些性格的性别偏好，还包括待人接物、人际交往、宗教习俗等社会生活各个方面的培养与塑造。文化通过家庭强化社会偏好的行为规范和道德准则，让儿童熟知、理解和接受文化模式，儿童通过反复实践和揣摩，逐渐践行被社会认可的行为方式。因此，在特定文化模式的影响和塑造下马努斯岛儿童的行为方式大体趋于一致。

通过米德的研究不难看出，不同地区与民族的文化通过潜移默化的方式规范着每一个体的行为方式，赋予个体行为价值和意义。文化可以不受时间、空间和政治经济体制等限制，达到促进或者阻碍社会发展与进步的作用。对于同一文化背景下的特定共同体而言，文化对人格形成的强制规范性也是不言而喻的。米德在她的著作中反复强调，无论是青春期问题、部分性格具有性别专属，还是儿童从出生开始所接受的家庭和社会教育等，无不受到各自所属文化的塑造与影响。

其次，文化模式是文化与人格作用机制的关键。文化模式是文化与人格研究的核心范畴，通常我们认为文化模式是“特定民族或特定时代人们普遍认同的，由内在的民族精神或时代精神、价值取向、习俗、伦理规范等构成的相对稳定的行为方式，或者说是基本的生存方式或样法”①。文化模式一旦被确立为某种规约人们总体的生存“样法”“范式”，便具有其内在的稳定性，形成特定的功能和结构，在统一文化模式的作用下人们按照相应的规范、明确的文化机制以及特定的人格取向生活。米德同本尼迪克特一样重视对文化模式的研究，并以此思想为基础展开田野研究去构建有关人类学体系。

米德认为文化通过文化模式长期影响、规范和限制着人格的发展和形成，使同一文化背景下共同体的基本生存方式大体趋于一致。虽然狭义的人格是指个体思想、情感和行为的复杂组织，体现着个体生活模式的独特性，但是文化与人格学派主要着眼于不同文化体系下的民族共有人格。也就是说，文化对人格的重大影响作用是指影响民族共有人格的发展与形成，而不是指同一文化共同体中的个体人格在文化的影响与作用下完全相同，这一点是需要

---

① 衣俊卿：《文化哲学：理论理性和实践理性交汇处的文化批判》，云南人民出版社，2005，第93页。

再次澄清的。米德通过展现三个原始部落不同的性格特征以及马努斯岛儿童们真实的成长经历，充分说明文化在塑造不同性别的性格特征和儿童行为方式方面所具有的规范作用和制约作用。虽然文化对不同性别的性格选择和塑造儿童行为方式方面只是文化发挥塑造人格功能的两个侧面，但是我们却可以通过这些视角深刻体会文化在人格塑造方面所具有强制性和规范性。文化“通过家庭启蒙、社会示范、社会心理、社会舆论、学校教育、新闻传媒等各种手段把系统的行为规范体系加诸生活于这一文化之中的个体，实现文化的规范和约束作用”①。其实，人格在排除确定遗传基因的部分决定作用之外，文化在个体人格形成过程中所起的重要作用是通过文化模式来实现的。这里的文化模式不是某种固化、抽象、僵死的理论模式，不是孤立于人们的生存与行为方式之外的作为规约文化与人格作用机制的终极标准，而是将文化与人格间的相互作用融入自身的内在尺度，文化模式是活的、有机的、彰显人的总体生存过程的动态机制。如果将米德的文化模式同文化与人格思想分离开来理解，或将文化模式排除在文化与人格作用机制之外，会产生对米德相关思想粗浅的、失之偏颇的理解。米德认为，文化模式不断突破旧有范式而不断改换新的范式，尤其在现代社会，伴随着人对技术理性的批判与反思，人类从现代工业文明的理性主义文化模式的美梦中惊醒，呼唤人之主体性和价值维度成为最为紧迫的事情。这意味着，理性主义文化模式压制了人的主体性，从一定程度上造成了完整人格的局限，米德对此进行的批判和反思与法兰克福学派的社会批判理论有异曲同工之处。

最后，人格并不是被动无为的，人格对文化具有积极的反作用。虽然如前文所提到的，以“文化决定人格论”著称的博厄斯学派彰显了文化对于人格形成的重大影响作用，并对推进文化与人格研究起到至关重要的作用，但该学派的理论包括米德的思想有忽视和否定遗传因素之嫌，另外他们还轻视了人格对文化的能动性。其实，米德的研究中并不是完全没有涉猎人格对文

① 衣俊卿:《文化哲学：理论理性和实践理性交汇处的文化批判》，云南人民出版社，2005，第63~64页。

化的反作用，在对萨摩亚少女和文化传递的研究中都暗含了人格具有能动性的思想，只是她更多地侧重于阐释文化对人格塑造和形成的作用和影响。在米德之前，人们一直坚信处于青春期的少男少女所表现出来的叛逆和躁动不安是与生俱来的，是与人类生理发育密切相关的，是一个无法逾越的尴尬时期。而米德认为，在萨摩亚少女身上并没有出现躁动和反叛的特征，这就可以证明青春期心理行为问题并不是全人类的一个共性问题。也就是说，青春期问题与人类的遗传之间没有什么必然联系，青春期心理行为问题与行为者所处的环境和文化有关。萨摩亚少女并没有表现出美国及其他一些国家青年们的青春期心理行为问题，这是与萨摩亚文化息息相关的。米德在萨摩亚少女身上的重大发现给生物决定论以沉重打击，也正是从米德之后，人们才真正开始重新审视文化与人格的关系。米德认为，在前象征文化时期，传统与现代、老一代与新一代的较量与冲突尤为明显。青春期是连接儿童期与成年期的中间阶段，青春期也是青少年从自在走向自觉的关键时期，青少年在接受文化塑造自身人格的同时开始深入思考和反思。事实上，文化传递从来都不是简简单单地把文化从老一辈复制到新一辈。文化与人格都是一个开放的状态，它们一直在不断变化和发展。虽然文化与人格呈现出相对稳定的状态，但是人格在文化创造与文化传承上或具有促进作用或具有阻碍作用，并且人格对文化的能动反作用在青年一代身上体现得尤为明显。

需要认清的是，文化并不是完美的，也不是一成不变的，随着时代的发展与社会的进步，一些与时代价值相违背的文化是需要摒弃和改变的。人格对文化并不是仅仅一味地被动接受，随着人类主体意识和自觉精神的加强，人们逐渐开始反思和批判文化。人类从无意识地迷信、笃信、维护和接受文化，演变成有意识地质疑、批判、发展和改变文化。例如惨绝人寰的女性割礼是埃塞俄比亚、厄立特里亚、冈比亚等非洲国家千百年流传的习俗。这种没有人性、无视女性权利的陋习已经通过越来越多人的不懈努力而受到批评、谴责和被呼吁废止。虽然完全废止这种习俗仍然是一个长期而艰苦的过程，但是只要能减少受害女性的人数，避免更多女性因为这种习俗而经受身体上和心理上的双重摧残与折磨，那么与这种无视人权的文化陋习进行彻底斗争就是尤为必要和重要的，这些恰恰是人格对文化反作用的体现。

三　文化与人格思想研究的伦理意蕴

米德文化与人格思想研究的目的，是学术界对米德思想研究极为忽视但也仍为重要的问题。其实，米德曾明确表示她写作《萨摩亚人的成年》这本书的目的就是探究社会文化和生物本性在人们行为、习惯和性格中究竟起多大的作用，如果可以通过调整或改变社会制度而避免一些灾难和悲剧的发生，那么她认为这个研究就是非常有意义的。实际上，这个目的不仅仅是她写作《萨摩亚人的成年》这本书的目的，更是她进行文化与人格研究的目的所在。更进一步说，无论是调整或改变社会制度还是避免灾难和悲剧的发生，其实都是在探讨人应该如何生活的问题，故而，米德文化与人格思想研究的旨归具有这一明显的伦理学倾向，也就是如何过上人类的"好生活"。

第一，这里的"好生活"的内涵是指生活得更好，或者说是生命繁盛、人类繁荣，而不是指物质生活富裕。它和亚里士多德提出的概念 eudaimonia 有关。eudaimonia 一般都翻译为"幸福"，而努斯鲍姆把此概念翻译为人类繁荣，被当代很多研究者所采用，这种翻译的好处之一是"特别着重于经验生活中的杂多的幸福，及其伦理意义"①。努斯鲍姆在她的《培养人性——从古典学角度为通识教育改革辩护》一书中也充分肯定了米德把女性研究作为人类学焦点的看法："人类学领域最先明白，在描述社会时应该充分考虑女性看法，这一点很重要。"② 虽然米德进行的是文化人类学方面的研究，探讨文化在人格形成中的作用和地位等问题，而努斯鲍姆从事伦理学和教育等方面的研究，讨论德性、正义、世界主义和通识教育等问题，但是可以说这两位美

① 赵海峰：《纳斯鲍姆论亚里士多德的实践智慧与好生活》，《世界哲学》2013 年第 1 期，第 34 页。

② Martha C. Nussbaum，*Cultivating Humanity*，Harvard University Press，1997，p.199.

国知名的女性学者都始终关注人类的前途与命运，她们从不同角度分析构成"好生活"的要素，实现"好生活"的条件，探求"好生活"的合法性。

从本质上说，文化人类学和伦理学都以"人"为研究对象，在围绕"人"这一核心的基础上，进行文化与人和伦理道德与人的关系性研究，无论是文化问题还是伦理问题都是属人问题。"好生活"的伦理指向，不是单就某个族群而言的，而是针对全体人类而言的，"好生活"不单单指人类外在生命的繁盛以及生活的"快乐"，更指人类内在精神的丰盈以及在现实文化境遇中人格的完整性。

第二，从"好生活"维度切入米德的文化与人格思想研究将有助于呈现人的完整性。研究文化的目的无外乎就是让人类生活得更好，因此人类生存的最终旨归是"好生活"。只有明晰人类存在的终极目标，才能使文化与人格研究沿着正确的方向前行。建构完整、全面的人类形象和追求"好生活"是殊途同归的，也可以说这是同一个问题的两种不同表达方式。"好生活"是一个独特的视角和维度，"好生活"是文化与人格研究扎实可靠的立足点，明确"好生活"这一目标会使文化与人格研究更加有的放矢。

米德文化与人格思想的研究为反思人类文化与寻求"好生活"开辟了道路。在我们承认文化对人格形成所起的巨大作用的同时，我们更应该清醒地认识到人类文化并不是完美无缺的。在文化的塑造、制约与影响下，出现了越来越多无法区分彼此的"单向度的人"。当大部分处于青春期的少男少女们出现反叛、抗争和躁动不安时，我们竟然都认为这种青春期心理行为问题仅与这些青少年们生理上发生变化有关。当我们否定那些具有异性性格特征者以及批判变性者和同性恋者时，我们甚至认为我们是站在绝大多人这一边的，是正义的。令人惊奇的是，有多少人像米德一样对人类的文化进行前提性的反思与追问？其实，这是一件事关重大的事情。当我们还在为人类文明所创造的生活感到沾沾自喜的时候，当我们已经对身处文化氛围习以为常的时候，当我们让那些与自己文化格格不入的人们走投无路的时候，我们应该深入思考人应该如何生活，人应该追寻什么样的"好生活"，以及 怎样才能过上这样的“好生活”。

在现代工业化社会化背景下，碎片化的单面的人开始取代完整的人，究其深层的原因，单就文化层面来说，是理性与技术主宰着人的思维与行为方式，完整的人类“好生活”被肢解为在不同文化模式作用之下的表象“幸福”的满足。作为具有强烈现代批判意识的人类学家，米德的“好生活”思想绝非仅限于这种表象“幸福”的达成，她对现代工业社会以及技术理性的批判更根本的目的是为“本真”的人性、人格的实现争取相应的地盘，凸显人的自由与价值的维度，这意味着“好生活”不是形而下的而是形而上的。

第三，关于米德文化与人格思想旨归“好生活”的现实作用与意义引发的随想。何怀宏指出:“与其说道德学是教人怎样谋求幸福，不如说它是教人怎样使自己配享幸福。也就是说，即便我们把伦理学当成一种幸福学说来处理，它只是研究幸福的合理和必然的条件，而不研究获致幸福的种种手段。幸福不会从天而降，幸福是需要付出努力和代价的。”[①] 我们在米德的著作中不难发现，无论是在萨摩亚还是在马努斯岛，虽然他们的生活是那样单调与朴实，但是似乎他们享有更多的快乐和幸福，其中一些幸福是我们以前曾经拥有过而现在无法再拥有的幸福，还有一些是我们从未体验过的欢乐。

米德认为，居民生活节奏比较缓慢，社会压力较小，社会提供给人们宽松和舒适的环境，是人们生活得比较悠闲和惬意，冲突和斗争也并不多见的原因。选择过多、欲望过多使我们无法享受简单生活所带给我们的满足感。因此，为欲望减负，为选择减负，重新拾起简单、快乐的生活，才能提高我们的幸福感。米德通过跨文化研究，呼吁美国社会能减少青少年的压力，并为青少年创造一种相对宽松的社会环境，从而控制和解决青少年的青春期心理行为问题。当然，米德的研究视野并不局限于原始文化和美国文化，她更

① 何怀宏:《伦理学是什么》，北京大学出版社，2002，第163页。

希望具有不同民俗和文化的全人类能从文化与人格问题研究中受到启发，能过上“好生活”。

米德善于从有关文化与人格研究的局部细节中推出普遍性的道德命题与结论，在其后期所著的《文化与承诺》一书中，米德通过对孩子成长历程及其在这一历程中所处的文化境遇进行研究发现，“孩子在最初的生活中完全是依赖他人的，依赖成人的影响、照顾、告诉他生活的经验，一代一代绵延传递了数千年之久的人类文化，正奠基于这种后代对于前代的依赖之上。正如朱利安·赫胥黎和 C. H. 华汀顿的雄辩所证实的那样，从这种依赖之中产生了人类的道德心，道德并非外在于人类的本性，相反，它是人类进化的关键所在”[①]。在米德看来，人类文化内在于人的种族延续以及生活方式的演进，道德作为一种文化现象是内在于人类本性之中的，这意味着人类生存体现出双重维度，最基本的是生物性的本能“生存”，而作为文化“主体”的人还要在其所处的文化环境中“生活”，从“生存”上升到“生活”，不单单体现人的生物个体的超越性，更体现出人类道德的指向，即在一定文化境遇中完整人格的实现程度。一方面道德内在于“好生活”之中，另一方面“好生活”体现为人类具有实现其本性和人格的无限可能性，一切在现世中对“好生活”产生阻碍的因素都应当摒弃。

从文化哲学角度看，“好生活”的达成和文化转型有着直接关系，文化具有超越性，要走向进步，还具有自在性，二者之间的对抗与冲突必然导致文化危机与转型。根据不同文化的内在特征，我们应该积极推动文化创新与整合，从而促成文化转型。纵观历史不难发现，文化转型在促进人的发展与社会的进步方面起到了积极的推动作用。人类历史在按照马克思的设想不断进步，在经历了传统农业文明和工业文明时期之后，必然要进入“建立在个人全面发展和他们共同的社会生产能力成为他们的社会财富这一基础上的自由

① 衣俊卿:《文化哲学：理论理性和实践理性交汇处的文化批判》，云南人民出版社，2005，第 95 页。

个性”[①] 的第三阶段。无论何种文化均是人类文化链条上不可或缺的环节，米德有关文化与人格思想的研究不仅丰富了文化模式的研究，还为未来人类文化转型的图景建构贡献了力量。未来人类的“好生活”是扬弃了异化，并摆脱了对物的依赖的一种人类繁荣，它是“自由人的联合体”，通过文化转型达到对人类现有文化模式的变革与创新，从而使人得到自由而全面发展的生存状态。

无论生活在什么文化之下，追求人类“好生活”的目标是一致的。我们在革命地、批判地看待所处文化的同时，应该深刻反思文化对人格形成的重要影响作用，继承和发扬人类优秀文化传统，摒弃和废除不良文化传统，在文化继承与创新中重视人文精神，让文化具有更大的包容性与和谐性，促进健全人格的形成与发展，促进人的全面进步，在文化与人格的相互作用机制下，实现未来全人类的“好生活”。

四　余论

在看到米德有关文化与人格研究的开创性成就尤其对当代文化哲学、伦理学、人类学、心理学、民俗学等多个学科产生巨大影响的同时，也要认清其理论研究的不足之处，以便在后续研究中不断改进。第一，在对文化本身的论述中，米德有太多类似柏拉图理念式的情结，再加上博厄斯提出了三个针对萨摩亚少女的问题[②]，并暗含期待从原始文化中寻找与现代文化之间差异的诉求，米德总是在没有得到更为充分的田野调查证据的情况下做出结论，基于此而得出的文化模式“由于太完美而不被相信属实”。第二，米德虽然在文化与人格研究中极为重视跨文化研究的视野和方法，但对文化中的个体

① 衣俊卿：《文化哲学：理论理性和实践理性交汇处的文化批判》，云南人民出版社，2005，第150页。

② Margaret Mead, *Blackberry Winter: My Earlier Years*, William Morrow & Company Inc., 1972, p.138.

差异有所忽视，间或以超文化的模式从文化整体决定论出发，把文化与个体行为的复杂关系简化为没有内在差异的"群体人格"。第三，作为一个女性学者，米德的学术成果中一直或隐或显地体现了女权主义的思想内容，而这与其文化人类学的理论前提是矛盾的并有损其理论的深度与广度。

（本文发表于《学术交流》2017年第12期）

后　记

当这本著作就要交给出版社印刷出版时，我并没有之前预想地那样如释重负，相反却有些忐忑和不安，我担心作为初学者的学术研究不能够令人满意。其实,《玛莎·努斯鲍姆“好生活”伦理思想研究》作为国内首篇研究努斯鲍姆哲学思想的博士论文只是在把握学术前沿问题上具有一定的开创性，作为并不是哲学专业出身的我来说，这项研究真可谓一项不小的挑战，加之我在读博期间怀孕、生产、照顾宝宝、上课和料理家务等，我能够静下心来专心进行科学研究的时间真是屈指可数，因此我对自己仓促完成的博士论文并不是十分满意。说实话，从 2012 年开始直到 2018 年 12 月博士毕业，在这六年期间，我经历了人生很多变化，有些是令人惊喜和兴奋的，有些是痛苦、悲伤甚至是绝望的，包括硕士毕业、离异、考博、工作调动、再婚、读博、爷爷突然离世、生宝宝、博士毕业、奶奶仙逝等。这段时光并不是一段轻松的人生经历，随着年龄的增长和生活阅历的增加，我在现实生活中对努斯鲍姆所说的“脆弱性”和多种“善”的实践冲突也有了深刻的体会，对“好人未必生活得好”有了真切的感受和体悟，对人的动物性所体现的生长、发育、衰老和死亡有了新的理解和思考，对情感依赖、情感表达和“关系性的善”有了不同以往的领悟。然而，我依然有些犹豫不决，不知道我是否应该把自己的真实生活和感情经历放入这本书的后记之中，经过几天的纠结与彷徨，我还是决定把这些真实发生在我身上的经历分享出来，让我真正“脆弱”的人生来诉说“好生活”的“脆弱性”。其实现在再回头来看，我突然明白了冥冥之中选择玛莎·努斯鲍姆哲学思想研究的必然性，也就是说在一开始时，努斯鲍姆的学术思想就一直吸引着我，同为女性的我们都对情感、脆弱性和“好生活”拥有同样的追问和执着。正因为如此，我对努斯鲍姆思想研究的兴趣越来越浓厚，对深入研究努斯鲍姆的决心也越来越坚定，所以对现阶段的研究仍然具有局限性这一事实也就释然了许多。无论怎样，我很感激导师丁立群教授和社会科学文献出版社能够给我这样的机会重新修改和完善我的研究成果，感谢黑龙江大学资助这套实践哲学论丛的出版。

借此机会我也想再次感谢所有一直关心我和帮助我的人。感谢我的导师丁立群教授把我领入哲学的殿堂，在我攻读博士学位期间，他在百忙之中抽出时间为我的博士论文选题和写作提出了很多宝贵的意见和建议，还对我的工作和生活给予父亲般深切的关怀。丁老师深刻的哲学见解、深厚的哲学功底、孜孜不倦的求真精神、宽以待人的博大胸怀给我留下了深刻印象，指引我在人生道路上以老师为榜样不断成长与进步。感谢黑龙江大学哲学院和马克思主义学院所有关心和帮助过我的老师们。罗跃军老师、王晓东老师、赵海峰老师、王国有老师、李金辉老师、张彭松老师、张本祥老师、隽鸿飞老师、郭艳君老师、高云涌老师和纪逗老师等，他们为我的选题定向、资料搜集和论文修改提供了很多的帮助和指导。可以说，没有导师和诸位老师的督促和帮助，我根本没有办法完成博士论文的写作。在此，一并向各位先生致以我最诚挚的谢意。感谢黑龙江大学研究生学院和香港基督教文化研究所为我赴香港访学提供的支持和帮助，感谢香港基督教文化研究所的所有老师和工作人员的辛勤付出，使我能够积累丰富的研究资料，并专心进行学习和研究。感谢我的家人和朋友们，在我读博、访学和论文写作期间对我的鼓励与帮助。特别要感谢我的父母、我的爱人和我的大姐，在我焦虑和失落时他们主动安慰我、包容我、支持我，感谢他们对我的爱，感谢他们照顾年幼的宝宝。

这部同名著作《努斯鲍姆“好生活”伦理思想研究》是在我的博士论文基础之上拓展而成的，书中对所有的文字都进行了校对，并主要对第五章内容进行了扩充，力图在努斯鲍姆“好生活”伦理思想的分析和评价方面更加具体和深入。其中，在第二节中丰富了“好生活”思想对功利主义的超越和对马克思主义实践哲学的贡献，在第三节中加入了对构建“人类命运共同体”的启示，在第四节中从实践哲学源头厘清功利主义，并以未来视角补充了努斯鲍姆“好生活”伦理思想的局限。

在这本书写作过程中，伦理学部分主要参照了《善的脆弱性：古希腊悲剧与哲学中的运气与伦理》（2007 中文版）和《善的脆弱性：古希腊悲剧与哲学中的运气与伦理》（2001 英文版）；政治哲学部分主要参照了中英文版的《告别功利：人文教育忧思录》、《培养人性：从古典学角度为通识教育改革辩护》、《诗性正义：文学想象与公共生活》、《正义的前沿》、《寻求有尊严的生活：正义的能力理论》（英文版书名为 *Creating Capabilities: The Human Development Approach*，2011）和英文版《性与社会正义》和《女性和人类发展》等。特别是中文版《善的脆弱性》和其他上文提到的努斯鲍姆中文版著作对本书进行努斯鲍姆哲学思想研究提供了重要的思路和借鉴，在这里对译者的辛勤付出表示感谢。有些遗憾的是，直到我的博士论文提交最终版本之后，我才得知《善的脆弱性》在 2018 年出版了新译本，国内知名译者徐向东在《善的脆弱性》中文第一版的基础之上新增了三万字的导读，全书经过了历时两年的修订和润色，并对其中涉及的古希腊语、法语和拉丁语的一些译法进行了更正，对于这样一本大部头的著作来说，困难和艰辛可想而知。对博士论文进行修改和扩充也是一项不简单的工作，只是与这些孜孜以求的专家和学者相比，我的工作不值一提。以前没有深入进行学术研究时并不知道其中的辛苦与不易，虽然与浩瀚的知识海洋相比，我的所思所想是如此渺小与微不足道，但是如果能够为国内努斯鲍姆研究提供资料参考和研究思路借鉴，也算是尽我的微薄之力了。

令我兴奋和欣慰的是，在我读过中译版《善的脆弱性》（修订版）导读之后，我发现译者对努斯鲍姆[①]学术思想演进的评价与我的观点很相近，"纳斯鲍姆在本书中对人性和人类生存状况的思考在很大程度上决定了其学术兴趣的发展，为她后来的哲学写作提供了一个思想基础——她后来的很多论著都旨在进一步思考和发展《善的脆弱性》的一些论题"[②]。《善的脆弱性》（修订版）译者徐向东和陆萌在导读中加入了有关努斯鲍姆正义问题的思考，以"人类生活的脆弱性与对正义的寻求"[③]为导读标题，并对《善的脆弱性》与"能力进路"之间的关系做出了判断，"她对人性的思考，正如我们已经看到的，大体上是从《善的脆弱性》中发展出来的，并构成了她后来提出的'能力进路'的主要思想根据"[④]。事实上，有关努斯鲍姆伦理思想和政治哲学思想的逻辑演进是《努斯鲍姆"好生活"伦理思想研究》的一个核心关注，本书一直坚持认为，努斯鲍姆"好生活"思想是从《善的脆弱性》一书的伦理思想生发出来的，有关社会正义、教育、情感和"世界公民"等方面的探讨始终没有脱离对德性、脆弱性、德性的实现活动和"好生活"等问题的思考，也就是说，努斯鲍姆的"好生活"思想是按照以伦理思想为根本出发点，以政治哲学为实现路径，并以"好生活"为思想旨归的逻辑线索进行探讨和研究的。《善的脆弱性》（修订版）导读中加入对社会正义问题的论述体现了努斯鲍姆"好生活"思想的连续性、伦理思想与政治哲学思想的理论关联和努斯鲍姆"好生活"思想的现实关怀，澄清了努斯鲍姆学术思想的研究路向和根本落脚点，为全面客观地把握努斯鲍姆"好生活"思想提供了指引。

努斯鲍姆的学术思想就像一个宝藏一样等待学者们去探索和开发，其敏锐的洞察力、犀利的语言、富有情感的论述方式和有力的论证都是吸引国内外读者的重要原因。努斯鲍姆思想活跃、研究领域广泛，如果没有一个统一和连

① 译者徐向东把作者 Martha C. Nussbaum 译为玛莎 · C. 纳斯鲍姆。

② 〔美〕玛莎 · 纳斯鲍姆:《善的脆弱性：古希腊悲剧与哲学中的运气与伦理》（修订版），徐向东、陆萌译，译林出版社，2018，导读第 12 页。

③ 同上书，导读第 3 页。

④ 〔美〕玛莎 · 纳斯鲍姆:《善的脆弱性：古希腊悲剧与哲学中的运气与伦理》（修订版），徐向东、陆萌译，译林出版社，2018，导读第 26 页。

贯的线索可能很难深入和把握，希望本书能为国内学者提供一定的资料参考和研究视角借鉴，鉴于学术水平和语言的限制，本书可能存在错误和不足，在有限的时间内，本书并没有对《善的脆弱性》（2007 中文版）和《善的脆弱性》（2018 中文修订版）进行比较和对照，对译者说的误译和错译之处没有进行一一甄别，本书主要参照了《善的脆弱性》（2007 中文版），因此，真诚恳请各位读者批评和指正。

选择学术之路也就是选择了一条艰辛之路，希望在这条通向未来、通向光明的道路上能与更多人同行，让我们一起不畏艰险、迎难而上。

郑 琪

2019 年 7 月于哈尔滨

图书在版编目(CIP)数据

努斯鲍姆"好生活"伦理思想研究 / 郑琪著. -- 北京：社会科学文献出版社, 2020.6
（实践哲学论丛）
ISBN 978-7-5201-6072-8

Ⅰ. ①努… Ⅱ. ①郑… Ⅲ. ①伦理思想－研究－美国－现代 Ⅳ. ①B82

中国版本图书馆CIP数据核字（2020）第026258号

·实践哲学论丛·
努斯鲍姆"好生活"伦理思想研究

著　　者 / 郑　琪

出 版 人 / 谢寿光
组稿编辑 / 周　丽　王玉山
责任编辑 / 王玉山
文稿编辑 / 李小琪

出　　版 / 社会科学文献出版社·城市和绿色发展分社（010）59367143
地址：北京市北三环中路甲29号院华龙大厦　邮编：100029
网址：www.ssap.com.cn
发　　行 / 市场营销中心（010）59367081　59367083
印　　装 / 三河市龙林印务有限公司

规　　格 / 开　本：787mm×1092mm 1/16
印　张：18.5　字　数：272千字
版　　次 / 2020年6月第1版　2020年6月第1次印刷
书　　号 / ISBN 978-7-5201-6072-8
定　　价 / 128.00元

本书如有印装质量问题，请与读者服务中心（010-59367028）联系